W0396849

OFFICIEL
L' DE
HUM
OUR

2018

© Editions First, un département d'Edi8, Paris, 2017.

Le code de la Propriété Intellectuelle interdit les copies ou reproductions destinées à une utilisation collective. Toute représentation ou reproduction intégrale ou partielle faite par quelque procède que ce soit, sans le consentement de l'Auteur ou de ses ayants cause est illicite et constitue une contrefaçon sanctionnée par les articles L335-2 et suivants du Code de la Propriété Intellectuelle.

Illustrations : Guillaume Lab
Mise en page : Olivier Frenot

ISBN : 978-2-412-03076-9
Dépôt légal : décembre 2017
Imprimé en France par Normandie Roto Impression s.a.s. (1704106)

Editions First, un département d'Edi8
12, avenue d'Italie
75013 Paris France
Tel. : 01 44 16 09 00
Fax : 01 44 16 09 01

Email : firstinfo@efirst.com
Site Internet : www.editionsfirst.fr

Laurent Gaulet

OFFICIEL
L' DE
HUMOUR

2018

FIRST Editions

DRÔLES DE COUPLES

Une fille vient d'annoncer à son petit ami qu'elle le quitte.
– Mais enfin, Sophie, pourquoi veux-tu me quitter ?
– Parce que je m'appelle Marie, pas Sophie !

....

Un père va chercher son enfant qui vient de faire sa première rentrée des classes. Arrivés à la maison, la maman demande au petit :
– Alors Léo, comment s'est passé ce premier jour d'école ?
– Je m'appelle pas Léo, Madame, je m'appelle Kévin.
– Mais enfin, chéri, tu n'as pas récupéré le bon môme ! dit la femme à son mari.
– Ouais ben… J'y peux rien, moi, il y en avait partout !

....

Une fille à sa meilleure amie :
– Ce matin, j'ai eu droit à un petit déjeuner au lit !
– Cool ! Tu as dû être vachement surprise !
– Pas tant que ça, c'est moi qui me le suis amené…

....

Humour noir

Un homme est accusé de s'être moqué de plusieurs handicapés.
– Il semble que votre passe-temps, votre distraction, soit d'humilier et de ridiculiser les personnes handicapées ? lui demande le juge.
– Moi ? Gnon.

....

Un couple demande à leur fils de 10 ans de s'assoir pour lui annoncer une nouvelle…
– Ton père et moi avons quelque chose de très important à te dire… lui déclare sa maman.
– Ah… Qu'est-ce que c'est ? demande l'enfant inquiet.
– Eh bien… Tu as été adopté, lui annonce son père.
– Oh ! fait l'enfant surpris. Ce n'est pas grave… Je vous aime quand même comme si vous étiez mes vrais parents !
– Non mais ce que l'on voulait te dire, reprend la mère, c'est que tu viens d'être adopté. Tes nouveaux parents viennent te chercher dans 10 minutes…

....

Une femme consulte sa voyante…
– Je vois… Je vois que vous allez traverser une longue et très douloureuse période… lui prédit la voyante.
– Ah ! Mais après ?
– Après… vous vous y habituerez.

....

Que faisaient les essuie-glaces d'Hitler lorsqu'il pleuvait ?
Zuif… zuif… zuif…

....

Une personne du Secours Populaire s'adresse à un S.D.F. qui dort sur le trottoir :
– Bonjour monsieur, comment vous appelez-vous ?
Et l'homme lui répond :
– My name is Bond… Vaga Bond !

....

– Dis-moi, quel est ton secret pour faire fondre un homme ? demande une fille à son amie.
– L'acide !

....

Un couple de parents épuisés…
– J'ai toujours su que notre fils irait loin, dit la mère.
– Oui, confirme le père. Très bon achat cette catapulte.

....

Trop blondes !

À l'aide d'une pelle, une blonde creuse un gros trou dans son jardin. Par-dessus la haie mitoyenne, son voisin qui l'observait discrètement finit par lui demander :
– Bonjour mademoiselle, auriez-vous l'intention de planter un arbre ? Cela risque me faire de l'ombre… et des feuilles à ramasser…
– Ah non, pas du tout ! Rassurez-vous ! lui répond la blonde.
– Bien… Mais alors, pourquoi faire un trou aussi profond ?
– C'est parce que je ne dors pas très bien en ce moment !
– Et alors ?
– Ben… C'est pour dormir profondément !

....

Une brune à son amie blonde :
– Ce que j'aime le plus à la montagne, ce sont les chalets !
– Ah bon ? fait la blonde étonnée. Moi, je préfère les chats beaux !

....

Une brune à une amie blonde :
– Y a-t-il une phrase que tu serais capable de dire aussi bien pendant que tu fais l'amour que lors d'un repas de famille ?
– Ah ben, non ! rétorque la blonde, je ne parle jamais la bouche pleine !

....

Une brune propose à sa copine blonde :
– On fait un apéro chez toi, ce soir ?
– Oui, si tu veux.
– Ok ! Alors j'amène les glaçons !
Le soir venu, la brune se rend chez sa copine qui lui ouvre la porte toute nue…
– Ben ? Qu'est-ce que tu fais à poil ? s'étonne la brune.
– Mais tu as dit que tu amenais les garçons ! répond la blonde.

....

Une blonde est en pleurs, une amie tente de la consoler…
– Allez, sèche tes larmes et raconte-moi ce qui ne va pas !
– Eh bien, j'ai lu dans un article qu'un homme sur deux était infidèle ! lui explique la blonde.
– Et alors ?
– Et bien soit mon mari, soit mon amant me trompe !!!

....

DEVINETTES

Qu'est-ce qui prouve que la réincarnation existe?
Parce qu'il n'est tout simplement pas possible que certains soient devenus aussi cons en une seule vie!

....

Pourquoi les végans ne peuvent-ils pas tomber?
Parce que jamais ils ne se viandent!

....

Comment faire pour que les gens prennent régulièrement de vos nouvelles?
Empruntez-leur de l'argent!

....

Pourquoi dit-on le réveillon de la saint Sylvestre?
Parce que le lendemain on a la gueule à Stalonne!

....

Pourquoi une imprimante se noie-t-elle dans l'eau?
Parce qu'elle a papier!

....

Que demande Adolph dans une pâtisserie?
Un Hitler au chocolat…

....

Comment appelle-t-on un poil en dépression?
Un poil pubien.

....

Comment appelle-t-on un ours qui est à la fois au pôle Nord et au pôle Sud?
Un ours bipolaire.

....

Un type entre dans un magasin pour se procurer une alarme. Quelques instants plus tard il ressort de la boutique en pleurant… Pourquoi?
Parce que le commerçant lui a donné l'alarme. Alors, il a l'alarme à l'œil…

....

Pourquoi les bébés hurlent-ils à la naissance?
Parce qu'ils connaissent le montant de la dette nationale dont nous réservons le remboursement aux futures générations…

....

PERLES DU BAC

« La première conséquence de la déforestation est l'absence d'ombre. »
L'Élève est-il resté trop longtemps au soleil ?

....

« La vessie est une sorte de station d'épuration qui fabrique de l'eau potable. »
L'eau, comme l'alcool, nuit gravement à la santé...

....

« La condensation est l'action qui consiste à geler la glace. »
Ça fait froid dans le dos !

....

« Les homos sapiens-sapiens retrouvés étaient noirs, ils sont donc nés en Afrique. »
CQFD.

....

« La composition chimique du bois est de 100 % bois. »
100 % faux !

....

« Même lorsque le bébé est bouilli, les nitrates restent dangereux. »
Le bébé est dans la casserole mais... Où ai-je donc bien pu mettre le biberon ! ?

....

« La bête à Globine... »
Gros Béta globine !

....

« Les homos sont africains depuis 2,5 millions d'années. »
Le genre Homo est apparu en Afrique il y a...

....

« Le bois est une ressource naturelle sauf lorsqu'il s'agit d'une imitation. »
Du bois made in China ?

....

« La mélanine sombre est un pygmé. »
La mélanine est un pigment sombre...

....

Blagues coquines

Quelle différence y a-t-il entre une bonne et une mauvaise langue?
Les mauvaises langues parlent et les bonnes donnent des orgasmes!

....

Un gars raconte à un copain:
– Je viens de faire les courses, j'ai dragué la caissière!
– Ah oui? Raconte!
– Ben… Quand elle a scanné la boîte de capotes, je lui ai fait un clin d'œil!
– Et qu'est-ce qu'elle a dit?
– Rien. Mais quand elle a passé les rouleaux de sopalin, elle m'a fait un clin d'œil…

....

Un homme s'adresse à une collègue:
– Je viens d'apprendre une chose, il paraît qu'une grosse nymphomane travaille dans nos locaux!
Et sa collègue lui répond:
– Montre-moi ta bite et je te dirai qui c'est!

....

Une femme à une amie :
– Tu utilises quoi comme méthode contraceptive, toi ?
– Moi ? La solitude…

....

Un garçon discute avec une copine :
– Comment espères-tu sortir avec des mecs, un jour ?
– Moi, je mise tout sur mon physique ! lui répond la fille. T'en penses quoi ?
– J'en pense que pour choper des mecs, tu ferais mieux de tout miser sur leurs problèmes de vue…

....

Un homme drague une femme…
– Vous faites quoi dans la vie ?
– Je suis championne d'échecs !
– Ah oui ? Et à quel niveau ? Régional ? Départemental ?
– Non…
– National !
– Non, sentimental.

....

Quel point commun y a-t-il entre l'amour et la grippe ?
Ça finit toujours au lit.

....

MOTS D'ESPRITS

« Le jour est proche où nous n'aurons plus que l'impôt sur les os. »
Michel Audiard

....

« Aucun homme n'a suffisamment bonne mémoire pour faire carrière dans le mensonge. »
Abraham Lincoln

....

« Le monde est peuplé d'imbéciles qui se battent contre des demeurés pour sauver une société absurde. »
Jean Yanne

....

« On peut obtenir beaucoup plus avec un mot gentil et un revolver, qu'avec un mot gentil tout seul. »
Al Capone

....

« Certaines gens ont tellement honte d'emprunter qu'ils n'osent pas rendre. »
Frédéric Dard

....

« Dame cherche nourrice aveugle pour enfant qui braille. »
Pierre Dac

....

« Tout corps plongé dans un liquide et qui n'est pas remonté au bout de 5 minutes peut être considéré comme perdu ! »
Pierre Dac

....

« Pour le baiser, nos narines et nos yeux sont aussi mal placés que nos lèvres mal faites. »
Marcel Proust

....

« J'ai souvent envie de demander aux femmes par quoi elles remplacent l'intelligence. »
Alain

....

LES COPAINS ET LES COPINES

Une fille est en pleurs et sa copine tente de la consoler :
– Qu'est-ce qui ne va pas ?
– C'est la saint Valentin, je suis seule… Il ne m'aime plus !
– Mais ce n'est pas une raison pour pleurer ! Les autres non plus ne t'aiment pas !

....

Une fille réconforte sa copine comme elle peut :
– Ne t'inquiète pas… Si un jour tu tombes, il sera là !
– Qui ?
– Le carrelage !

....

Une femme raconte à une amie sa méthode pour maigrir :
– À l'intérieur de la porte du frigo, j'ai collé le poster d'une superbe playmate ! Comme ça, à chaque fois que j'ouvre le frigo, je vois le corps que j'aimerais avoir et ça me motive à ne pas manger.
– Géniale, ton idée ! Et ça marche ?

– Oui, j'ai déjà perdu 3 kilos ! Par contre, mon mari en a pris 10...

....

Une fille demande à une amie :
– Alors, tu t'es inscrite à la salle de sport comme je te l'ai recommandé ?
– Oui...
– Et tu as perdu du poids ?
– Pas encore. Pour l'instant, je ne travaille que sur la première machine !
– Laquelle ?
– Celle qui est juste à l'entrée de la salle...
– Le distributeur de bonbons et de barres chocolatées ?
– Voilà.

....

Un type passe une soirée chez un copain. Il remarque un gong accroché au mur de son appartement.
– À quoi sert ce gong ? demande-t-il à son pote.
– Ce n'est pas un gong, c'est une horloge parlante !
Le gars prend alors le marteau et donne un coup sur le gong. Un court instant plus tard on entend hurler : « C'est pas bientôt fini tout ce bruit à deux heures du matin !!! »

....

LES RÉPLIQUES DE CINÉ LES PLUS DRÔLES

– En Italie, pendant 30 ans, sous le règne des Borgia, il y a eu la guerre, la terreur, des meurtres et des bains de sang. Cela a donné Michel-Ange, Léonard de Vinci et la Renaissance. En Suisse, ils ont eu la fraternité, cinq siècles de paix et de démocratie, et qu'est-ce que ça a donné ? La pendule à coucou !
***Le 3e homme* (1949) de Carol Reed avec Orson Welles**

....

– J'ai demandé à ma femme : « Où veux-tu aller pour ton anniversaire ? » Elle m'a répondu : « Je veux aller quelque part où je ne suis encore jamais allée. » Je lui ai dit : « La cuisine par exemple ? »
***Les Affranchis* (1990) de Martin Scorsese avec Robert de Niro, Ray Liotta, Joe Pesci**

....

– Un peu de lait peut-être ?
– Oh, génial ! J'adore !
– Pas pour toi, pour le bébé !

– Désolé mon minou, j'ai pas eu de montée de lait récemment…
– T'es mal placé dans la chaîne alimentaire pour faire ta grande gueule !
***L'Âge de glace* (2002) de Chris Wedge et Carlos Saldanha avec Gérard Lanvin (voix), Elie Semoun (voix), Vincent Cassel (voix)**

…………

– J'aurai baisé une limace sous anesthésie, ça aurait été pareil. Le prend pas pour toi !
***À coup sûr* (2014) de Delphine de Vigan avec Laurence Arné, Éric Elmosnino, Didier Bezace**

…………

– La psychologie, y'en a qu'une : défourailler le premier !
– C'est un peu sommaire, mais ça peut être efficace…
***Les Tontons Flingueurs* (1963) de Georges Lautner avec Lino Ventura, Bernard Blier, Francis Blanche, Claude Rich, Jean Lefebvre, Jacques Dumesnil**

…………

L'abus d'alcool est dangereux pour la santé

Quand l'alcool ne peut-il pas être une solution à tes problèmes ?
Lorsqu'il n'y a pas assez d'alcool !

....

Un type visiblement bourré interpelle deux gendarmes :
– Hé ! Faut surveiller les moustiques !
– Pardon ? fait l'un des gendarmes. Que voulez-vous dire ?
– Ben… Les moustiques m'ont piqué ! Alors avec ce qu'ils ont bu, faudrait pas qu'ils volent, hein !

....

Au comptoir d'un bar, deux types sirotent une bière rafraîchissante…
– Moi, je vois un avantage et un inconvénient à la canicule ! lance le premier.
– Parce que tu peux boire une bière sans passer pour un alcoolique mais que malheureusement c'est toi qui paye ta tournée ? lui répond son acolyte.

– Ah ! Ah ! Non. L'avantage de la canicule, c'est que la moitié des nanas portent des jupes ultra-courtes et des décolletés super plongeants. L'inconvénient, c'est que ce n'est jamais la bonne moitié…

....

Dans un bar, le barman demande à celui qui est devenu son plus fidèle client :
– Vous venez vous saouler tous les soirs depuis maintenant plus de six mois. Pourquoi buvez-vous ainsi ?
– Ma femme m'a quitté…
– Ah… Vous ne parvenez pas à vous en remettre, alors vous buvez pour oublier. Classique !
– Non ! répond l'ivrogne. Je fête ça tous les soirs !

....

Chez le docteur…
– Vous êtes certain de suivre votre traitement et d'avoir arrêté de boire ? demande le médecin à son patient. Les résultats de vos analyses ont tendance à prouver le contraire…
– Ben… Sur les bouteilles que je bois, y'a écrit « médoc » !

....

Les questions cons

Pendant que Christian Dior, est-ce que Hugo Boss ?

....

Plutôt que de se faire remonter les seins, ne serait-il pas moins onéreux de se faire descendre le nombril ?

....

Si je vous donne mon avis, me le rendrez-vous ?

....

Si je chope une bonne grippe, dois-je être heureux de ne pas en avoir chopé une mauvaise ?

....

Pourquoi montre-t-on son poignet en demandant l'heure ? Est-ce qu'on montre son cul en demandant les toilettes ?

....

D'une personne qui meurt en mangeant un cassoulet, peut-on dire qu'elle est morte en pet ?

....

Un photographe chauve peut-il avoir des pellicules ?

....

Ces gens qui viennent chez vous et vous demandent si vous avez des toilettes… Faut-il leur répondre « Non, on chie par la fenêtre ! » ?

....

Pour travailler dans un magasin de pompes funèbres, faut-il faire une période décès ?

....

Les filles qui font du sport en équipe, comment font-elles pour toutes porter la même tenue sans se faire la gueule ?

....

Sur Internet, pourquoi si tu cliques sur « Clique ici pour baiser ! », tu ne fais pas l'amour mais tu chopes quand même un virus ?

....

LES PLUS COURTES SONT LES MEILLEURES

Ces gens qui te mettent une musique bien énervante en tête pour t'empêcher de dormir sont pénibles. Franchement, on dirait qu'ils m'entraînent au bout de la nuit, les démons de minuit. M'entraînent jusqu'à l'insomnie. Les fantômes de l'ennui…

....

Un type demande à un autre :
– Tu connais la différence entre un citron, une tortue et un tube de SuperGlue ?
– Non, j'sais pas…
– Eh bien, le citron est pressé et la tortue ne l'est jamais !
– Ah ! Ah ! Ah ! Et la SuperGlue ?
– Alors là… C'est une colle !

....

Un jeune homme annonce à sa mère :
– Je reviens de chez le docteur, il m'a annoncé que je ne pourrais jamais avoir d'enfants…

– Je sais, lui répond la mère, c'est héréditaire… Ton père non plus ne peut pas en avoir.

....

Un Parisien en vacances à la campagne est en admiration devant un potager.
– Mais comment faites-vous pour obtenir de si gros radis ? demande-t-il au jardinier.
Et ce dernier lui répond :
– Je sème des betteraves…

....

– Alors, on promène sa vache ? dit un homme à une passante.
– Ce n'est pas une vache, c'est un chien ! rétorque la passante vexée.
– C'est au chien que je m'adresse ! lui répond l'homme.

....

Une femme fait de l'auto-stop. Un automobiliste s'arrête à son niveau, ouvre la portière côté passager et lui dit :
– Montez ! Vous avez de la chance de tomber sur moi, je ne suis pas de ceux qui ne s'arrêtent que pour les jolies filles !

....

MONSIEUR ET madame

Monsieur et madame **Alizan** ont un fils.
Comment l'appellent-ils ?
Gaspar (Gaz paralysant)

....

Monsieur et madame **Allaire** ont une fille.
Comment l'appellent-ils ?
Sabine (Sa pine à l'air)

....

Monsieur et madame **Amar** ont quatre filles et un fils.
Comment les appellent-ils ?
Ella, Pacôme, Ancel, Hélène, Nadège (Elle a pas commencé, elle en a déjà marre)

....

Monsieur et madame **Amesse** ont une fille.
Comment l'appellent-ils ?
Chantal (Chante à la messe)

....

Monsieur et madame **Andiselon** ont une fille et un fils.
Comment les appellent-ils ?
Cécile, Hans (Ses silences en disent long)

....

Monsieur et madame **Ardelpic** ont un fils.
Comment l'appellent-ils ?
Helmut (La moutarde, elle pique !)

....

Monsieur et madame **Alhu** ont quatre fils.
Comment les appellent-ils ?
Les quatre : Jean (Les quatre jantes alu)

....

Monsieur et madame **Banai** ont un fils.
Comment l'appellent-ils ?
Charlie (Chars Libanais)

....

Monsieur et madame **Barénorme** ont une fille et un fils.
Comment les appellent-ils ?
Ella, Denis (Elle a deux nibards énormes)

....

DRÔLES DE COUPLES

Un couple se promène dans la rue ; la femme en profite pour faire du lèche-vitrine. Elle s'arrête devant un magasin de chaussures et reste en admiration devant une paire en soldes…

– Elles te plaisent, ces chaussures ? lui demande son mari.

– Oh-la-la, oui ! Qu'elles sont belles !

– Alors, c'est d'accord…

– D'accord ! ? s'étonne la femme.

– Oui, c'est d'accord, nous reviendrons les regarder demain !

....

Une femme dit à son mari :

– Tu as vu notre voisin ? Tous les matins, avant de partir, il embrasse sa femme ! Tu penses pas que tu pourrais en faire autant, non ?

– Si, avec plaisir ! répond le mari. Mais… Tu ne vas pas être jalouse si j'embrasse la voisine tous les matins ?

....

Une femme à son époux:
– Tu aimes les sensations fortes?
– Oui...
– Et... Tu en veux une?
– Mmmmoui, bien sûr...
– Alors consulte l'état de notre compte bancaire, je viens de faire les soldes!

....

Un type appelle le commissariat:
– Allô! C'est monsieur Martin, je suis passé ce matin pour vous signaler la disparition de ma femme.
– Oui, je me souviens. Vous l'avez retrouvée?
– Non, mais vous pouvez abandonner les recherches, j'ai réfléchi!

....

Une femme se confie à une amie :
– Quand mon mari atteint l'orgasme, il pousse le cri de tarzan !
– Ah ! Ah ! Ah ! Mais tu dois quand même être contente, non ?
– Non ! Parce que pour moi qui dort à côté, ça me réveille !

....

Les femmes, les hommes...

Quelle différence y a-t-il entre les hommes et les femmes?
Les hommes ont découvert le feu, les femmes comment jouer avec...

....

Quelles sont les deux raisons pour lesquelles les femmes s'énervent?
Pour tout et pour rien!

....

Comment une femme a-t-elle inventé le premier vide-grenier?
En renversant son sac dans la rue!

....

Quelle est l'unité de mesure dans laquelle on pèse les femmes?
Le kilodrame!

....

Pourquoi les hommes invitent-ils les femmes au restaurant?
Parce qu'ils ne peuvent pas se sucer eux-mêmes!

....

Que ferait la femme sans l'homme?
Elle dresserait un autre animal.

....

Quelles différences y a-t-il entre une fille intelligente, une fille facile, une fille douce et une fille grosse?
La fille intelligente ouvre son esprit, la fille facile ouvre ses jambes, la fille douce ouvre son esprit et la fille grosse ouvre son frigo…

....

Quelle différence y a-t-il entre un homme et une femme lorsqu'ils nettoient des toilettes?
Les femmes utilisent une brosse et du produit, les hommes pissent sur les traces…

....

Quel point commun y a-t-il entre les hommes et les taureaux?
Les cornes!

....

LA RONDE DES MÉTIERS

Serveur

Dans un grand restaurant, un homme mange très bruyamment son velouté…

– Puis-je vous venir en aide, monsieur ? lui demande le serveur.

– M'aider ? Je n'ai besoin de personne pour manger ma soupe !

– Veuillez me pardonner mais… À vous entendre, je pensais que monsieur se noyait…

…………

Chauffeur de bus

Un type monte dans un bus et lorsque celui-ci redémarre, il se met à hurler :

– Ceux qui sont derrière moi sont des gros bâtards ! Ceux qui sont à ma gauche sont des gros PD ! Ceux qui sont à ma droite des grosses fiotes ! Et ceux qui sont devant moi sont des gros enculés !

Le chauffeur entend tout et, son sang ne faisant qu'un tour, donne un grand coup de frein pour arrêter le bus. Les passagers sont tous bousculés et projetés vers l'avant du bus. Le chauffeur se lève d'un bond de

son siège, saute sur l'individu, l'attrape par le col et lui demande :
– Alors ? Redis-moi un peu qui c'est les enculés, les PD, les fiotes, les bâtards ! Hein ! C'est qui !
Et le type lui répond :
– Ben… Comment je pourrais savoir maintenant que tu les as tous mélangés, connard !

....

Chasseur

Un chasseur raconte son safari à un copain…
– Un jour, je repère un tigre… Je pointe mon fusil, je tire mais le fusil se grippe !
– Et le tigre ?
– Attends ! Le tigre me voit et se met à courir dans ma direction. Je grimpe à un arbre et…
– Et le tigre ?
– Attends ! Je grimpe donc à l'arbre, m'assoie sur une branche mais celle-ci se casse !
– Et le tigre ?
– Attends ! Elle se casse et je tombe au sol, face au tigre !
– Et le tigre ?
– Attends ! Je saute et me suspends à une branche en levant les jambes pour pas que…
– Et le tigre ?
– Hé ! Ho ! T'es de son côté ou du mien ?

....

Les belles-mères

Quand peut-on dire qu'une canicule a été bonne ?
C'est lorsque votre belle-mère a cessé de vous téléphoner…

....

Un couple s'installe dans un appartement loué pour les vacances.
– Tu te moques de moi ? dit la femme à son mari, tu m'avais promis qu'il y aurait vue sur la mer !
– Absolument ! Regarde le lit libre en face du notre…
– Et alors ?
– Eh bien… Dès qu'elle nous aura rejoint, nous aurons vue sur ma mère !

....

Une petite fille demande à sa mamie :
– Mamie ! Mamie ! Montre-moi ta langue !
– Arrête tes bêtises…
– Si mamie ! Montre-moi ta langue !
La mamie finit par s'exécuter et tire sa langue. La petite fille est très déçue…

– Ah…
– Eh bien, quoi ! Qu'est-ce qu'elle a ma langue ? rouspète la mamie.
– Ben… Papa, il disait que t'avais une langue de vipère ! ?

………..

Une petite fille se pose un bon nombre de questions… Elle interroge sa maman :
– À Noël, c'est le père Noël qui apporte les cadeaux ?
– Oui, ma chérie, c'est le père Noël…
– Et c'est vrai que c'est le bon Dieu qui nous donne notre pain quotidien ?
– Oui, il nous donne notre pain quotidien…
– Et les bébés ! C'est les cigognes qui les amènent ?
– Heu… Oui, les cigognes…
– Mais alors ! À quoi il sert, papa ?

………..

Pourquoi Adam et Ève s'entendaient-ils si bien ?
Parce que Ève n'a jamais pu parler de ses anciennes conquêtes à Adam et qu'Adam n'a jamais pu critiquer la cuisine de sa belle-mère !

………..

HOMMES ET FEMMES EN BLANC

Une mère de famille parle de sa fille à son docteur :
– Je suis très inquiète pour elle… Elle a toujours la tête baissée, elle ne répond pas quand on lui parle, elle rit toute seule… Docteur, qu'est-ce qu'elle a ?
– Un smartphone.

....

Une femme avoue à son sexologue :
– Pour jouir, j'ai besoin que plusieurs facteurs soient réunis.
– Quels sont ces facteurs qui déterminent votre épanouissement sexuel ? lui demande le sexologue.
– Eh bien, ceux de mon bureau de Poste : Marc, Antoine, Roger, Jean-Paul…

....

Un fou court avec une passoire à la main dans le jardin de l'hôpital psychiatrique.
– Que faites-vous ? lui demande le directeur
– Je passe le temps !

....

Une femme se rend chez son docteur et lui explique qu'elle souffre d'insomnie.
– Depuis combien de temps ne parvenez-vous pas à dormir correctement ? lui demande son docteur.
– Oh-la-la ! J'ai tellement de sommeil en retard que dans mes rêves, je paye encore mes achats en francs !

....

Un type se présente aux urgences de l'hôpital avec le visage tuméfié et griffé.
– Que vous est-il arrivé ? lui demande un docteur.
– En me promenant, j'ai vu un chien qui se léchait les couilles. J'ai voulu faire pareil mais…
– Mais ?
– Mais le propriétaire du chien ne m'a pas laissé faire.

....

Une blonde se rend chez son médecin et se plaint de palpitations. Le médecin l'examine et lui annonce :
– Je ne vois rien… Ce doit être la tension nerveuse !
– Ah ? Ben… Je reviendrais quand vous serez calmé.

....

LES RÉPLIQUES DE CINÉ LES PLUS DRÔLES

– Répétez ce que je vais dire en n'ayant l'air de rien : « Un apéritif à l'atelier de gravure ? J'arrive tout de suite, monsieur le directeur... »
– Un apéritif à l'atelier de gravure ? J'arrive tout de suite monsieur le directeur...
– Bon ! Venez vite, maintenant !
– Je répète ça aussi ?
– Andouille !
***L'Aile ou la Cuisse* (1976) de Claude Zidi avec Coluche, Louis de Funès**

....

– À quoi ça sert de garder un chien paralysé ?
– Bah... C'est décoratif, c'est comme un tapis, mais vivant !
***Un Air de famille* (1996) de Cédric Klapisch avec Jean-Pierre Bacri, Wladimir Yordanoff, Catherine Frot**

....

– Ce qu'elle avait d'tocard, la Mère Grégoire, c'était l'humeur!
– C'est surtout l'âge… Quand t'attrapes cinquante carats, t'as beau être aimable, ça ne s'remarque plus…
***Archimède, le clochard* (1959) de Gilles Grangier avec Jean Gabin, Darry Cowl, Bernard Blier**

………..

– Et pourquoi pas ramasser les poubelles tant que vous y êtes! On a qu'à mettre buraulier! Qui travaille dans les bureaux!
– Vous voulez dire buraliste?
– Mais non, buraliste ça bosse dans un tabac… Mais vous avez tout salopé ma feuille? Sac à merde!
– Mais qu'est-ce qu'elle me dit la mongolienne!
***Le Père Noël est une ordure* (1982) de Jean-Marie Poiré avec Anémone, Marie-Anne Chazel, Thierry Lhermitte, Gérard Jugnot, Josiane Balasko, Christian Clavier**

………..

– Dis-toi bien qu'si quelque chose devait m'manquer, ce serait plus l'vin, ce serait l'ivresse…
***Un Singe en hiver* (1962) d'Henri Verneuil avec Jean-Paul Belmondo, Jean Gabin, Noël Roquevert, Suzanne Flon**

………..

Animots

Un chamois dit à un autre chamois :
– J'ai fait un cauchemar atroce !
– Ah bon ?
– Oui ! J'ai rêvé que j'essuyais une voiture ! ?

Un homme entre dans un bar accompagné d'une magnifique et grande autruche. L'homme s'installe au comptoir et commande une bière. Le barman amène une bière et l'autruche dit :
– Pour moi aussi, ce sera une bière !
Le barman amène une autre bière et annonce :
– Ça fait 5,25 euros, s'il vous plaît !
L'homme plonge sa main dans sa poche et sort 5,25 euros… Le lendemain, le type et l'autruche reviennent dans le bar.
– Un café, s'il vous plaît ! demande le type.
– Pour moi, ce sera un thé ! demande l'autruche.
Le barman amène le café et le thé et dit :
– Ça fait 4,60 euros, s'il vous plaît !
L'homme plonge sa main dans sa poche et sort 4,60 euros qu'il dépose sur le comptoir. La scène se déroule

ainsi pendant plusieurs jours. Le barman finit par demander au type.
– Comment faites-vous pour toujours sortir de votre poche la somme exacte ?
– Ah… C'est une longue histoire ! Figurez-vous qu'il y a quelques temps, en nettoyant mon grenier, j'ai trouvé une veille lampe à pétrole. Je l'ai frotté et devinez-quoi ?
– Quoi ?
– Un génie est sorti de la lampe ! Ensuite, le coup classique : il demande de faire deux vœux… Comme je suis loin d'être un con, je lui dis « Génie ! Fais en sorte que je trouve toujours dans ma poche la somme d'argent dont j'ai besoin ! »
– Pas con !
– Mouais… Depuis, je peux acheter n'importe quoi, j'ai toujours la somme dans ma poche !
– Génial ! Et l'autruche ?
– Ben… Là, j'ai fait une boulette ! Pour mon second vœu, je lui ai demandé de toujours être accompagné d'une belle poulette avec de grandes jambes…

………..

Une femme rencontre une amie…
– Tu m'as l'air bien triste ce matin ?
– Oui… C'est Chapelure, ma chatte…
– Ta chatte ? Je croyais qu'elle s'appelait Biscotte ?
– Oui, elle s'est fait écraser…

………..

COMMENT EMMERDER LE MONDE

Lors du repas de Noël ou du premier de l'an, mouchez-vous grassement pendant que les autres mangent des huîtres !

....

Giflez la personne de votre choix en criant « moustique ! »

....

Faites semblant que la caisse automatique du péage de l'autoroute ne fonctionne pas et passez la marche arrière pour faire reculer tout le monde.

....

Planquez les clés de voiture d'une personne pressée de partir.

....

Faites semblant de dormir dans les transports en commun et… ronflez fort !

....

Payez en toute petite monnaie…

....

À la plage, faites jouer vos enfants à côté des autres ! Châteaux de sable, parties de foot…

....

Glissez un vêtement rouge jamais lavé dans une lessive de linge blanc.

....

Faites grincer votre fourchette dans votre assiette…

....

N'essuyez pas vos chaussures mouillées et crottées avant d'entrer chez quelqu'un mais sur sa moquette !

....

Réservez une table de six au restaurant pour manger seul et prétendez que les autres vont arriver.

....

Composez un numéro de téléphone au hasard, demandez au correspondant quel est son numéro, excusez-vous, raccrochez et… rappelez autant de fois que possible !

....

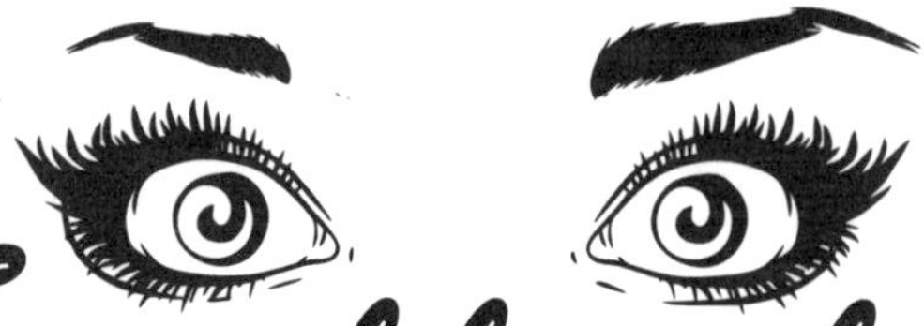

Trop blondes !

Après une soirée très arrosée, une brune demande à sa copine blonde :
– Alors ! Est-ce que tu vas mieux qu'hier ? Est-ce que, comme je te l'ai conseillé, tu t'es mis des doigts pour vomir ?
– Oui ! Et je ne te remercie pas ! répond la blonde. Non seulement ça ne va pas beaucoup mieux mais en plus, maintenant, j'ai super mal au cul !

....

Une blonde demande à sa collègue de bureau :
– Je comprend pas... Sais-tu pourquoi tout le monde m'appelle « Moustique » ?
– Oui...
– C'est parce que j'ai la taille fine, peut-être ?
– Non, c'est parce que tu suces...

....

Une dépanneuse a été appelée pour remorquer le véhicule d'une blonde en panne sur la route.
– Alors, mademoiselle ! Qu'est-il arrivé à votre voiture ?

– Eh bien… De la fumée noire est sortie de sous le capot et puis elle s'est arrêtée !
– Oh-la-la ! Vous avez roulé sans huile, le moteur est certainement mort !
– On non ! s'écrie la blonde. Pourtant, lorsqu'une petite lampe d'Aladin lumineuse est apparue sur le tableau de bord, je pensais que ce serait mon jour de chance…

…………

Quelle différence y a-t-il entre une blonde et une épicerie arabe ?
La blonde est plus souvent ouverte…

…………

Une brune rend visite à une amie blonde et constate qu'elle a enfermé sa chatte dans une cage…
– Oh, la pauvre ! Ne me dis pas que tu la laisses enfermée ? Tu as peur qu'elle s'échappe ?
– J'ai trop peur pour elle… Je la protège ! lui répond la blonde.
– Mais de quoi ?
– Tous les mecs que je ramène à la maison me disent qu'ils veulent bouffer ma chatte !

…………

MOTS D'ESPRITS

« Camenbour : Style de blagues qu'on aime bien faire entre la poire et le fromage. »
Alain Finkielkraut

....

« Des fois, j'ai pensé mettre fin à mes jours. Mais je ne savais jamais par lequel commencer. »
Jacques Prévert

....

« Le type qui a inventé l'écriture, il a inventé la lecture tout de suite après. »
Philippe Geluck

....

« Une fois qu'on a donné son opinion, il serait logique qu'on ne l'ait plus. »
Albert Brie

....

« La France est un pays extrêmement fertile. On y plante des fonctionnaires, il y pousse des impôts. »
Georges Clémenceau

....

« Ce n'est pas à cause de l'attraction terrestre que des gens tombent… amoureux ! »
Albert Einstein

....

« Quand Dieu a pétri la terre, il a fait une grosse boulette ! »
Alexandre Breffort

....

« Il y a deux ans que je n'ai pas parlé à ma femme ; c'était pour ne pas l'interrompre. »
Jules Renard

....

« Ce n'est pas parce qu'en hiver on dit « fermez la porte, il fait froid dehors », qu'il fait moins froid dehors quand la porte est fermée. »
Pierre Dac

....

DEVINETTES

Que répond madame Bridou lorsqu'on lui demande combien elle a d'enfants ?
Justin.

....

Quel point commun y a-t-il entre certains porte-monnaie et les oignons ?
Quand tu les ouvres, tu pleures !

....

Qu'est-ce qu'un autobus ?
C'est un véhicule qui roule dix fois plus vite lorsqu'on court pour le rattraper que lorsqu'on est dedans.

....

Pourquoi y a-t-il plus de baptêmes que de mariages en Sicile ?
Parce qu'il y a plus de parrains que de témoins !

....

Pourquoi les mexicains mangent-ils aux toilettes?
Parce qu'ils aiment manger épicé.

....

Pourquoi dit-on que le château de Dracula est le plus exposé au vent?
Parce qu'il n'y a pas de vent pire ailleurs!

....

Qu'est-ce qui te réveille à 6 heures le matin, à la campagne?
Le coq.
Et qu'est-ce qui te réveille à 6 heure le matin en banlieue?
Les poulets.

....

Que crie un donut qui court sur une plage?
Je vais me beignet!

....

Quels points communs y a-t-il entre les moustiques et les candidates de téléréalité?
Ils ne servent à rien et ne pensent qu'à sucer!

....

PERLES DU BAC

« Voyons à présent quels sont les effets sur l'orgasme. »
Oui, voyons! Nous verrons les effets sur l'organisme ensuite...

....

« Le bois peut être utilisé de multiples façons : en bois dur, brûlé ou en poudre. »
En spray, lyophilisé ou en solution buvable...

....

« Un couple qui désire un enfant peut aussi recourir à une fécondation derrière des vitres. »
Reproduction in vitro pour couples exhibitionnistes ?

....

« Ce contraceptif masculin permet au sperme de devenir fétide à 100 %. »
Pouah ! Infertile...

....

« La place de l'homme dans l'évolution est fondamentale. Sans lui, il n'y a pas de reproduction possible. »
Du côté de la barbe est la toute puissance...

....

« La puberté précoce centrale est la puberté la plus coulante. »
La plus courante aussi.

....

« Les paysans bios sont de plus en plus nombreux. »
Biodégradables ?

....

« Les paysans n'ont pas de culture. »
Ni de terres à cultiver ?

....

« Les hommes ont des relations avec les singes. »
Ils ont donc bien des points communs.

....

« De 1990 à 1995, il a fallu passer par les années 1991, 1992, 1993 et 1994. »
C'est pas faux.

....

Ces chères têtes blondes

Une maman à son fils :
– Mon petit doigt m'a dit que tu avais consommé des substances illicites à l'école… M'a-t-il dit vrai ?
– Mais bien sûr… Ton petit doigt te parle et c'est moi qui fume de l'herbe…

....

Un enfant demande à sa mère :
– Qui c'est qui a inventé l'eau chaude, maman ?
– Je ne sais pas… Pourquoi ?
– Ben… Papa m'a dit que ce n'était pas toi.

....

Un jeune homme rentre chez lui et annonce fièrement à ses parents :
– Ça y est, je suis convoqué à ma première audition !
– Nouvelle Star ? dit la mère.
– The Voice ? demande le père.
– Non, au commissariat ! répond le fils.

....

Un enfant gribouille sur une feuille.
– Que fais-tu ? lui demande sa maman.
– J'écris une lettre à ma sœur !
– Mais tu n'as que trois ans et tu ne sais pas encore écrire ?
– Et alors ? Ma sœur n'a qu'un an, elle ne sait pas encore lire !

....

Juste avant de passer à table, un petit demande à son père :
– Elle est bonne, la dinde ?
Et son père lui répond :
– Reste poli avec ta mère !

....

– Dis papa, quand toi et maman étiez jeunes, il n'y avait pas de réseaux sociaux ?
– Non, ça n'existait pas. Pas de Twitter, pas de Facebook, pas de Snapchat, rien de tout ça !
– Mais alors, vous faisiez quoi pour passer le temps ? J'ai demandé à mes 12 frères et sœurs, ils ne savent pas non plus…

....

Toc toc toc

– Toc-toc-toc !

– *Qui est là ?*

– Sylvie…

– Sylvie qui ?

– Sylvie vas à Rio, n'oublie pas de monter là-haut, dans un petit village, caché sous les fleurs sauvages, sur le versant d'un coteau…

(Si tu vas à Rio* – Dario Moreno*)

....

– Toc-toc-toc !

– *Qui est là ?*

– Isabelle et Guy…

– Isabelle et Guy qui ?

– Isabelle et Guy, je suis folle de lui, c'est un garçon pas comme les autres, mais moi je l'aime, c'est pas d'ma faute, même si je sais, qu'il ne m'aimera jamais…

(Ziggy* – Céline Dion*)

....

– Toc-toc-toc !

– Qui est là ?

– Marge…

– Marge qui ?

– Marge n'étais rien, et voilà qu'aujourd'hui, je suis le gardien, du sommeil de ses nuits, je l'aime à mourir…

(Je l'aime à mourir* – Francis Cabrel*)

…………

– Toc-toc-toc !

– Qui est là ?

– Cassandra, Issa, Vivien…

– Cassandra, Issa, Vivien qui ?

– Cassandra Issa Vivien, c'est fait de tout petits riens, ça se chante et ça se danse et ça revient, ça se retient comme une chanson populaire…

(Chanson populaire* – Claude François*)

…………

– Toc-toc-toc !

– Qui est là ?

– C'est Guy…

– C'est Guy qui ?

– C'est Guy'gnol, c'est Guignol, avec son chapeau noir, ses gros sourcils et son bâton…

(C'est Guignol* – Chantal Goya*)

…………

ATROCES ET BIEN DÉGUEU

Quelle est la chanson préférée des lépreux?
C'est *L'école est finie* de Sheila: « Donne-moi ta main et prends la mienne... »

....

Un gars vient de se procurer un tazer et le montre fièrement à un copain.
– Pourquoi as-tu besoin de ça? lui demande le copain.
– Disons que si une nana me plaît, ça peut l'aider à avoir le coup de foudre...

....

Une petite fille à son grand-père:
– Dis pépé, qu'est-ce que ça fait d'être vieux?
– Eh bien, ça fait chier!
– Ah? Alors c'est pour ça cette odeur?

....

– Dis papa! C'est quoi la sodomie?
– Eh bien... C'est ce que ta mère aurait dû accepter il y a maintenant 7 ans et 94 jours!

....

Dans une boîte de nuit, deux lesbiennes sont assises à une table. Un type installé au bar ne cesse de mâter l'une d'elle et de lui faire des clins d'œil. Alors que cette dernière se rend aux toilettes, sa copine, qui avait remarqué les regards que lançait le mec, en profite pour aller le voir…
– Tu la trouves bien ma copine ? lui demande-t-elle.
– Oui, super canon…
– Tu voudrais bien la peloter, hein !
– Ouais, je voudrais bien…
– Lui caresser les seins, son petit cul… Tu aimerais, hein !
– Oui, c'est quand elle veut !
– Tu veux sentir sa chatte ?
– Oui ! Elle doit être super bonne ta copine.
Alors la fille s'approche un peu plus près du gars, ouvre grand sa bouche et fait une grand « Haaaaaaa » pour lui faire sentir son haleine…

………..

Une petite fille s'apprête à se faire vacciner chez le docteur.
– Si tu es très sage, lui dit ce dernier, tu auras droit à une sucette !
– Ah… fait la petite. Le curé, il dit la même chose que vous !

………..

LES RÉPLIQUES DE CINÉ LES PLUS DRÔLES

– C'est très près du corps… Comment fait-on pour rentrer là-dedans, baby ?
– Tu pourrais commencer pas m'offrir un verre !
***Austin Powers 2 - L'espion qui m'a tirée* (1999) de Jay Roach avec Mike Myers, Heather Graham**

…………

– Demande lui de réengager, il te dira voui ! Demande lui de té augmenter, il te dira voui !
– De me doubler ?
– Il te dira voui !
– De me tripler ?
– Il te dira non !
***Les Aventures de Rabbi Jacob* (1973) de Gérard Oury avec Louis de Funès, Claude Giraud, Suzy Delair, Henri Guybet**

…………

– Je sais bien que t'as pas buté l'autre imbécile, mais t'en as flingué d'autres. Si on ajoute à ça le racket, la drogue et les putes, ça fait une jolie carrière, quand

même ! Et les vingt ans que tu vas prendre, c'est un peu la médaille du travail qu'on va te remettre.
Flic ou voyou **(1979) de Georges Lautner avec Jean-Paul Belmondo, Michel Galabru, Marie Laforêt, Jean-François Balmer**

....

– J'ai la tête vide. Moi, la trahison, ça me démolit !
– Une question de formation… Moi, ça m'inspire !
Les Barbouzes **(1964) de Georges Lautner avec Lino Ventura, Bernard Blier, Francis Blanche**

....

– Ne vous en faites pas, je serais discret comme une … Hyène !
Papy fait de la résistance **(1983) de Jean-Marie Poiré avec Gérard Jugnot, Jacqueline Maillant, Martin Lamotte, Michel Galabru, Roland Giraud, Josiane Balasko**

....

– La société est bien foutue : elle fout des uniformes aux cons pour qu'on les reconnaisse !
Bernie **(1996) d'Albert Dupontel avec Albert Dupontel, Roland Blanche**

....

Blagues à TOTO

Toto rentre de l'école…
– Alors, Toto ! fait sa maman, ta journée s'est bien passée ?
– Non ! La maîtresse m'a demandé de trouver le carré de l'hypoténuse…
– Et tu n'as pas su quoi lui répondre ?
– Si ! Je lui ai dit qu'elle n'avait qu'à savoir où elle rangeait ses affaires !

....

La maîtresse demande à ses élèves de faire une rédaction en employant tous les jours de la semaine. Toto rend sa copie le premier et la maîtresse lit : « Je vais à l'école le lundi, le mardi, pas le mercredi, le jeudi, le vendredi, pas le samedi et le dimanche. »

....

La maîtresse de Toto est malade, une jeune et jolie institutrice la remplace. Toto s'est installé au premier rang et ne cesse de faire tomber son crayon et de le ramasser…

– Dis-moi… lui dit-elle. Tu veux bien arrêter de regarder mes genoux ?
– Moi ! ? fait Toto. Mais je suis au-dessus de ça !

....

La maîtresse interroge sa classe :
– Comment appelle-t-on les animaux qui mangent les autres ? Ça finit en « eur » …
Un élève lève la main et répond :
– Les prédateurs !
– Très bien ! Quelqu'un peut-il me donner le nom d'une chose qui mange d'autres choses et qui finit en « eur ».
Après un petit moment de réflexion, une fille lève la main et répond :
– Un aspirateur ! Ça mange la poussière !
– Excellent ! Bravo !
Toto lève alors la main…
– Oui, Toto ? Tu voulais ajouter quelque chose ?
– Oui. Moi, je connais une chose qui mange les animaux et les choses et puis qui finit en « eur » !
– Ah bon ? De quoi s'agit-il ?
– Un vibromasseur ! J'ai entendu ma mère dire que non seulement ça bouffe les chattes mais qu'en plus ça bouffe des piles !

....

Blagues coquines

Un couple ne fait plus l'amour depuis déjà fort longtemps. La femme se plaignant de migraines, elle rejette systématiquement les très rares approches de son mari. Un matin, la femme revient chez elle très enthousiaste :
– Chéri, mes migraines sont guéries !
– Et par quel miracle ?
– Je suis allée voir un hypnotiseur. À chaque fois que je sens la migraine arriver, je dois me répéter « je n'ai plus de migraine, je n'ai plus de migraine, je n'ai plus de migraine… » et ma migraine s'envole !
– Génial, tant mieux pour toi !
Sans rien dire à sa femme, le mari décide dans l'après-midi d'aller voir lui aussi le fameux hypnotiseur… Le soir venu, le couple se couche et passe une folle nuit d'amour. La femme demande à son mari :
– C'est ma plus belle nuit ! C'est la première fois que tu es aussi performant ! Je ne te connaissais pas tous ces talents cachés… Comment l'expliques-tu ?
– Je suis allé voir l'hypnotiseur cet après-midi…
– Ah, tu vois ! Il est extraordinaire, non ? Mais… que t'a-t-il conseillé ?

– Il m'a conseillé de me répéter « Ce n'est pas ma femme, ce n'est pas ma femme, ce n'est pas ma femme… »

....

Une mère vient de repasser le linge de sa jeune fille blonde. Elle le lui porte dans sa chambre, le range dans son armoire et tout ça sans que l'adolescente ne dise le moindre mot.
– Pfff… souffle sa mère. À ton âge, c'est triste !
– Quoi ? fait la fille tout en retirant les écouteurs de ses oreilles.
– Je pensais t'avoir mieux élevée que ça !
– Ben quoi ?
– Tu n'as pas oublié de dire quelque chose ?
– Quoi ?
– Merci qui ?
– Ah oui ! s'exclame la fille. Merci Jacquie & Michel !

....

Un type drague une femme dans une boîte de nuit SM.
– Tu me donnes ton adresse mail pour que je t'envoie quelques photos de moi en action et que l'on se revoie ?
– Oui, c'est sadomasobondage@gmail.com.
– C'est long… Tout attaché ?
– Oh oui ! Attachée !

....

Humour noir

Depuis une dizaine de jours, trois naufragés dérivent sur un radeau… La faim est devenue insoutenable. L'un des naufragés s'est endormi… Soudain, le deuxième survivant se jette sur lui pour le maintenir au sol pendant que le dernier s'empare de son couteau et commence à lui couper la jambe… Le naufragé endormi se réveille en sursaut et hurle de terreur et de douleur pendant qu'on lui découpe la jambe. Le naufragé au couteau arrête un instant le massacre et dit :
– Oh, ta gueule ! Toi aussi t'auras ta part !

....

Des skins complètement bourrés pénètrent dans un cimetière afin de vandaliser quelques tombes… Soudain ! Ils perçoivent un bruit de martèlement… Pas rassurés, les skins cherchent à découvrir d'où provient ce bruit étrange. Ils finissent par distinguer une silhouette noire, courbée au-dessus d'une tombe… Le plus courageux d'entre eux casse alors une bière et s'approche de la silhouette en tenant fermement le tesson de bouteille à la main :
– Heu… B'soir ! Vous… vous faites quoi, là ?

Un vieillard lui répond :
– Je grave la tombe…
– Ah ! Ah ! Papi, tu nous as foutu la trouille ! On croyait que c'était un fantôme alors que finalement, toi aussi tu viens faire des inscriptions sur les tombes !
– … ces idiots on fait une faute d'orthographe sur mon nom !

....

Un petit syrien demande à sa mère qui a rejoint Daesh :
– Dis maman, pourquoi mon sac d'école est si lourd ?
– Allahu akbar, mon chéri ! Allahu akbar…

....

Pourquoi donne-t-on la nationalité des gens morts dans les catastrophes et les attentats ?
Pour savoir si on s'en fout ou pas…

....

– Maman, pourquoi papi tremble ?
– Parce qu'il a pris froid au parc.
– Au parc ? À quel parc ?
– Parkinson.

....

LES ROUSSES ET LES ROUX

Dans quel pays les roux pètent-ils ?
Au Pérou.

....

Comment appelle-t-on un grand rouquin ?
Un coton-tige usagé !

....

Pourquoi la rousse pue ?
Parce que la rousse pète…

....

On ne dit pas « Un roux mange un bonbon ».
Mais on dit… « Un roudoudou. »

....

Quelle différence y-a-t-il entre une rousse et un pitt-bull ?
Le pitt-bull finit toujours par lâcher sa prise.

....

On ne dit pas « Un roux fatigué ».
Mais on dit… « Il est au bord du rouleau »

....

Quel est l'ange gardien des roux ?
Oliver. Parce que l'ange Oliver protège les roux.

....

À quoi reconnaît-on une rousse dans une boîte de nuit ?
C'est celle qui reste assise sur la banquette.

....

Une femme est en train d'accoucher et la sage-femme l'encourage :
– Allez-y poussez ! Poussez encore !
– Hmmmmf! Hmmmmf!
– Poussez encore ! On y est presque !
– Hmmmmf! Hmmmmmf!
– Poussez… Non, stop ! Arrêtez-tout, il est roux !

....

Que faut-il faire pour se disputer avec une rousse ?
Dire quelque chose…

....

COMPLÈTEMENT FOOT

Un supporter de l'OM discute de son équipe favorite avec un ami :

– …tain ! Avé l'équi… que l'on a, on n'est …as …rêt de …a… ner un match !

– Qu'est-ce que tu dis ? Articule, tu manges la moitié des mots !

– Je dis qu'avec l'équi… que l'on a, on n'est …as …rêt de …a… ner un match !

– Tu veux dire qu'avec l'équipe que l'on a, on n'est pas prêt de gagner un match ?

– Oui.

– Oh ! T'es devenu fada ? Tu bouffes la moitié des lettres !

– C'est …arce que moi, les « P » « S » « G », je les bouffe !

....

Pourquoi les supporters du PSG ont-ils les mains toutes lisses ?

Parce que ça fait des années qu'ils se les frottent en disant : « La prochaine Ligue des Champions, on la gagne ! »

....

J'avais une blague sur Ribéry, mais elle fend trop la poire…

....

Un type demande à son patron :
– Puis-je finir plus tôt ce soir ? Mon père est souffrant, il faudrait que je puisse rentrer chez moi plus tôt pour m'occuper de lui…
– Encore ! Comment se fait-il que votre père soit souffrant à chaque fois qu'il y a un match à la télé ? Hein !
– En effet, c'est étrange… répond l'employé. Je me demande s'il ne le fait pas exprès !

....

J'avais une blague sur Neymar, mais elle ne tient pas debout…

....

Un journaliste interviewe Franck Ribéry :
– Toujours pas envie de revenir en France ? Toujours heureux de jouer en Allemagne avec le Bayern de Munich ?
– Oui. J'suis bien intégré à l'équipe dans son ensemble de tous les joueurs. Même qu'ils m'appellent tous Einstein ! déclare fièrement Ribéry.
– Einstein ? s'étonne le journaliste pour qui Ribéry n'est pas une lumière.
– Ouais. Ils disent tous « Hé ! Salut Franck Einstein ! »

....

MOTS D'ESPRITS

« Le premier homme qui s'est marié, il ne savait pas… le deuxième, il est inexcusable. »
Henri Jeanson

....

« Les lettres anonymes ont le grand avantage qu'on n'est pas forcé d'y répondre. »
Alexandre Dumas

....

« Dans la vie, il faut être gentil avec les femmes ; même avec la sienne. »
Michel Audiard

....

« Ce qui est grave dans un ménage, c'est quand l'un aime et l'autre pas. Mais s'ils ne s'aiment ni l'un ni l'autre, ils peuvent être très heureux. »
Alfred Capus

....

« Dans toute statistique, l'inexactitude du nombre est compensée par la précision des décimales. »
Alfred Sauvy

....

« Elle a acquis la certitude que son mari la trompait à un point noir qu'il n'avait plus entre les deux omoplates. »
Patrick Sébastien

....

« L'avantage des médecins, c'est que lorsqu'ils commettent une erreur, ils l'enterrent tout de suite… »
Alphonse Allais

....

« N'éveillez pas le con qui dort, c'est toujours ça de pris. »
Frédéric Dard

....

« Les avocats portent des robes pour mentir aussi bien que les femmes. »
Sacha Guitry

....

LA RONDE DES MÉTIERS

Antiquaire

Que ne faut-il pas dire à un antiquaire ?

Quoi de neuf !

....

Berger

Quel est le jeu préféré des bergers landais sexuellement en manque ?

Le saute-mouton.

....

Archer

Au moyen-âge, un roi promet la main de sa fille au meilleur archer. Une grande fête suivie d'un grand concours est organisée. La fille du roi est placée contre un arbre, avec une pomme sur la tête… Le premier archer se présente. Il bande son arc, tire sa flèche qui transperce la pomme en son centre. Le roi lui demande :

– Qui es-tu ? D'où viens-tu ?

– Je suis Guillaume Tell ! Je viens de Suisse !

Un second candidat se présente face à la cible. Il bande son arc et lâche sa flèche qui fend celle de Guillaume Tell en deux ! La jeune et jolie princesse sourit de soulagement... Le roi demande à l'archer :
– Qui es-tu ? D'où viens-tu ?
– Je suis Robin Wood ! Je viens d'Angleterre !
Un troisième candidat se prépare à tenter sa chance. Il bande son arc et tire sa flèche qui vient se planter entre les deux yeux de la jeune demoiselle... Le roi reste bouche bée. L'archer dit alors :
– Je suis navré. Je viens de Belgique...

....

Enseignant

Les parents d'un cancre ont rendez-vous avec la maîtresse de leur enfant...
– Notre fils a de très mauvais résultats ! se plaint le père.
– Vous êtes certaine d'être une bonne enseignante ? demande la mère.
Et la maîtresse leur répond :
– Vous vous y êtes mis à deux pour faire un imbécile, comment voulez-vous que toute seule j'en fasse un intellectuel !

....

INSULTES À LA CON

Tête de presse-agrumes !

....

Tu es un remède contre la constipation !

....

Céphalo-abstinent !

....

À t'écouter parler, je pense que tu souffres d'une inversion crâne/rectum…

....

Envoie ton CV chez Panzani, ils cherchent des nouilles !

....

Diffuseur de connerie en spray !

....

Extrait de courge !

....

Intellectuellement inactif !

....

Fond de couche !

....

Tu devrais être rémunéré par la Sécurité Sociale tellement tu facilites le transit intestinal !

....

Erreur de casting !

....

Puceau de la pensée !

....

Tartiflette sans fromage !

....

Papier peint des années 70 !

....

Les femmes, les hommes...

Deux types accoudés à un bar :

– C'est quoi ton type de femme ? Les blondes, les brunes, les rousses ? Les jeunes, les vieilles ?

– Celles qui veulent.

Une femme demande à une copine :

– Tu te souviens de la première fois où tu as vu un cochon ?

– Oui ! C'était le soir de ma nuit de noces...

Deux vieilles copines se retrouvent :

– Alors, tu es mariée ?

– Non, toujours pas...

– Mais qu'est-ce que tu attends ?

– Eh bien... Comment maintenant il ne reste que les moches, j'attends que les beaux divorcent !

Les hommes ont-ils aussi peu de mémoire pour qu'on leur repasse les buts et les actions intéressantes au ralenti ?

Comment appelle-t-on un homme qui fait le ménage et la vaisselle sans se plaindre ?
Un célibataire !

....

Savez-vous ce que les hommes connaissent le mieux en matière de mode féminine ?
La facture !

....

Quelle est la première chose que regarde un homme quand il va à la plage avec sa femme ?
Toutes les autres femmes !

....

Combien faut-il d'hommes pour nettoyer un appartement de 80 mètres carrés ?
Aucun ! C'est le travail d'une femme !

....

LES RÉPLIQUES DE CINÉ LES PLUS DRÔLES

– Verboten ! Nein ! Das ist mein kampf! Das ist mein kampf! Juif vous êtes, juif vous avez l'air !
– Faut mettre l'adjectif à la fin, pas au début. On dit pas : « Juif vous avez l'air », mais « Vous avez l'air juif. » Si je vous dis, con vous avez l'air, c'est pas français. C'est juste, mais c'est pas français.
***L'As des as* (1982) de Gérard Oury avec Jean-Paul Belmondo, Marie-France Pisier, Rachid Ferrache**

....

– Tu fabules, tu romances.
***Elle cause plus… elle flingue* (1972) de Michel Audiard avec Annie Girardot, Bernard Blier, Jean Carmet**

....

– Mais un mariage ne casse pas simplement à cause d'une infidélité. Ce n'est que le symptôme d'un malaise beaucoup plus profond.
– Ah, tu crois ? Ben, ce symptôme-là, il baise ma femme.

***Quand Harry rencontre Sally* (1989) de Rob Reiner avec Billy Crystal, Meg Ryan, Carrie Fisher**

....

– Vous mettez votre arme dans la poche?
– Vous préférez que je la mette dans mon fûte et que je m'explose les boules?
***Au revoir, à jamais* (1996) de Renny Harlin avec Geena Davis, Samuel L. Jackson, Brian Cox**

....

– Dites-moi Alex, vous êtes marié?
– Non, malheureusement. Célibataire.
– Ah, ça m'étonne pas...
– Pourquoi?
– Parce que si vous aviez une femme, elle vous aurait dit qu'après le roquefort au petit déjeuner on se brosse les dents!
***L'Arnacoeur* (2010) de Pascal Chaumeil avec Romain Duris, Vanessa Paradis**

....

– On n'emmène pas des saucisses quand on va à Francfort!
***Le Pacha* (1968) de Georges Lautner avec Jean Gabin, Dany Carrel, André Pousse**

....

Animots

Un dresseur de chien rentre chez lui à l'improviste. Il entre dans la maison et son chien l'accueille en lui faisant la fête.

– Deux « waf » pour dire oui et un « waf » pour dire non ! dit le maître. Est-ce qu'elle est dans la cuisine ?

– Waf !

– Elle est dans la salle de bain ?

– Waf !

– Dans la buanderie ?

– Waf !

– Dans le séjour ?

– Waf !

– Dans la chambre ?

– Waf ! Waf !

– Seule ?

– Waf !

– Mais ? Qu'est qu'ils font ?

Le chien ouvre grand la gueule, laisse tomber sa langue et fait :

– Aaaaaaaah !!!

Sur une île déserte, un homme est le seul survivant d'un naufrage. Un jour, une petite embarcation repère l'homme sur l'île et s'en rapproche le plus possible. Un récif de corail l'empêche malheureusement d'aller plus loin… Depuis son embarcation, il crie à l'homme :

– Vous êtes naufragé ?

– Oui ! Oui ! Oui ! fait l'homme tout excité de voir enfin des secours.

– Vous êtes tout seul ?

– Oui ! Tous les autres sont morts !

– Vous pouvez me rejoindre à la nage ? Je ne peux pas m'approcher plus avec le bateau !

– Je ne peux pas, je ne sais pas nager…

– D'accord ! Je viens vous chercher !

Tout en se préparant à plonger, le sauveur demande :

– Comment sont morts les autres naufragés ?

– Les alligators les ont tous mangés ! À chaque fois qu'ils ont voulu partir à la nage… Crac !

L'homme se retient juste à temps de sauter…

– Ouf ! Et… les… les alligators ?

– Il n'y en a plus aucun ! fait le naufragé. Ça fait trois ans que je n'ai pas vu la queue d'un !

Rassuré, l'homme saute à l'eau et commence à nager en direction de l'île. Il demande au naufragé :

– Que sont-ils devenus, les alligators ?

– Les requins les ont tous bouffés !

………..

COMMENT EMMERDER SES COLLÈGUES

Profitez du moment où tout le monde est parti déjeuner pour dérégler les sièges de tous les postes de travail !

....

Permutez toutes les adresses mails et les prénoms des contacts de la boîte mail de votre collègue…

....

Pendant que votre collègue se concentre, mâchez bruyamment un chewing-gum la bouche grande ouverte, faites des bulles…

....

Profitez d'une mauvaise haleine pour parler en tête à tête avec un collègue. Vous pouvez attendre un mauvais rhume ou bien croquer une gousse d'ail…

....

Lorsque vous empruntez un stylo à un collègue, rendez-le lui mordillé au bout et si possible avec encore un peu de salive dessus…

....

Dans la salle de pause, fabriquez un jeu de fléchettes. Comme cible, photocopiez et agrandissez la photo de votre collègue préféré…

....

Remplacez la page d'accueil du navigateur Internet de votre collègue par celle d'un site coquin…

....

Subtilisez l'ampoule du plafonnier du bureau de votre collègue ainsi que celle de sa lampe de bureau.

....

Déposez un préavis de grève accompagné d'une lettre de revendications, signée de votre collègue. Soignez les revendications : café trop chaud, pauses trop courtes, chaises trop raides, flan de la cantine trop pâteux, etc.

....

Attendez près de l'imprimante et piquez les impressions de vos collègues ! Déposez-les ensuite sur un bureau au hasard…

....

Trop blondes !

Une blonde amène ses deux enfants chez le docteur.
– Je ne pense pas qu'il s'agisse de simples rhumes, lui annonce ce dernier. Vous avez des animaux à la maison ?
– Oui, nous avons des chats…
– Ah ben voilà, vos enfants sont allergiques aux chats, vous allez devoir vous en séparer.
– Mais enfin, docteur, maintenant qu'ils sont grands, qui pourrait bien vouloir m'acheter deux enfants ?

....

Une blonde raconte ses vacances à une collègue de bureau…
– Cet été, je me suis retrouvée seule face à un lion ! J'ai eu la peur de ma vie.
– Hein ? Raconte !
– Il était énorme ! Quand je l'ai vu, il était à environ dix mètres de moi. Je n'ai plus bougé… Mais il m'a sentie ! Il a tourné sa tête et m'a regardé droit dans les yeux. Ensuite, il s'est levé…
– Continue, raconte ! demande la collègue.

– Il s'est avancé vers moi et s'est arrêté à seulement deux mètres ! J'étais terrifiée, il me fixait, mes jambes tremblaient…
– Qu'est-ce que tu as fait pour te sortir de là ?
– Ben… Je suis allé voir les singes dans la cage d'à côté !

....

Combien faut-il de blondes pour faire une ambulance ?
Trois ! Une qui fait le moteur : « Vroummm ! Vroummm ! Vroummm ! », une deuxième qui fait la sirène « Tuuuuu-duuuuu ! Tuuuuu-duuuuu ! », et la troisième qui fait le gyrophare « Bleu ! Bleu ! Bleu ! »

....

Pourquoi les blondes accrochent-t-elles leur photo dans la salle de bain ?
Pour s'en servir de miroir…

....

Mauvaise nouvelle :
Une blonde, agricultrice de métier, a été retrouvée morte étouffée sous une vache. Sa trayeuse électrique était tombée en panne…

....

MONSIEUR ET madame

Monsieur et madame **Batelaire** ont une fille.
Comment l'appellent-ils ?
Cécile (Ses cils battent l'air)

....

Monsieur et madame **Beghinpourtoi** ont un fil.
Comment l'appellent-ils ?
Jules (J'ai le béguin pour toi)

....

Monsieur et madame **Bofraire** ont deux filles et deux fils.
Comment les appellent-ils ?
Sheila, Sim, Camille, Edmond (C'est la Simca 1000 de mon beau-frère)

....

Monsieur et madame **Boké** ont un fils.
Comment l'appellent-ils ?
Bill (Bilboquet)

....

Monsieur et madame **Culairedroi** ont une fille.
Comment l'appellent-ils ?
Lorie (L'auriculaire droit)

....

Monsieur et madame **Daiployet** ont trois fils.
Comment les appellent-ils ?
Jerry, Al, Georges (Je ris à gorge déployée)

....

Monsieur et madame **Dairata** ont une fille.
Comment l'appellent-ils ?
Daisy (Desiderata)

....

Monsieur et madame **Dalizetou** ont un fils.
Comment l'appellent-ils ?
Yvan (Ils vandalisent tout)

....

Monsieur et madame **Dantaire** ont une fille.
Comment l'appellent-ils ?
Carie (Carie dentaire)

....

DEVINETTES

Pourquoi les fous aiment-ils les vélos?
Parce qu'ils déraillent!

Pourquoi les portugais portent-ils des chaînes en or?
Pour savoir où s'arrêter quand ils se rasent!

Qu'y a-t-il de plus pénible avec les sapins de Noël Ikea?
C'est de visser toutes les épines...

Quelle est l'unité de mesure de la musique de merde?
C'est le mètre Gims...

Pourquoi les nains portent-ils un bonnet rouge ?
Pour qu'on les voit quand on tond la pelouse !

....

Pourquoi l'Irlande est-elle la meilleure destination de voyage ?
Parce qu'un peu d'Eire, ça fait Dublin !

....

Pourquoi klaxonne-t-on lors d'un mariage ?
Pour prévenir du danger !

....

Quel point commun y a-t-il entre un faux-cul et un répondeur téléphonique ?
Ça ne parle que quand tu n'es pas là !

....

Pourquoi les Belges ne trouvent-ils pas de blagues à raconter sur les français ?
Parce que leur humour ne dépasse pas les frontières…

....

Qu'est-ce qui est jaune, bridé, et qui n'est pas asiatique ?
Une mobylette de la poste !

....

Perles de coiffeurs

Au mois de septembre, en fin de journée, après avoir maintes fois lancé la même conversation…

– Vous êtes partie en vacances ?

– Non…

– Et vous êtes allée où ?

....

On demande souvent aux coiffeurs de réaliser des miracles…

– Que fait-on ?

– J'en ai marre des cheveux courts, je les voudrais un peu plus long.

– … !?

....

Les vedettes du petit et du grand écran sont une source d'inspiration pour les clients…

– Je voudrais une couleur comme celle de Fauve Otto de *Danse avec les Stars*.

– Oui, rousse.

– Ah non ! Tout, mais pas rousse !

… et d'exaspération pour les coiffeurs !
– Je voudrais être coiffé un peu comme Laurent Delahousse, le présentateur.
– D'accord. En fait, il faut que je vous décoiffe ?

………..

Pour répondre à certaines questions, mieux vaut avoir une réponse qui tue…
– Il faut faire quoi pour avoir les cheveux qui poussent moins vite ?
– Bah… je sais pas. Les retenir de l'intérieur.
Mais c'est parfois la question qui vous achève définitivement :
– Ça vous irait bien une coupe comme Sophie Davan…
– D'avant quoi ?

………..

Il y a parfois des questions que l'on regrette d'avoir posées…
– Avec qui désirez-vous prendre rendez-vous ?
– Avec un coiffeur qui coupe bien.
… et d'autres auxquelles l'on regrette d'avoir répondu.
– Bonjour ! Est-ce que vous pouvez me prendre ?
– Oui. Vous avez une préférence de coiffeur ?
– Qui a coiffé la dame qui vient de sortir ?
– Xavier.
– Pas lui.

………..

LES PLUS COURTES SONT LES MEILLEURES

Un policier contrôle un musicien qui jouait dans le métro.
– Vous avez une autorisation pour jouer ici ?
– Heu, non…
– Bien ! Accompagnez-moi s’il vous plaît !
– D’accord, que voulez-vous chanter ?

....

Dans une soirée, un type s’adresse à un autre :
– Tu fais quoi dans la vie ?
– Je suis traiteur.
– Tu fais de la bouffe, quoi !
– Non, j’insulte les gens, connard !

....

Une petite fille demande à sa maman :
– Maman ! Je peux aller promener la chienne ?
– Non, elle est en chaleur, il ne faut pas à cause des autres chiens…
– Mais pourquoi il faut pas ? Allez, maman ! J’peux aller la promener ?
– Bon, va demander à ton père si c’est possible !

La gamine va voir son père...
– Papa ! Maman m'a dit de te demander si je peux aller promener la chienne parce qu'elle est en chaleur...
– Pfff... Bon, je vais lui badigeonner les fesses avec un peu d'essence, l'odeur va masquer le fait qu'elle soit en chaleur et va rebuter les mâles.
Le père passe un peu d'essence sur l'arrière-train de la chienne avec un chiffon puis avertit sa fille :
– Tu peux y aller mais tu ne fais qu'une seule fois le tour du quartier ! Compris ?
– Oui, papa !
La petite fille s'en va avec sa chienne et revient vingt minutes plus tard, seule...
– Où est la chienne ? s'affole le père.
Sa fille lui répond :
– Elle est tombée en panne d'essence, papa ! Mais t'inquiète pas : y'a un chien qui la pousse pour rentrer !

....

Deux prisonniers racontent leurs exploits :
– Personne ne veut me croire, ici... J'ai pris 10 ans de prison simplement pour avoir écrasé un petit poulet qui traversait la route ! ?
– 10 ans pour un poulet ?
– Oui ! Mais... c'était un brigadier-chef !

....

MOTS D'ESPRITS

« Le dos est la partie du corps de vos amis que vous avez le privilège de contempler dans l'adversité. »
Ambrose Bierce

« Il ne faut jamais gifler un sourd. Il perd la moitié du plaisir : il sent la gifle mais il ne l'entend pas. »
Georges Courteline

« Quand on s'est connus, ma femme et moi, on était tellement timides tous les deux qu'on n'osait pas se regarder. Maintenant on ne peut plus se voir. »
Raymond Devos

« Les millionnaires font la chasse aux éléphants, les pauvres la chasse aux punaises. »
Aminado

« Quand un philosophe vous répond, on ne comprend même plus ce qu'on lui avait demandé. »
André Gide

....

« Un intellectuel, c'est quelqu'un qui entre dans une bibliothèque même quand il ne pleut pas. »
André Roussin

....

« Heureusement que Jésus Christ n'est pas mort dans son lit. Sinon, en Bretagne, il y aurait un sommier en granit à chaque carrefour. »
Jean Yanne

....

« Le Chateauneuf-du-Pape a une belle robe rouge, alors que le pape a une belle robe blanche. »
Pierre Desproges

....

« Des cons y'en a autant chez les chaussons que chez les gens. »
Jean-Marie Gourio

....

HOMMES ET FEMMES EN BLANC

Une jolie et jeune femme se plaint de maux de ventre. Le docteur lui demande de se déshabiller intégralement et de bien vouloir s'allonger.

– Ne vous inquiétez pas, dit le docteur, je vais introduire mon doigt dans votre nombril.

Le docteur s'exécute et la jeune femme crie aussitôt :

– Hé ! Mais ce n'est pas mon nombril ! ?

– Et alors ? répond le docteur. Ce n'est pas mon doigt non plus !

....

Un homme se rend chez le docteur qui doit lui communiquer les résultats de ses examens.

– Alors docteur ? fait l'homme inquiet. Qu'est-ce que j'ai ?

– Eh bien… Mon premier est « Oui » en Espagnol et mon second est « oui » en Russe !

....

Une femme vient d'accoucher de triplés. La sage-femme les amène au papa qui n'a pas souhaité assister à l'accouchement.
– Regardez comme ils sont beaux ! La maman va bien... Je vous félicite, vous avez fait trois magnifiques bébés !
Le père les regarde scrupuleusement un à un puis dit à la sage-femme :
– Bon... Je crois que je vais prendre celui du milieu !

....

Un homme se confie à un psychiatre :
– Docteur, je voudrais être moins jaloux...
– Oui...
– Je suis trop exclusif avec ma femme...
– Oui...
– Tous les soirs, elle va au bar de la Rotonde et elle baise avec tous les clients ! Ça me rend fou ! Nous avons essayé d'en parler mais rien n'y fait. Tous les soirs, elle tient absolument à se rendre au bar de la Rotonde et à baiser avec tout le monde ! Je ne sais plus quoi faire... Aidez-moi.
– Bien. Je vais vous aider. Mais pour commencer, pouvez-vous me dire où se trouve ce bar de la Rotonde ?

....

LES RÉPLIQUES DE CINÉ LES PLUS DRÔLES

– Seulement, faut comprendre… Y'a pas que le plumard dans la vie ! Ou alors, tu te fais du tort. Et l'ennui avec les femmes, c'est qu'elles sont bonnes qu'à ça, ou à faire la cuisine. C'est le tramway de Shangaï ou le bœuf en daube. Et encore, faut choisir, parce que t'as rarement les deux !
Le Bateau d'Émile **(1961) de Denys de La Patellière avec Lino Ventura, Annie Girardot, Pierre Brasseur**

....

– Tant que t'as po mal au cul, tu peux toujours t'assouère eud'ssu !
Bienvenue chez les Ch'tis **(2008) de Dany Boon avec Kad Merad, Dany Boon, Zoé Félix**

....

– Hé ! Hé ! Hé ! 50 kg de patates, un sac de sciure de bois, il te sortait 25 litres de 3 étoiles à l'alambic. Un vrai magicien ce Jo ! Et c'est pour ça que je me permets

d'intimer l'ordre à certains salisseurs de mémoires de bien vouloir fermer leur claque-merde ! Ah !
***Les Tontons Flingueurs* (1963) de Georges Lautner avec Lino Ventura, Bernard Blier, Francis Blanche, Claude Rich, Jean Lefebvre, Jacques Dumesnil**

....

– Dis-donc toi, tu sais que tu as la tête de quelqu'un qui vaut deux mille dollars ?
– Oui… mais toi tu n'as pas la tête de celui qui les encaissera.
***Le Bon, la Brute et le Truand* (1966) de Sergio Leone avec Clint Eastwood, Eli Wallach, Lee Van Cleef**

....

– J'étais sûr que tu étais formidable… Je suis pas déçu. Tu m'as loupé comme un chef ! T'as pas arrêté de dire des conneries, t'as failli mettre le feu au paddock avec ta cigarette, tu portes un maillot de corps, tu gardes tes chaussettes… Y'a même ta maman. Y'a tout ! T'es une synthèse…
***Comment réussir quand on est con et pleurnichard* (1974) de Michel Audiard avec Jean Carmet, Stéphane Audran, Jean-Pierre Marielle**

....

LES COPAINS ET LES COPINES

Un type déprime et se confie à un ami :
– Ça va pas, je crois que je vais partir...
– Mais tu pars où ?
– Je pars en couilles.

....

Un type se vante :
– Moi, les femmes, elles m'ont toujours réussi !
Et un copain lui répond :
– Sauf ta mère !

....

Une fille se confie à sa copine :
– Les mecs sont racistes, ils me disent tous que je suis comme le réglisse de la boîte d'Haribo.
– Rassure-toi, ce n'est pas parce que tu es noire.
– Mais alors pourquoi ?
– C'est parce que personne ne veut de toi !

....

– C’est quoi ton genre de mec idéal ? demande une fille à sa copine.
– Peu importe sa couleur pourvu que ce soit un mec droit, ouvert et qui me protège, lui répond-elle.
– Tape-toi un parasol !

....

Un gars annonce à un ami :
– J’ai une nouvelle copine !
– Cool ! Elle a quel âge ?
– La cinquantaine.
– Tu déconnes ! ? Ça pourrait être ta mère !
– Non, c’est la tienne…

....

Une fille se confie à une amie :
– Quand je fais l’amour avec mon homme, ce n’est jamais la position du missionnaire ! se plaint-elle.
– Il faut le comprendre un peu…
– Mais pourquoi ?
– Ben… Parce que t’as une haleine à te faire prendre en levrette !

....

Les dragueurs

Une femme à un homme qui la drague lourdement :
– Tu veux que je sois le soleil de ta vie ?
– Oui…
– Alors éloigne-toi de 149,6 millions de kilomètres de moi !

....

Dans une boîte de nuit, une fille est excédée par un gars assis au bar et qui picole sans arrêter de la regarder. Elle se décide à aller le voir…
– Tu n'as pas fini de me mâter comme ça ? Qu'est-ce que tu veux ! Pourquoi tu te saoules la gueule tout en me regardant !
– C'est parce que je sais que quand je commencerai à te trouver belle… faudra que j'arrête de boire.

....

Dans une discothèque, une femme d'un âge certain, aborde un jeune homme…
– Vous voulez prendre un verre avec moi ?

– Oui, volontiers ! Mais vous savez, je ne suis pas Rothschild et…
– Ne vous inquiétez pas, je vous l'offre !
Le jeune homme et la femme d'âge mûr prennent donc un verre ensemble et font connaissance. Puis, la femme lui demande :
– Vous me faites danser ?
– Je ne suis pas Fred Astaire mais… avec plaisir !
Le jeune homme et la femme dansent ensemble puis elle lui glisse à l'oreille…
– Tu viens chez moi, chéri ?
– Ben… Je ne suis pas un Don Juan mais oui, je veux bien !
Le jeune homme et la femme quittent la discothèque puis se retrouvent au lit pour une partie de jambes en l'air. Au petit matin, pendant que le jeune homme se rhabille, la femme sort un billet de son porte-monnaie et lui dit en le lui tendant :
– Tu veux un peu d'argent ?
– C'est à dire que je ne suis pas un gigolo mais… oui, je veux bien !

…………

Un gars drague une fille en soirée :
– Tu serais pas la fille de Justin Bridou, toi ?
– Non, pourquoi ?
– Parce que t'as l'air d'une sacrée cochonne !

…………

L'abus d'alcool est dangereux pour la santé

Si après une gueule de bois, la brosse à dents ne rentre plus dans ta bouche… est-ce parce qu'il s'agit de la brosse à cheveux ?

....

Quel est le secret contre la gueule de bois ?
Rester bourré !

....

Un couple dîne en amoureux au restaurant…
– T'es comme cette bouteille de vin ! dit l'homme à sa femme.
– Je me bonifie avec le temps ?
– Non, tu me saoules !

....

Une blonde a un gros chagrin d'amour, sa copine la réconforte.
– Surtout, lui dit-elle, ne te réfugie pas dans l'alcool !
– T'inquiète pas ! la rassure la blonde, j'ai déjà essayé, je ne rentre pas dans la bouteille !

....

Pourquoi les amateurs de Ricard sont-ils écologistes ?
Parce qu'ils font très attention à la couche d'eau jaune…

....

Un alcoolique trouve une lampe magique. Il la frotte… frotte… frotte… et le génie en sort !
– Tu n'as droit qu'à un seul vœu ! lui annonce le génie.
– Ben… C'est pas trois, normalement ?
– Non. Maintenant que tu m'as libéré, je n'ai pas que ça à faire. Et puis, en général, quand j'offre trois vœux, les gens perdent tous les avantages gagnés lors des deux premiers vœux, alors…
L'alcoolique réfléchit un moment et dit :
– J'voudrais pisser du vin !
Aussitôt dit, aussitôt exaucé, le type se met donc à pisser du vin… Immédiatement, il fait un test et pisse dans une bouteille vide. Il goûte… C'est bien du vin ! Le soir, il raconte sa formidable découverte à sa femme et lui prouve, en pissant dans un verre, qu'il urine bien désormais du vin… La femme qui est elle aussi très portée sur la boisson, est ravie et le repas du soir est copieusement arrosé ! Plus tard, le couple part se coucher. Le type s'allonge à côté de sa femme et il lui susurre alors à l'oreille :
– Dis… ça te dirais de boire au goulot ?

....

MOTS D'ESPRITS

« Si les cons n'existaient pas, il ne faudrait surtout pas les inventer. »
Frédéric Dard

....

« Quand vous tenez quelqu'un pour un con, lâchez-le ! »
Frédéric Dard

....

« La verge et le cœur sont des organes qui remuent d'eux-mêmes. »
Aristote

....

« Si tout le monde vous donne raison, c'est que vous êtes d'une intelligence remarquable… ou bien que vous êtes le patron. »
Pierre Desproges

....

« Il paraît que notre cerveau ne fonctionne qu'à 50 % de ses capacités. Je ne le crois qu'à moitié. »
Philippe Geluck

....

« Pour parler correctement le russe, apprenez d'abord l'anglais, ça vous permettra de vous rendre compte que ces deux langues n'ont absolument aucun rapport entre elles. »
Pierre Dac

....

« Les invités, comme le poisson, commencent à sentir mauvais au bout de trois jours. »
Benjamin Franklin

....

« La plus perdue de toutes les journées est celle où l'on n'a pas ri. »
Sébastien-Roch Nicolas de Chamfort

....

« Le temps porte conseil : en général celui de ne rien faire. »
Claude Roy

....

DRÔLES DE COUPLES

Un couple fait ses courses dans un supermarché...
– Attends ! fait le mari à sa femme. Avant de passer en caisse, je veux aller au rayon des alcools !
– On n'a pas besoin d'alcool ! lui répond sèchement sa femme.
– Ben pourquoi ? Tu t'es bien acheté du maquillage, toi ?
– Oui, mais ce n'est pas la même chose ! Le maquillage, c'est pour me faire belle et que tu aies envie de moi.
– Alors je vais acheter de l'alcool, ça marche mieux que le maquillage !

....

Un homme s'étire dans son lit, se tourne vers sa femme et lui dit :
– Tu sens cette bonne odeur de café ?
Sa femme hume l'air et lui répond :
– Non, je ne sens rien ! ? Tu sens quelque chose toi ?
– Non, alors lève ton cul, il ne va pas se faire tout seul !

....

Un couple d'amoureux vient d'aménager ensemble. Au petit matin, la fille prépare le déjeuner et demande à son homme :

– Tu veux du pain ou des biscottes ? Ou tu préfères le pain grillé ? Beurre ou confiture ? Les deux peut-être ? À moins que tu n'aimes le Nutella® ? Et ton café, tu le bois comment ?

– En silence…

....

Un homme annonce à sa femme :

– Chérie, cette année, j'ai réservé des vacances en pension complète ! Petit déjeuner, dîner et souper compris. Bien entendu, une femme de ménage fait le lit et la chambre mais il y a aussi quelqu'un pour laver et repasser le linge !

– Oh… mon amour ! fait la femme enchantée par tant d'attention de la part de son époux.

– Oui, ça va être génial ! dit le mari. Cette année, je n'ai même pas besoin de t'amener !

....

Un couple au téléphone :

– Désolé, chérie, ça va couper…

– Mince ! T'as plus de batterie ?

– Non, tu me prends la tête, je vais raccrocher !

....

Blagues coquines

Un type se vante auprès d'un copain d'avoir eu son sexe dans le livre des records.
– Non ! Tu déconnes ? Et depuis quand il n'y est plus ? demande le copain.
– Bah… Dès que le libraire m'a chopé, je l'ai retiré et j'ai refermé le livre.

....

Quelle différence y a-t-il entre un concombre et un suppositoire ?
Essaye et on reparle !

....

– J'en ai une courte qui fait bien rire, tu veux ? dit un type à une fille.
– Ok, raconte ! lui répond-elle.
– Non, je ne parlais pas d'une blague…

....

Pourquoi le père Noël a un gros sac ?
Parce qu'il ne vient qu'une fois par an…

....

Un homme téléphone à son voisin, sur son portable…
– Bonjour, c'est votre voisin…
– Bonjour ! Tout va bien ? Il y a un problème ?
– Rien de grave… Je voulais juste vous demander si votre femme pouvait être moins bruyante pendant que vous lui faites l'amour. Je suis crevé et je suis en train d'essayer de faire une sieste…
– Mais ! ? Je suis au travail ?

…………

Un homme appelle sa femme :
– Chérie ! Chérie ! T'es où ?
– Dans la chambre !
– Ah ! J'ai une surprise pour toi !
– Oh oui ! Tu veux me brouter le minou et me défoncer la chatte ?
– Euh… Non, tes parents sont là…

…………

Un type aborde une fille dans la rue :
– J'ai trop envie de te faire l'amour… Tu viens chez moi ?
– Non mais, ça va pas ! Gros dégueulasse ! J'suis pas une pute ?
– Bah, ça tombe bien, j'ai pas une tune !

…………

LA RONDE DES MÉTIERS

Coiffeuse

Une coiffeuse à sa cliente :

– Ça vous convient ? Ce n'est pas trop court ?

– Parce que si je vous dis non, vous me les recollez ?

....

Secrétaire

Un patron gronde sa secrétaire :

– C'est la cinquième fois que vous arrivez en retard cette semaine ! Que dois-je en conclure ?

– Heu… Ben… Que nous sommes vendredi ?

....

Directeur du personnel

Une brune passe un entretien d'embauche…

– Selon vous, quel est votre pire défaut ? lui demande le directeur du personnel.

– C'est la franchise ! lui répond aussitôt la brune.

– La franchise, je pense c'est plutôt une qualité, non ?

– Mais j'en ai rien à foutre de ce que vous pensez !

....

Voyante
Qu'est-ce qu'une voyante qui lit dans le sucre en poudre ?
Une extraglucide !

....

Photographe
Une femme se rend chez un photographe et lui lance :
– Prenez-moi sur mon meilleur profil !
Et le photographe lui répond :
– Dans ce cas, tournez-vous et relevez votre jupe...

....

Gardienne d'immeuble
Le résident d'un immeuble est très excité par sa gardienne... Un jour, il tente sa chance et lui demande :
– Puis-je vous faire la cour ?
Et elle lui répond :
– Oui, c'est gentil ! Le balai est ici et le tuyau est déjà branché au robinet !

....

Huissier
Un huissier sonne à une porte, un enfant lui ouvre puis appelle sa mère :
– Maman ! C'est encore un huissier ! Tu as de l'argent où tu veux que j'aille jouer dehors ?

....

LE TROISIÈME ÂGE

Une vielle dame se présente au guichet d'un cinéma :
– Est-ce que vous faites un petit quelque chose pour les personnes âgées ? demande-t-elle au guichetier.
– Oui, on les réveille à la fin de la séance !

....

Un vieux couple fête ses noces de diamant au restaurant…
– Te souviens-tu ? demande la femme à son mari, du jour où tu m'as demandée en mariage ?
– Oui, très bien ! Il y a un peu plus de 60 ans…
– J'ai été tellement émue, que pendant cinq minutes, je n'ai pas pu dire un mot !
– Oui, je me souviens… Les 5 plus belles minutes de ma vie !

....

Un type agresse une vieille dame et lui demande :
– Ton sac ou la vie !
– Je suis désolée, mon petit, mais je suis totalement nulle en devinettes !

....

Une très vieille femme et un très vieux monsieur décident de se retirer à la campagne. Quelques temps plus tard, un de leur nouveaux voisins leur rend visite et prend de leurs nouvelles :
– Alors, comment se passe cette nouvelle vie ?
Les petits vieux répondent :
– Finalement, on s'ennuie beaucoup… On n'a pas d'enfants…
– Fallait pas vous retirer !

....

Le premier ministre consulte le président de la République :
– Monsieur le Président, que faire pour que les retraités oublient que leur retraite est de plus en plus petite ?
– Ne plus rembourser les soins pour Alzheimer ?

....

Une vieille femme pleure la mort de son chat. Le vétérinaire lui explique :
– Vous n'y pouviez rien. Ces chats à long poils se lèchent en permanence. Ils lèchent, avalent les poils, cela forme ensuite une boule dans leur estomac et ils en meurent…
La vielle dame s'exclame alors :
– Oh, mais alors je comprends ! Mon pauvre défunt mari… Si j'avais su !

....

DIEU & CO

Comment dit-on « Abracadabra » en chrétien ?
Amen !

....

– Papa, tu peux m'expliquer qui c'est, Dieu ?
– Dieu ? Eh bien tu vois, quand tu fermes les yeux pour penser très fort à une chose dont tu as envie… que tu rêves qu'une chose se produise ou bien qu'une autre n'arrive pas… et que ce soit pour toi ou bien quelqu'un d'autre… Tu vois ce que je veux dire ?
– Oui.
– Cela s'appelle prier. Eh bien Dieu, c'est le type qui en a rien à branler.

....

Pourquoi Adam et Ève n'étaient-ils pas chinois ?
Parce qu'autrement ils auraient ignoré la pomme et bouffé le serpent !

....

Un homme beau, riche et intelligent, marié à une femme sublimement belle, intelligente et aimante, ayant trois magnifiques enfants, doués, bien élevés, en bonne santé, avait tout pour vivre dans le plus merveilleux des mondes. Une question pourtant ne cessait de le turlupiner : « Qu'est-ce que la vie ? ». Dans sa quête pour trouver une réponse à cette question, il rencontre un jour un type qui lui dit avoir entendu parler d'un vieux moine tibétain qui vit dans la montagne, tel un ermite, et qui serait susceptible de pouvoir répondre à cette question. L'homme qui souhaite donner un sens à sa belle et heureuse vie, décide de tout plaquer pour partir à sa recherche. Il abandonne sa femme, ses enfants et dépense toute sa fortune pour retrouver ce vieux moine… Dix ans plus tard, ruiné, désespérément seul, le corps meurtri et marqué par toutes ces années de périples, il retrouve enfin le vieux moine ! Il lui demande :
– Dites-moi enfin… Qu'est-ce que la vie ?
Le moine prend le temps de la réflexion et lui répond :
– La vie… La vie est telle une rivière qui coule entre les montagnes et les collines avant de se jeter dans la mer…
– Et ?
– Et quoi ? s'inquiète le vieux moine.
– C'est tout ? J'ai perdu ma femme, mes enfants, ma fortune, ma santé pour m'entendre dire que la vie est une rivière qui coule entre les montagnes et les collines avant de se jeter dans la mer !!! ?
– Pourquoi, c'est pas ça ?

………..

LES RÉPLIQUES DE CINÉ LES PLUS DRÔLES

– Nous ne sommes pas des voleurs.
– Bah alors, c'est quoi que vous faites ?
– De la mendicité à mains armées !
***Bons Baisers, à Lundi* (1974) de Michel Audiard avec Jean Carmet, Bernard Blier**

....

– Rira bien qui rigolera vers la fin.
***Le Boulet* (2001) d'Alain Berberian et Frédéric Forestier avec Gérard Lanvin, Benoît Poelvoorde, José Garcia**

....

– Allô ?
– C'est moi, c'est juste pour savoir comment tu vas…
– Ça va, merci. Et toi, ça va ?
– Ça va… Enfin, j'ai des images assez osées de nos nuits qui me reviennent. Entre nous, il faut reconnaître que tu as des fesses sublimes…
– Oui, bien, je te remercie. Je suis avec l'ambassadeur du Mexique en ce moment, le responsable d'Amnesty

International, le sous-secrétaire du commerce et de l'industrie et tu es sur haut-parleur.
***Bridget Jones* : *l'âge de raison* (2004) de Beeban Kidron avec Renée Zellweger, Hugh Grant**

....

– Souris pas parce que tes dents sont tellement jaunes, qu'on dirait qu'il y a marqué taxi dessus !
***Brice de Nice* (2005) de James Huth avec Jean Dujardin, Bruno Salomone, Clovis Cornillac**

....

– Est-ce que je rêve ?
– Non…
– J'm'en doutais. Si j'rêvais, y'aurait du rhum.
***Pirates des Caraïbes* : *Le Secret du coffre maudit* (2006) de Gore Verbinski avec Johnny Depp, Keira Knightley, Orlando Bloom**

....

– C'est pas parce que des gens sentent des pieds qu'ils sont du Moyen-Âge… Ici, on a quelques spécimens, ils sont bien d'aujourd'hui !
***Les Visiteurs* (1997) de Jean-Marie Poiré avec Jean Reno, Christian Clavier, Muriel Robin, Marie-Anne Chazel**

....

Animots

Une petite coccinelle se rend chez le docteur et lui demande :
– Est-ce que vous auriez quelque chose contre les points noirs ?

....

Une girafe demande à un zèbre :
– Tu aimes les girafes, toi ?
– Oui, beau cou…

....

Un cow-boy raconte son histoire :
– Un jour que je traversais le désert, je me suis endormi sur mon cheval. Je suis alors tombé et me suis cassé la jambe. Je ne pouvais plus bouger ! Devine ce qu'a fait mon connard de cheval ?
– Non ? Dis-moi…
– Avec ses dents, il m'a attrapé par le col, m'a tiré jusqu'à une oasis et ce connard de cheval m'a ensuite installé sous un arbre !
– Incroyable ! Et après ?

– Après, ce connard de cheval a pris mon chapeau, l'a rempli d'eau dans la source et me la ramené pour que je boive ! Connard de cheval…
– Eh bien ! Et après ?
– Ensuite ce connard de cheval est parti chercher un docteur !
– Pfff! Mais ton cheval est extraordinaire ! Et il est revenu ?
– Bien sûr ! Et c'est là que j'ai abattu mon gros connard de cheval !
– Après tout ce qu'il a fait pour toi ? Tu le traites de connard et tu l'as abattu ?
– Mouais… Figure-toi que ce connard de cheval est revenu avec un vétérinaire !

....

Pourquoi les grenouilles ont-elles les pattes arrière écartées ?
Parce qu'elles n'ont pas toujours la raie nette…

....

Une grenouille demande à un crapaud :
– T'as regardé l'émission sur l'accouplement des grenouilles, hier ?
– Non, c'était tard…

....

Les questions cons

Si je pète dans le bus et que 4 personnes se retournent, aurai-je l'impression d'être dans *The Voice* ?

....

Ceux qui jettent l'argent pas les fenêtres ne pourraient-ils pas viser la mienne ?

....

Celui qui a inventé l'expression « la femme de ma vie », savait-il que l'espérance de vie allait autant augmenter ?

....

« Faites l'amour ou la guerre », d'accord mais… pourquoi pas la grasse matinée ?

....

Les gens qui ont les ongles noirs, utilisent-ils un papier toilette de mauvaise qualité ?

....

Si l'on parle à de l'eau de javel, est-ce que ça la déconcentre ?

....

Pourquoi me dit-on souvent « Lève-toi, le soleil est déjà levé ! »... Je bosse avec lui ou quoi ? Je suis chargé de la photosynthèse ?

....

Il y a de plus en plus de gens qui ont mauvaise haleine... Est-ce parce qu'il y a aussi de plus en plus de lèche-cul ?

....

Est-ce nécessaire de toujours faire le difficile pour choisir une femme de ménage puisque c'est forcément toujours la bonne ?

....

Est-ce parce que les femmes se réveillent en baillant que les hommes se réveillent avec une érection ?

....

Un alcoolique qui ne trouve plus ses mots, est-ce qu'il va sur whiskypédia pour résoudre son problème de vodkabulaire ?

....

Trop blondes !

Un policier est accusé d'avoir tenté de violer une blonde qui venait déposer une plainte au commissariat.
– Racontez-nous votre version des faits ! lui ordonne le juge d'instruction.
– Eh bien… Cette personne est venue au commissariat et m'a dit qu'elle voulait porter plainte pour viol.
– Oui, et ensuite ?
– Alors je lui ai dit « Nous allons faire déposition », et elle s'est mise dans celle de la levrette…

....

Pourquoi les blondes respectent extrêmement rarement les panneaux d'interdiction de doubler ?
Parce qu'il est rare qu'elles conduisent une voiture rouge et que celle qu'elles doivent doubler soit noire…

....

Une blonde souhaite s'acheter une Thermos® et demande au vendeur de l'aider à choisir. Ce dernier la conseille :

– Vous devriez prendre celle-ci. Elle peut garder les choses au chaud ou, si vous préférez, conserver les choses froides !
Convaincue, la blonde achète la Thermos®. Le lendemain, elle l'étrenne en l'apportant sur son lieu de travail. Sa collègue de bureau lui demande :
– Tu t'es acheté une Thermos® ?
– Oui ! Elle est super ! Non seulement elle peut garder les choses chaudes mais elle peut aussi conserver les choses froides.
– Ah bon ? Et qu'est-ce que tu as mis dedans ? demande sa collègue.
– Du café chaud… et deux boules de glace au citron !

....

Combien de temps durent les préliminaires pour une blonde ?
10 minutes : le temps de lui demander, de trouver un endroit et de se déshabiller.

....

Une blonde à sa copine :
– Cet après-midi, j'ai voulu faire un gâteau mais j'ai eu trop froid !
– Comment ça ?
– Eh bien, sur la recette, ils disent « reposer une heure au réfrigérateur » ! J'ai eu super froid…

....

Les femmes, les hommes...

Pourquoi, lorsqu'une femme passe dans un journal l'annonce « Je cherche un homme » elle reçoit des centaines de propositions d'hommes et lorsqu'un homme passe l'annonce « Je cherche une femme », les hommes lui écrivent « Viens chercher la mienne ! » ?

....

À quoi devine-t-on que sa femme est énervée ?
Elle nous dit « bonne nuit » à 18 h 30 !

....

Où se trouve le point G ?
À la fin du mot shopping !

....

Pourquoi les hommes mentent-ils et les femmes se maquillent-elles ?
Parce que les femmes tombent amoureuses de ce qu'elles entendent et les hommes de ce qu'ils voient...

....

Quelle différence y a-t-il entre une poule et une dinde?
La poule attend au bar et la dinde à la maison!

....

Quelle différence y a-t-il entre un bonhomme de neige et une bonne femme de neige?
Les boules de neige!

....

Quel point commun y a-t-il entre une femme bien bronzée et un poulet rôti?
C'est le blanc qui est le meilleur!

....

Pourquoi les avocats portent-ils des robes?
Pour pouvoir mentir aussi bien que les femmes!

....

Quel point commun y a-t-il entre les hommes et les kangourous?
Lorsqu'ils voient une femme, ils bondissent et pensent que c'est dans la poche!

....

DEVINETTES

Quelle différence y a-t-il entre une pizza et la police?
Quand tu les appelles, la pizza arrive plus vite!

....

Que dit un cannibale qui drague une fille?
Tu es belle à croquer!

....

À quel endroit doit-on acheter 24 kilos de carottes et 47 melons?
Dans les livres de mathématiques…

....

Lorsque qu'une pomme est tombée sur la tête de Newton, il a découvert la gravité. Qu'a-t-il découvert d'autre?
Le mal de tête!

....

Qu'y a-t-il de pire que d'avoir la tête dans le cul ?
C'est d'être une licorne…

....

Que cherchent les Chinois qui regardent passer le tour de France ?
Le Mao jaune !

....

Que se passe-t-il si on vomit sur une chemise Desigual ?
Impossible de trouver où est la tâche !

....

Que faut-il faire pour ne plus avoir le moral dans les chaussettes ?
Enlever ses chaussettes…

....

Au même moment, un type saute à l'élastique depuis le haut d'un pont, un enfant vise un oiseau avec son lance-pierres, un jeune couple fait l'amour. Que pensent-ils tous en même temps ?
Pourvu que le caoutchouc tienne !

....

PERLES DU BAC

« Les récepteurs de la moelle pépinière… »
Tronc d'arbre = tronc cérébral = moelle épinière !

....

« Nous avons tous un chimpanzé parent dans la famille. »
L'Homme et le chimpanzé partagent l'ancêtre commun le plus proche. Par respect pour lui et sa famille, nous ne dévoilerons pas son nom…

....

« L'homme moderne est un pédé. »
Espèce de bipède !

....

« À cause des polluants, on retrouve des ovaires dans les testicules des hommes. »
Ovocytes ! ***À moins que l'homme ne devienne hermaphrodite…***

....

« Même avec la fécondation in vitro, plusieurs coups sont nécessaires avant d'avoir une grossesse. »
D'accord mais... une tentative égale combien de coups ?

....

« En milieu urbain, l'eau de pluie met plus de temps à tomber qu'en milieu rural. »
Et en Corse, c'est encore pire !

....

« La contraception orale consiste à ne pas avoir de rapports vaginaux. »
La meilleure contraception étant de ne pas avoir de rapport du tout.

....

« Mélanie colore notre peau, nos yeux et nos cheveux. »
Elle est charmante, Mélanie, mais pas autant que Mélanine...

....

« Dans un rayon de plusieurs kilomètres autour de l'œil du cyclope... »
Le Cyclone devait avoir un compas dans l'œil...

....

Humour noir

Deux couples de voisins ont chacun un chien. Le premier un pitbull, le second un caniche nain. Un jour, le pitbull ramène à ses maîtres le caniche nain dans sa gueule et le dépose fièrement à leurs pieds. Le caniche est mort et plein de terre… Affolés, les maîtres du pitbull nettoient et toilettent soigneusement le caniche. Puis, ils le déposent précautionneusement sur le palier de leurs voisins et lui enfoncent le paillasson dans la gueule… Quelques jours plus tard, les maîtres du pitbull croisent leurs voisins.
– Bonjour ! Vous n'avez pas votre caniche avec vous ? demandent innocemment les propriétaires du pitbull.
– Non… Ne nous parlez plus de chiens ! Notre caniche est mort et enterré depuis quinze jours et devinez quoi ? Il y a trois jours, nous l'avons retrouvé sur notre palier, tout propre, parfaitement toiletté et venant de s'étouffer avec notre paillasson !

....

Une femme annonce à son mari :
– Les enfants dorment !
– Déjà ?
– Oui.

– Quel coup de bol !
– Oui. Derrière la tête.

....

Qu'y a-t-il de pire que de quitter quelqu'un après s'être rencontré, parlé, embrassé, aimé, disputé ?
L'enterrer au fond du jardin.

....

Une personne en fauteuil roulant se rend à Lourdes. Elle prie pour un miracle… La Sainte vierge entend sa prière : « Marie, faites quelque chose pour moi… Faites que je puisse me déplacer comme avant ! » Et plof ! D'un seul coup, la personne se retrouve avec des pneus neufs !

....

Un petit garçon demande à sa maman :
– T'es sûr que c'est comme ça qu'on prépare un rôti ?
– Tais-toi et rentre dans le four !

....

Une mère gronde son enfant :
– Arrête de tourner en rond ! Compris ? Tu arrêtes ? Tu arrêtes, maintenant ! C'est fini, oui ? Écoute-moi bien : si tu n'arrêtes pas immédiatement de tourner en rond, je te cloue l'autre pied !

....

COMMENT EMMERDER SES VOISINS

L’été, cachez quelques moules sous les fenêtres de votre voisin. Au soleil, les moules en putréfaction vont dégager une odeur pestilentielle !

....

Votre voisin a ses petites habitudes : il se gare toujours au même endroit. Mais le parking ou la rue sont à tout le monde, garez-vous à « sa » place !

....

Oups ! Vous avez complètement oublié les pâtes en train de cuire. L’eau s’est évaporée et elles crament dans la casserole… Vite ! Ouvrez votre porte d’entrée de manière à évacuer les fumées et la mauvaise odeur dans la cage d’escalier de l’immeuble !

....

Collez un autocollant « Je vote FN », ou « Je vote PS » ou encore « Je vote LR » sur la voiture de votre voisin !

....

Vos enfants ont besoin de se défouler ? Envoyez-les jouer au foot ou au tennis contre le mur de votre voisin.

....

Lancez régulièrement des graines pour nourrir les pigeons devant la porte de votre voisin… Son perron ne sera vite plus qu'un tapis de fientes !

....

Ce dimanche, vous espériez faire une grasse matinée mais il est 6 heures du matin et vous avez les yeux grands ouverts. Le seul fait de penser à votre voisin du dessous, qui pendant ce temps dort paisiblement, ne fait que renforcer votre insomnie. Levez-vous, prenez un sac de billes et… renversez-le sur le parquet !

....

La nuit d'Halloween, vers 2 heures du matin, déguisez-vous en monstre de manière à ne pas être reconnu et tambourinez à la porte de votre voisin pour quémander des bonbons.

....

Pourquoi partir acheter le pain ou le journal alors que des voisins se les font livrer à domicile, devant leur porte, et qu'il n'y a qu'à se servir ?

....

DRÔLES DE COUPLES

Une femme s'étire dans son lit et dit à son mari :
– Moi, quand je me réveille, j'ai envie de changer le monde !
– Ouais ? Ben moi, j'ai envie de pisser.

....

Une femme se presse de retourner à l'hôpital où séjourne son mari. En chemin, une connaissance l'interpelle :
– Mais où cours-tu ainsi ? lui demande-t-elle.
– À l'hôpital ! Mon mari a subi une petite intervention, j'ai dû m'absenter un instant mais je me dépêche de retourner auprès de lui ; je dois le surveiller jour et nuit !
– Ah bon ? Le personnel est si incompétent que ça ?
– Au contraire, les infirmières sont charmantes, très attentionnées et aussi très jolies…

....

Un homme à sa femme :
– Tu sais ce que j'aime le plus dans tes yeux ?
– Non…
– C'est mon reflet !

....

Un couple se dispute :
– Comment Dieu a-t-il pu créer une créature aussi bête que toi ! ? hurle le mari.
– Mais certainement pour que je puisse te trouver attirant, mon amour…

....

Un homme rentre plus tôt que prévu chez lui et découvre dans le cendrier un cigare encore fumant…
– À qui appartient ce cigare ! demande le mari à sa femme.
– À personne…
– Tu te fous de moi ? À qui est ce cigare !
– Je n'en sais strictement rien…
– Dis-moi d'où il vient ou je te jure que je t'étrangle !!!
Et une voix venant de dessous la table dit timidement :
– Il vient de La Havane…

....

Une femme qui a l'intention de divorcer consulte un avocat.
– Pour quelles raisons souhaitez-vous divorcer ? lui demande l'avocat.
– Parce que mon mari me traite comme un chien !
– Ah… Vous pouvez préciser ?
– Oui, il voudrait que je lui sois fidèle !

....

LES RÉPLIQUES DE CINÉ LES PLUS DRÔLES

– J'ai même essayé de me suicider !
– Comment ça ?
– On n'est jamais très original dans ces moments-là… J'ai mis l'adagio d'Albinoni, j'ai avalé deux tubes de laxatif, et puis hop ! J'ai perdu 16 kilos, et ma moquette.
***Les Bronzés* (1978) de Patrice Leconte avec Michel Blanc, Marie-Anne Chazel, Christian Clavier, Thierry Lhermitte, Gérard Jugnot, Josiane Balasko**

…………

– Trente ans d'bagne ! Et peut-être même quarante si vous tenez l'coup !… Le mariage, mon cher, c'est le Biribi des amours ! Moi, ça fait vingt ans que j'déguste… J'me suis marié en quarante-deux parce que ça donnait droit à un costume pure laine et une paire de chaussures en cuir. Voilà où ça mène, l'élégance…
***Carambolages* (1963) de Marcel Buwal avec Jean-Claude Brialy, Louis de Funès, Michel Serrault**

…………

– Parle-moi des banques…
– Elles sont faciles, ah oui… Belles, généreuses…
– Les banques ou les femmes ?
– Avec les unes, on se paye toutes les autres… »
Butch Cassidy & Le Kid **(1969) de George Roy Hill avec Paul Newman, Robert Redford**

....

– Qu'est-ce qu'il se passe, ma… ma veste est pleine de cambouis…
– Je vous présente toutes mes confuses !
– Vos confuses … Mais qu'est-ce que c'est cette matière, c'est de la merde ! ?
– Non, c'est Klug !
Le Père Noël est une ordure **(1982) de Jean-Marie Poiré avec Anémone Marie-Anne Chazel, Thierry Lhermitte, Gérard Jugnot, Josiane Balasko, Christian Clavier**

....

– Hé, Sophie ! J'espère que t'as pas pris un coup de soleil sur les fesses parce que ça va te coûter cher en Biafine s'il faut que t'étales !
Camping **(2006) de Fabien Onteniente avec Franck Dubosc, Gérard Lanvin, Mathilde Seigner, Claude Brasseur**

....

Les belles-mères

Un couple se dispute :
– Tu n'aimes pas ma famille ! reproche la femme à son mari.
– N'importe quoi ! dit le mari. Tu sais bien que je préfère de beaucoup ta belle-mère à la mienne…

....

Une belle-mère demande à son gendre :
– Croyez-vous que la vie soit plus agréable après la mort ?
– Ça dépend… Après la mort de qui ?

....

Une femme raccroche le téléphone.
– Qui c'était ? demande son mari. Encore ta mère, je suppose ?
– Oui… Mais là, je crois bien qu'elle est devenue à moitié folle… répond la femme.
– Ah ? Ça va mieux, alors ?

....

Un homme se rend dans un commissariat pour déclarer la disparition de sa belle-mère.
– Pouvez-vous nous la décrire ? demande l'inspecteur.
– Elle est petite, les cheveux blancs, un rouge à lèvre très voyant, assez moche et très méchante…
– Auriez-vous une photo ?
– Oui, bien sûr !
L'homme tend alors une photo à l'inspecteur…
– Mais ? Vous devez vous tromper, vous m'avez donné la photo d'une jolie blonde…
– C'est-à-dire que… je ne tiens pas trop à ce que vous la retrouviez…

…………

– Ah non ! s'écrie un homme dont la femme s'apprête à acheter un tapis en peau de vache.
– Il ne te plaît pas ? s'inquiète-t-elle.
– Non ! J'aurais l'impression de marcher sur ta mère !

…………

Quelle est la plus belle caresse qu'une belle-mère puisse faire ?
Caresse chez elle ! (Qu'elle reste chez elle !)

…………

LES ROUSSES ET LES ROUX

Quel est le jeu préféré des roux?
La roulette…

....

Qu'est-ce qu'une rousse avec des problèmes relationnels?
Un pléonasme.

....

Quel est le chanteur préféré des roux?
Garou.

....

On ne dit pas « Le roux vieillit ».
Mais on dit… « Il rouille ».

....

Un homme et une rousse sont les deux seuls survivants d'un naufrage. L'île sur laquelle ils échouent est déserte. Les deux naufragés se nourrissent de coquillages et de crustacés et parviennent à capturer

une chèvre qui leur donne leur lait quotidien. Au bout de quelques semaines, c'est l'abstinence sexuelle qui fait le plus souffrir les deux survivants. La rousse dit à l'homme :
– Je n'en peux plus… Fais de moi ce que tu veux !
– Vraiment, je peux ?
– Oui ! Demande-moi ce que tu veux !
– Génial ! dis l'homme. Tu peux me tenir la chèvre ?

....

Quand faut-il faire attention aux roux ?
Lorsque l'on voit un panneau « Attention aux deux roux ! »

....

On ne dit pas « Le roux arrive »
Mais on dit… « Il est en route »

....

Pourquoi les rousses ne peuvent-elles pas entrer en boîte ?
Parce qu'il faut être accompagné.

....

Quel est l'arme préférée des roux ?
Le lance-rouquette !

....

ATROCES ET BIEN DÉGUEU

Vous en voulez une bien sale, bien crado, bien dégueulasse ?
Alors arrêtez de vous la laver !

....

Deux hommes tombent dans une fosse septique. Ils y sont coincés depuis deux jours et deux nuits et le niveau de la fosse qui ne cesse de monter atteint maintenant celui de leurs lèvres. Les deux hommes font des efforts désespérés pour tendre le cou et maintenir leurs bouches positionnées en cul-de poule au-dessus du niveau. Ils gardent les bras levés car les plonger dans la fosse septique ferait monter le niveau et les noierait. Soudain, l'un dit à l'autre :
– Désolé… je crois qu'on va mourir…
– Non… On a tenu jusqu'à présent… Il faut continuer… On va nous retrouver, j'en suis persuadé…
– Suis désolé mais… j'ai trop envie de chier…

....

Un couple de personnes très âgées vient de faire l'amour...
– J'ai bien aimé faire un 69 ! dit le vieil homme. Par contre, permets-moi de te dire, sans vouloir te vexer, que tu ne sens pas très bon...
– Oui, je sais, c'est mon arthrite... lui répond sa dulcinée.
– Ça sent mauvais, l'arthrite ?
– Non, c'est à cause de mon arthrite à l'épaule, je ne peux plus m'essuyer le cul !

....

– Ta mère, elle est mieux qu'un oignon ! dit un homme à sa femme.
– Ça ressemblerait presque à un compliment, lui répond-elle. Mais qu'est-ce qui te fait dire cela ?
– Parce que je n'ai même pas pleuré lorsque je l'ai découpée !

....

Le curé gronde ses enfants de chœur :
– L'un de vous a pété pendant la messe, c'est inacceptable !
– Comment pouvez-vous le savoir ? lui demande l'un des enfants.
– Parce que ça sentait la vaseline !

....

MONSIEUR ET madame

Monsieur et madame **Delacadaimi** ont une fille et un fils.
Comment les appellent-ils ?
Laure, Hector (Le recteur de l'académie)

....

Monsieur et madame **Di Mancho** ont un fils.
Comment l'appellent-ils ?
Alban (Ah, le bandit manchot !)

....

Monsieur et madame **Didon-Halors** ont un fils.
Comment l'appellent-ils ?
Robin (Rrrroh… Ben dis-donc alors !)

....

Monsieur et madame **Dikulisai** ont une fille.
Comment l'appellent-ils ?
Valérie (Va les ridiculiser)

....

Monsieur et madame **Diobaite** ont une fille.
Comment l'appellent-ils ?
Sally (Sale idiot bête !)

....

Monsieur et madame **Dossoul-Sapain** ont une fille.
Comment l'appellent-ils ?
Jessica (J'ai six cadeaux sous le sapin)

....

Monsieur et madame **Dumauve-Haicauté** ont une fille.
Comment l'appellent-ils ?
Elvire (Elle vire du mauvais côté)

....

Monsieur et madame **Durine** ont deux filles.
Comment les appellent-ils ?
Anna, Lise (Analyse d'urine)

....

Monsieur et madame **Frigoseuktapri** ont un fils.
Comment l'appellent-ils ?
Roméo (Remets au frigo ce que t'as pris)

....

DRÔLES DE COUPLES

Un homme se confie à son voisin du dessus :
– Ma femme et moi, on ne parvient pas à avoir un enfant…
– Je peux peut-être vous aider, affirme le voisin.
– Comment ?
– Un soir, prenez un balai et demandez à votre femme de prendre une douche puis de mettre des sous-vêtements affriolants. Demandez-lui ensuite de s'allonger sur le tapis du salon.
– Oui, mais… le balai, à quoi il sert ?
– Eh bien… Dès qu'elle est prête, vous tapez au plafond et j'arrive !

....

Un homme tente de comprendre pourquoi sa femme a un amant…
– Dis-moi, est-ce parce que tu en as assez de moi que tu as un amant ?
– C'est tout le contraire ! lui répond sa femme. C'est parce que je n'en ai pas assez de toi !

....

Une femme se dispute avec son mari :
– Ça suffit, change de ton !
– Non, je suis très bien avec toi !

....

Une femme à son mari, le soir de son anniversaire :
– Devine quel va être ton cadeau ?
– Je n'en ai aucune idée.
– Regarde par la fenêtre ! Tu vois la grosse voiture de sport rouge garée devant chez nous ?
– Oui... Oh ! Ne... Ne dit pas que...
– Si, chéri ! Je t'ai acheté une cravate de la même couleur !

....

Dans un grand magasin, un homme aborde une très jolie jeune femme...
– Que voulez-vous ? lui demande-t-elle.
– Rien, juste vous parler quelques instants.
– Non mais ! Vous me draguez ou quoi ?
– Non, pas du tout ! Je ne sais pas où est passée ma femme mais... à chaque fois que je parle à une jolie fille, elle arrive dans la minute !

....

LES PLUS COURTES SONT LES MEILLEURES

– Toc-Toc-Toc !
– Qui es-là ?
– C'est Hulk.
– Entre, c'est tout vert !
– …

....

Un enfant terrible est conduit de force par ses parents chez un psychiatre.
– Bien. Raconte-moi un peu ce que tu aimes faire à l'école…
– Rien !!!
– Rien ? Et pendant la récréation, que fais-tu ?
– Je tue tous les oiseaux !
– Et comment t'y prends-tu. Raconte-moi, ça m'intéresse beaucoup de savoir…
– Je prends mon lance-pierres et je les dégomme pour qu'ils crèvent tous !
– Intéressant, intéressant… Sais-tu pourquoi tu aimes tant faire cela ?
– Non…

Le psychiatre tente alors de trouver l'origine de cette violence :
– Tu as des copains ?
– Non, j'aime pas les garçons !!!
– Ah ! Tu aimes les filles ?
– Ouais, ça dépend… Que pour certaines choses…
– Bien ! Quelles choses aimes-tu faire avec les filles ?
– Je les amène dans le bois !
– Ah… Intéressant, intéressant… Et que fais-tu dans le bois ?
– Je leur soulève la jupe !
– Oui ? Et après ?
– Je leur enlève la culotte !
– Intéressant, Intéressant… Que fais-tu après ?
– Ben… J'arrache l'élastique de leur culotte pour mon lance-pierres !

....

Dans un supermarché, une petite fille se met à crier :
– Maman ! Regarde ! T'as vu le petit nain ?
Gênée, la maman tente une explication :
– Allons ! On ne dit pas un « petit nain », mais un nain tout court !

....

« Mmmmhhh ! Mmmmmmhhh ! Mmmmmhhh ! »
Bernardo

....

LA RONDE DES MÉTIERS

Président du tribunal

Le président du tribunal rend son jugement :

– Vous êtes condamné à 500 euros d'amende pour injures à un représentant des forces de l'ordre. Avez-vous quelque chose à ajouter ?

– Oui, mais… à ce tarif-là, je préfère me taire !

....

Policier

– Descendez immédiatement ! hurle un policier.

– Non ! J'ai toujours rêvé de baiser une sirène ! lui répond l'homme à qui il s'adresse.

– C'est la dernière fois que je vous le dis, prévient le policier, descendez immédiatement du toit de notre véhicule de police !

....

Trafiquant de drogue

Le président du tribunal demande à l'accusé :

– Quel est votre profession ?

– Agriculteur, monsieur le président.

– Hum… Je dirais plutôt que vous êtes narcotrafiquant, n'est-il pas ?
– Non, agriculteur ! J'habite aux Champs-Élysées, je travaille aux Champs-de-Mars, et je me fais du blé en vendant de l'herbe, monsieur le Président…

………..

Policier

Un policier interpelle un automobiliste qui vient de griller un feu.
– Eh bien ? Vous n'avez pas vu le feu rouge peut-être !
– Je suis désolé, répond le conducteur, je suis daltonien.
– Et alors ! Il n'y a pas de feux rouges en Daltonie ?

………..

Gardien de prison

Un prisonnier se plaint à son geôlier :
– Je voudrais voir le docteur !
– Qu'est-ce que t'as ?
– J'ai les jambes lourdes… lourdes… lourdes !
– Tu vois ! répond le geôlier. Je t'avais bien dit que tu finirais par oublier les boulets que tu as aux pieds !

………..

TOC TOC TOC

– Toc-toc-toc !

– *Qui est là ?*

– Iman, Reine…

– Iman, Reine qui ?

– Iman Reine au bout de la nuit, les démons de minuit. Ils m'entraînent jusqu'à l'insomnie, les fantômes de l'ennui.

(Les démons de minuit **– Images*)***

………..

– Toc-toc-toc !

– *Qui est là ?*

– Thor…

– Thor qui ?

– Thor brûlée au vent, des landes de pierre, autour des lacs, c'est pour les vivants, un peu d'enfer, le Connemara…

(Les lacs du Connemara **– Michel Sardou*)***

………..

– Toc-toc-toc !

– *Qui est là ?*

– Anne-Laure…

– Anne-Laure qui ?

– Anne-Laure regarde, regarde un peu… Je vais pas me taire parce que t'as mal aux yeux. Alors regardc, rcgarde un peu… Tu verras tout c'qu'on peut faire si on est deux.

(Alors regarde **– Patrick Bruel*)***

…………

– Toc-toc-toc !

– *Qui est là ?*

– Jean et Marc…

– Jean et Marc qui ?

– Jean et Marc de cette nana-là, marre de cette nana, j'étais bien mieux avant, câliné par maman, tout l'temps, tout l'temps…

(Marre de cette nana-là **– Patrick Bruel*)***

…………

– Toc-toc-toc !

– *Qui est là ?*

– Agatha…

– Agatha qui ?

– Agatha feeling, that tonight's gonna be a good night, that tonight's gonna be a good night, that tonight's gonna be a good good night…

(I gotta feeling **– Black Eyed Peas*)***

…………

Blagues coquines

Quels sont les deux choses que l'on n'arrive pas à trouver alors qu'on les a sur le bout de la langue ?
Le nom du 7e nain et le clitoris !

....

Le soir du réveillon :
– Chéri, tu peux farcir la dinde ?
– Ok. Déshabille-toi !

....

Une femme à son mari :
– Chéri, j'ai deux mots à te dire…
– Oui ?
– J'ai trouvé un magazine SM caché sous le lit !!!
– Ah… Et tu veux me punir ?

....

Pourquoi les gens ne font-ils jamais l'amour dans leur jardin ?
Parce que si l'amour est aveugle, les voisins ne le sont pas…

....

Dans une rue d'Amsterdam, un belge frappe à la vitrine derrière laquelle se trouve une prostituée :
– C'est combien ? lui demande-t-il.
– 50 euros !
– Ce n'est pas cher pour du double-vitrage !

....

Pourquoi la position 69 est-elle recommandée pour les couples qui se disputent ?
Parce que c'est la meilleure manière pour qu'ils se taisent pendant 5 minutes !

....

Deux copains discutent de leurs performances sexuelles…
– Moi, quand je fais l'amour, je mets le masque d'un monstre puis j'allume la lumière et, là, je suis sûr de la faire crier !
– Eh bien moi, en fond sonore, je mets le CD d'un album live. Comme ça, toutes les 5 minutes, j'ai des applaudissements !

....

Comment appelle-t-on une engueulade entre dix prostituées ?
Une dispute…

....

LES RÉPLIQUES DE CINÉ LES PLUS DRÔLES

– Y'a eu Bonnie and Clyde, Pierrot le fou, le mec du train postal… Bientôt Phano entrera dans la légende…
***C'est pas parce qu'on a rien à dire qu'il faut fermer sa gueule* (1975) de Jacques Besnard avec Bernard Blier, Michel Serrault, Jean Lefebvre**

…………

– Excusez-moi, mais vous êtes en train d'uriner sur ma voiture.
– Comment ça ?
– Vous êtes en train d'uriner sur ma voiture.
– Euh… Pardon, oui parce que… J'ai la même là-bas…
– Bah, oui.
– C'est la même couleur et tout… J'suis désolé… Bon, j'termine ? Bonne voiture…
***Les Bronzés font du ski* (1979) de Patrice Leconte avec Michel Blanc, Marie-Anne Chazel, Christian Clavier, Thierry Lhermitte, Gérard Jugnot, Josiane Balasko**

…………

– Tiens, ça me rappelle ma finlandaise. Tu la connais mon histoire avec la finlandaise ?
– Oui.
– Bah toi qui la connais pas, tu vas te poiler ! Figure-toi qu'un jour sur la piste d'Ibn Saoud, j'tombe sur un p'tit ingénieur des pétroles avec sa Land Rover en rideau. Il avait sa bonne femme avec lui, là, une grande blonde avec des yeux qu'avaient l'air de rêver et puis un sourire d'enfant : une salope quoi ! Moi je repère ça tout de suite parce que les femmes, c'est mon truc.
– C'est pas comme le pelletage, hein ? !
– Alors, aussi sec, je propose au p'tit ingénieur : Si vous voulez, j'amène vot' dame à Agdid et puis j'envoie la dépanneuse… Le branque dit oui, et me v'là barré avec la poupée… C'est pas vrai, Saïd ?
– Si, c'est vrai ! Et c'est même vachement intéressant ! Tu vas bosser un peu, dis ! Hein !
Cent mille dollars au soleil **(1964) d'Henri Verneuil avec Jean-Paul Belmondo, Lino Ventura, Bernard Blier**

....

– Allons Phano ! Tu sais que pour toi, on se mettrait en quatre…
– À deux, vous m'emmerdez assez comme ça !
C'est pas parce qu'on a rien à dire qu'il faut fermer sa gueule **(1975) de Jacques Besnard avec Bernard Blier, Michel Serrault, Jean Lefebvre**

....

Blagues à TOTO

La maman de Toto se fâche :
– Vas-tu arrêter de manger tes ongles ? Tu avales de l'air, tu vas avoir de l'aérophagie et puis un gros ventre ! Et puis aussi une crise d'appendicite si tu avales tes ongles !
Comme Toto ne l'écoute toujours pas, elle lui met sur les doigts des dés en caoutchouc… Quelques jours plus tard, Toto voit une femme enceinte dans le bus. Il s'assoit à côté d'elle et lui dit :
– T'as vu ce que ça fait quand on enlève les caoutchoucs !

....

À l'approche de la fête des Pères, le papa de Toto lui dit :
– Le plus beau cadeau que tu pourrais me faire, c'est d'être le premier de la classe !
– Trop tard ! lui dit Toto, je t'ai déjà acheté une cravate !

....

La maîtresse à Toto :
– Peux-tu me conjuguer le verbe « se taire » au présent ?
– Ben… Je sais pas…

La maîtresse aide Toto :
– Je me…
– Je me tais !
– Très bien. Et après ? Imagine que tu t'adresses à ta sœur. T… ? T… ?
– Ta gueule !

....

La maîtresse n'est pas contente :
– Toto, je t'avais demandé de me recopier 100 fois « Je n'oublierai plus de faire mes résumés à la maison » et tu ne l'as recopié que 10 fois !
– Bah oui, maîtresse ! J'ai résumé…

....

La maîtresse à Toto :
– Imaginons que par terre, tu trouves un billet de 50 euros et un sac d'intelligence mais que tu ne peux ramasser qu'une seule chose… Que prendrais-tu ?
– Ben… Et vous ? Vous prendriez quoi ? demande à son tour Toto à sa maîtresse.
– Moi, je prendrais le sac d'intelligence. Mais toi, tu prendrais quoi ?
– Je prendrais le billet de 50 euros ! répond alors Toto.
– Bien. Et peux-tu m'expliquer pourquoi ?
– Ben… Chacun prend ce dont il a besoin ! répond Toto.

....

HOMMES ET FEMMES EN BLANC

Une blonde se rend chez un médecin.
– Passez dans la cabine et déshabillez-vous, s'il vous plaît ! lui demande le médecin.
Un moment plus tard, le docteur demande :
– Ça y est, vous êtes déshabillée ?
– Oui… Et vous ?

....

Une blonde se rend chez un psychiatre et lui dit :
– En fait, je viens pour ma fille… Elle se prend pour une poule ! Que dois-je faire ?
– Le mieux, répond le psychiatre, c'est de me l'amener afin que je parle avec elle.
– D'accord ! répond la blonde. Faut-il aussi que je vous amène les œufs ?

....

Un homme doit subir une opération du ventre. L'infirmière chargée de le raser s'étonne :
– Mais ! ? Vous avez une couille en bois et une autre en métal ?

– Oui.
– Je n'ai jamais vu ça ! Dommage que vous ne puissiez pas avoir d'enfants…
– Mais j'en ai déjà deux ! Robocop rentre en 5e et Pinocchio en CM2 !

………..

Une blonde se plaignant de douleurs au bas ventre se rend chez un proctologue. Le docteur l'examine et lui annonce :
– C'est incroyable ! Devinez ce que j'ai trouvé de coincé dans votre rectum… une montre !!!
– Oui, je sais, docteur… Je l'ai avalé sans faire exprès il y a un peu plus d'un an et je n'ai jamais réussi à l'évacuer naturellement…
– Vous auriez dû consulter avant ! Elle devait vous faire extrêmement mal, non ?
– Oui, surtout lorsque je devais la remonter !

………..

Après avoir examiné une blonde, un gynécologue lui annonce :
– Bien. Je pense que vous n'avez pas vu dans quel état était le col de l'utérus…
– Non, je ne suis jamais allé en montagne…

………..

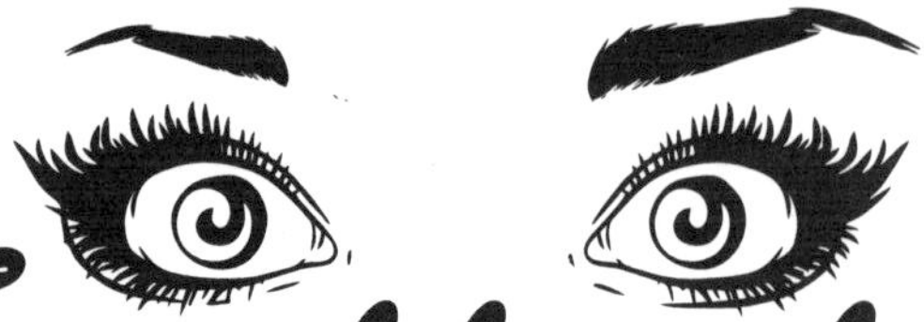

Trop blondes !

Quel point commun y a-t-il entre une blonde et une conclusion ?
On les tire souvent trop vite.

....

Une blonde chute sur un trottoir et un agent de police qui était à proximité l'aide à se relever.
– Vous allez bien ? Vous ne vous êtes pas fait mal ?
– Non, ça va. Merci.
– Comment êtes-vous tombée ? Vous êtes en état d'ébriété ?
– Bah non, je suis en France !?

....

La gendarmerie fait s'arrêter sur le bas-côté une automobiliste blonde…
– Gendarmerie nationale ! Bonjour Madame, nous allons réaliser un test salivaire.
– Oui, sale été aussi !

....

Une blonde chez le dentiste…
– J'ai fini, vous pouvez cracher, lui dit le dentiste.
– Trop tard, j'ai l'habitude d'avaler…

…………

Une blonde chez son docteur…
– Mademoiselle, j'ai reçu le résultat de votre examen, vous avez une infection vénérienne : une blennorragie…
– Une quoi ?
– Une blennorragie. Cela vient du grec…
– Ah, si j'avais su ! Quel salaud !

…………

Un patron engueule sa secrétaire blonde :
– Nom d'un chien ! Vous ne comprenez jamais rien ! Faites un peu des efforts !
– C'est combien ? lui demande-t-elle.
– Combien quoi ?
– Les efforts sont toujours payants, non ?

…………

Une femme à son mari blond :
– Chéri, je suis enceinte de toi !
– De moi ? Mais moi, je suis déjà né ?

…………

PERLES DU BAC

« La sédentarité est la perte des dents à cause d'un manque d'activité. »
Et l'embonpoint à cause de l'inactivité du cerveau.

....

« L'indice de masse corporelle est la moitié d'un individu carré. »
Encore faut-il trouver une hache bien affutée! Autre méthode: poids d'un individu divisé par sa taille au carré; ça fait moins de tâches.

....

« Certaines pratiques des paysans améliorent la reproduction. »
Avec tout ça, où trouvent-ils le temps d'améliorer leur production ?

....

« La vision des couleurs de l'homme n'est pas la même que celle d'un rat ou un d'un babouin. Cette vision qui

diffère d'une espèce à une autre pourrait expliquer quelques fautes de goût… »
À quelle espèce appartient le designer de chez Desigual ?

....

« Parmi les méthodes de contraception : la pilule, le diaphragme, le préservatif, le stylo »…
J'ai un stérilet sur l'oreille… Où est mon stylo ?

....

« Pendant la période de masturbation du fromage… »
Pratique habituelle des fromages jusqu'à ce qu'ils atteignent la maturation.

....

« Lorsqu'elle est chauffée, l'eau de mer s'enfuit en déposant du sel. »
Et les cerveaux qui ne chauffent pas s'évaporent…

....

« Comment contrôler sa tige reproductrice ? »
Commençons par contrôler la tige reproductrice du maïs !

....

DEVINETTES

Pourquoi les Français marchent-ils la tête haute?
Parce qu'ils sont dans la merde jusqu'au cou!

....

Quel bruit fait un avion quand il rebondit?
Boeing! Boeing!

....

Quelle est la phrase qui te réveilles le plus souvent?
Tu dors?

....

Qui est le saint patron des coiffeurs?
Saint Ignace!

....

Que trouve-t-on sur la mer calmée?
Un père exténué!

....

Qu'est-ce qui fait une dizaine de centimètres de long, 4 ou 5 de diamètre et qui rend toutes les femmes folles ?
Le rouleau de papier toilette quand il n'y en a plus !

....

Pourquoi la gentillesse mène-t-elle à l'orgasme ?
Parce que plus t'es gentil, plus tu te fais baiser !

....

Comment les écossais font-ils leur lit ?
En portefeuille !

....

Comment ne pas se faire piquer par les moustiques quand on dort ?
Allumez toutes les lumières, ouvrez toutes les fenêtres et allez dormir dehors !

....

Quelle est le comble pour une femme de ménage ?
C'est de disparaître sans laisser de traces...

....

MOTS D'ESPRITS

« On peut espérer que, lorsqu'ils seront les maîtres du monde, les insectes se souviendront avec reconnaissance que nous les avons plutôt bien nourris lors de nos pique-niques. »
Colette

....

« Si l'amour est aveugle, il faut palper. »
Coluche

....

« Si la théorie de l'évolution est vraie, comment se fait-il que les mères de famille n'aient toujours que deux mains ? »
E. Dussault

....

« Au royaume des aveugles, les borgnes sont mal vus ! »
Pierre Dac

....

« L'avantage d'être intelligent, c'est que l'on peut toujours faire l'imbécile. L'inverse est totalement impossible. »
Woody Allen

....

« Il ne faut pas juger un homme d'après ses fréquentations. N'oublions pas que Judas avait des amis. »
Ernest Hemingway

....

« C'est depuis que les femmes laissent voir leurs jambes qu'on comprend toutes les raisons qu'elles avaient jadis de les cacher. »
Etienne Rey

....

« Je me suis longtemps demandé pourquoi les anglais aimaient tant le thé. Puis un jour, j'ai goûté leur café et j'ai compris. »
Alphonse Allais

....

« Je préfère le vin d'ici à l'au-delà. »
Francis Blanche

....

Les femmes, les hommes...

Pourquoi les femmes préfèrent-elles faire l'amour à une partie de bowling?
Parce que les boules sont plus légères!
Et pourquoi les hommes préfèrent-ils faire l'amour à une partie de bowling?
Parce qu'ils n'ont pas besoin de changer de chaussures!

....

Quelle est différence y a-t-il entre une madame et une mademoiselle?
Un monsieur!

....

Qu'est-ce qu'une console de jeu a de plus qu'une femme?
Un interrupteur!

....

Un homme qui se trouve beaucoup trop intelligent se fait retirer un bout de cerveau. Se trouvant toujours trop intelligent, il subit une seconde intervention

pour se faire retirer un autre morceau de cervelle. Toujours pas satisfait, il retourne se faire opérer pour l'ablation d'un nouveau bout de cerveau. Suite à cette dernière opération, l'homme semble enfin satisfait mais constate que son sexe s'est mis à saigner ! Il file consulter le chirurgien en urgence qui lui déclare :
– Ce n'est rien, ce sont vos premières menstruations…

....

Que se passe-t-il lorsqu'un homme ouvre sa braguette ?
Son cerveau montre le bout de son nez !

....

Aux terrasses des restaurants, à quoi reconnait-on un couple qui n'a pas encore eu de relation sexuelle ?
C'est celui dont l'homme achète une rose au vendeur à la sauvette…

....

Pourquoi les hommes appellent-ils leur femme « ma poule » ?
Parce qu'elles ont une petite tête, un gros cul et qu'elles bouffent tout leur blé !

....

COMPLÈTEMENT FOOT

Dans un bar parisien, un homme et son chien regardent un match du PSG. À chaque but, le chien aboie et saute de joie. Et à la fin de la rencontre, le chien fête la victoire du PSG en courant comme un dératé tout autour du comptoir. Le barman demande au client :
– Dites-moi, et quand c'est l'OM qui gagne un match, qu'est-ce qu'il fait votre chien ?
– Je ne sais pas, lui répond le client, je ne l'ai que depuis trois ans.

....

J'avais une blague sur Didier Deschamps, mais je crains qu'elle ne le fasse grincer des dents…

....

Qu'a déclaré Neymar juste avant de rejoindre le PSG ?
J'en Neymar, j'me Barça soule !

....

Quelle différence y a-t-il entre les footballeurs de l'équipe de France et les gendarmes?
Quand tu vois les gendarmes, tu ne gueules pas « Allez les bleus ! »

....

Un journaliste interviewe Franck Ribéry:
– D'après vous, quel homme a régné sur la saison qui vient de s'écouler?
– Quel homme araignée? Ben... Spiderman!

....

Qu'est-ce qui est bleu, blanc, qui court dans l'herbe et qui n'est pas du tout dangereux!
L'équipe de l'OM!

....

J'avais une blague sur Valbuena, mais elle est trop courte...

....

Une femme à son mari:
– Si tu veux, ce soir, tu peux regarder le match à télé, inviter tes copains, boire des bières et commander des pizzas!
– Oh merde! s'écrie le mari. C'est grave?
– L'aile droite et l'arrière sont totalement emboutis...

....

Les dragueurs

Un homme s'arrête pour une jeune auto-stoppeuse…
– Où allez-vous ? lui demande-t-il.
– Je vais chez moi et…
– Ça tombe bien, moi aussi !

…………

Un type drague une fille en boîte de nuit…
– Est-ce que je peux t'appeler Vodka ? lui demande-t-elle.
– Oui, si tu veux… Pourquoi ?
– Ben… Ça fait 5 minutes que l'on se connaît et tu me saoules déjà !

…………

Un homme a invité une femme qu'il courtise au restaurant :
– Merci beaucoup pour ce repas, lui dit-elle. J'ai passé une excellente soirée. On a appris à mieux se connaître, c'était très sympa. Tu peux me raccompagner, maintenant ?
– Oui, bien sûr !

– Merci. En chemin, tu me montreras la maison ou t'habites ?
– Tu ne préfères pas que je te montre la maison d'abord ?

....

Dans un train, un type regarde intensément une fille. Excédée, elle lui lance :
– Vous n'en avez pas marre de me dévisager !!!
– Je ne vous dévisage pas, je vous envisage...

....

Un type drague une fille avec insistance...
– Écoute... Je veux bien sortir avec toi mais à une condition : que tu me racontes ton accident ! finit-elle par lui demander.
– Euh... Quel accident ?
– Ton accident ! insiste-t-elle.
– Mais je n'ai jamais eu d'accident de ma vie !
– Arrête... Ne me dis pas qu'avec cette tronche-là, t'as jamais eu d'accident ?

....

Quel point commun y a-t-il entre les sites de rencontre et les Big Mac ?
Ce n'est jamais comme sur la photo !

....

LES RÉPLIQUES DE CINÉ LES PLUS DRÔLES

– Ce ne sera pas trop dur pour vous, madame Peel ?
– Rien n'est jamais trop dur pour moi…
Chapeau melon et Bottes de cuir **(1998) de Jeremiah S. Chechik avec Sean Connery, Patrick MacNee, Jim Broadbent**

....

– Mais ta gueule, rascasse !
– Mais cool, hein… On est en vacances, hein ! Relax !
– Je t'emmerde le Belge ! Je t'emmerde !!
Les Bronzés **(1978) de Patrice Leconte avec Michel Blanc, Marie-Anne Chazel, Christian Clavier, Thierry Lhermitte, Gérard Jugnot, Josiane Balasko**

....

– J'aurais aimé peindre !
– Au pistolet ?
Flic ou voyou **(1979) de Georges Lautner avec Jean-Paul Belmondo, Michel Galabru, Marie Laforêt, Jean-François Balmer**

....

– On ne dirige pas une chocolaterie avec une famille qui s'accroche à vous comme un vieux croûton à sa canne. Ne le prenez pas mal !
– Y'a pas d'mal… P'tit con…
***Charlie et la Chocolaterie* (2005) de Tim Burton avec Johnny Depp, Freddie Highmore, David Kelly**

....

– Monseignor, c'est l'hore… Il est l'hore… L'hore de se réveiller… Monseignor, il est huit hores !
– Il en manque une !
– Vous en êtes sôr ?
– Tout à fait sôr !
– Ah bah, ça alors !
***La Folie des grandeurs* (1971) de Gérard Oury avec Louis de Funès, Yves Montand, Alice Sapritch**

....

– Est-ce qu'on peut baisser le volume du bébé qui hurle ? Merci !
***Comme une image* (2004) d'Agnès Jaoui avec Agnès Jaoui, Jean-Pierre Bacri, Marilou Berry**

....

Animots

Comment appelle-t-on hippopotame qui fait du camping ?
Un hippocampe.

....

Quel est le poisson qui nique sans faire de bruit ?
Le vairon ! Car Véronique Sanson…

....

Pourquoi le gentil koala noir est-il tombé de l'arbre ?
Parce qu'il était mort…
Pourquoi le koala blanc est-il tombé de l'arbre ?
Parce qu'il a reçu un koala noir sur la tête !
Pourquoi le koala noir et blanc est-il tombé de l'arbre ?
Parce qu'il a vu un koala noir et un koala blanc tomber, qu'il croyait que c'était un jeu et qu'il s'est laissé tomber de l'arbre…
Pourquoi un cycliste australien est-il tombé de vélo ?

Parce qu'il a reçu un koala noir et un koala blanc sur la tête.

Pourquoi un deuxième cycliste australien est-il tombé de vélo ?

Parce qu'un koala noir et blanc lui est aussi tombé dessus...

Qu'est ce qui est rouge au pied de l'arbre ?

C'est un camion de pompier australien qui en voulant éviter deux cyclistes australiens et trois koalas morts est rentré dans un arbre.

Pourquoi a-t-on retrouvé une dizaine de koalas morts au pied d'un arbre ?

C'est parce qu'un camion de pompier australien lui est rentré dedans.

Pourquoi les koalas sont-ils en voie de disparition ?

Il était une fois, un gentil koala noir...

....

Comment un caribou fait-il crac-crac avec un renne ?

En prenant son élan !

....

Pourquoi n'est-il pas possible de manger un canard à l'orange ?

Parce que le feu passe trop vite au vert !

....

Humour noir

Une femme accouche d'un enfant qui n'a malheureusement pas de mains. Après avoir préparé l'enfant, la sage-femme le prend pour aller le présenter au papa qui attend dans la pièce voisine.
– Mais ? Il n'a pas de mains ! C'est horrible !
– Mais non ! dit la sage-femme. Regardez comme il est moignon !

....

Une maman rentre chez elle et s'écrie en passant la porte :
– Où qu'il est mon bébé d'amour ?
– Je suis sur le canapé ! Je regarde la télé, maman ! lui répond son fils.
– Je parlais au chien ! Mais qu'il est con ce môme !

....

Deux types accoudés à un bar…
– J'arrive pas à garder une femme, elles se barrent toutes ! T'as toujours la tienne, toi ?
– Mouais.

– Et c'est quoi ton truc pour la garder ?
– Le formol.

....

Un petit arrive, non accompagné, à l'école. Sa maîtresse le questionne :
– Ta maman n'est pas là pour t'amener ?
– Non, elle est passée sous le tracteur !
– Ah… Et ton papa ? Il est où ?
– Papa, il est passé sous le tracteur !
– Mais… Je… Je ne vois pas non plus tes frères et sœurs ?
– Ils sont tous passés sous le tracteur, maîtresse !
– Mais ! ? Et toi ? Tu…
– Moi, je conduisais le tracteur…

....

Avant de s'endormir, une petite fille se confie à sa maman :
– Maman, à l'école, tout le monde me jette des cailloux !
– Ah bon ? Et pourquoi sont-ils méchants avec toi ?
– Ils disent que je suis un monstre, maman !
– Oh ! Les vilains ! Allez, maintenant accroche ta langue au pied du lit, ferme tes trois yeux et dors.

....

LES COPAINS ET LES COPINES

– Comment as-tu appris à faire l'amour ? demande un type à un pote.
– J'ai appris sur le tas... Mais j'ai juré de ne jamais dire son nom !

....

Un type rend visite à un copain qui vient d'être hospitalisé :
– Mon pauvre... T'es dans un sale état ! C'est dingue ! Et dire que pas plus tard que hier je t'ai vu danser toute la nuit avec une superbe nana !
– Et ouich... Ma femme auchi, elle m'a vu...

....

Deux filles discutent. L'une se confie à sa copine...
– J'suis trop amoureuse ! Je kiffe grave !
– Raconte !
– J'l'aime trop fort !
– Qui c'est ?
– Kevin...
– Kevin... Quel Kevin ?

– C'est Kevin, quoi ! Il est raide dingue de moi. Quand il m'embrasse, il me dit « Tu es ma première petite amie et je n'aimerai que toi… »
– Ah oui ! C'est ce Kevin-là !

....

Un type pleure, un copain tente de le réconforter :
– Mais enfin, arrête de chialer ! Qu'est-ce qu'il y a ?
– C'est à cause de ce que ma femme m'a dit, hier.
– Et qu'est-ce qu'elle t'a dit ?
– Qu'elle était enceinte…
– Mais hier, c'était le 1er avril ! Tu t'es fait avoir !
– Je sais, et ça m'a bien fait rigoler !
– Mais alors, pourquoi tu pleures ?
– Ben… Parce que nous sommes le 2 avril, et qu'elle est toujours enceinte…

....

Un garçon à une copine :
– Allez, dis « camionnette » !
– Arrête, je connais la blague… lui répond-elle. Et puis c'est pas « Camion » qu'il faut dire ?
– Si, mais t'as pas beaucoup de seins…

....

COMMENT EMMERDER LE MONDE

Recouvrez de sable les serviettes des vacanciers qui se baignent.

....

Faites parler une heure un démarcheur téléphonique sans rien lui acheter.

....

Lorsque le serveur d'un restaurant a pris la commande de toute la tablée, tout le monde change d'avis !

....

Proposez votre place assise à une femme enceinte qui ne l'est pas.

....

Révélez toute la vérité sur le père Noël aux sales mioches de vos amis…

....

Rendez-vous à la messe pour chanter faux ou bien une autre chanson en même temps que les autres.

....

Plombez une bonne ambiance en parlant de la maladie, du cancer, de la mort…

....

Posez votre poste de radio sur votre serviette de plage et montez le volume à fond avant de partir vous baigner…

....

Inversez le sens des piles d'une télécommande.

....

Tendez un verre à quelqu'un en faisant tremper vos doigts dedans et dites que vous avez une gastro carabinée !

....

Forwardez systématiquement tous vos mails publicitaires à une personne.

....

DRÔLES DE COUPLES

Une femme et un homme font une promenade romantique au clair de lune…
– Tu m'aimes ? demande-t-elle à son compagnon.
– Oui, lui répond-il. Je t'aime de ce que j'ai de plus gros : mon cœur !
– Oh, c'est mignon… dit-elle émue. Moi aussi je t'aime de ce que j'ai de plus gros !
– De ton cul ?

....

Un homme se plaint auprès de sa femme de la fréquence de leur rapports sexuels.
– Si tu crois que j'ai la tête à ça ! lui répond-elle. Tu n'imagines pas tout ce que j'ai à faire lorsque je rentre du travail !
Le lendemain, le mari rentre bien plus tôt du travail et fait les courses, la lessive, le repassage, le ménage et la cuisine. Lorsqu'elle rentre, sa femme est très agréablement surprise…
– Oh, que c'est gentil ! Tu devrais le faire plus souvent, tu me soulages d'un énorme poids. Dis chéri… Et si on faisait l'amour ? Là, maintenant ?

Et son mari lui répond :
– Pfff... J'suis claqué. Trop crevé, je crois que je vais aller me coucher...

....

Un homme rentre chez lui après une visite chez le médecin...
– Alors, qu'est-ce que t'a dit le docteur ? lui demande sa femme.
– Il m'a dit que je ne devais plus porter d'objets lourds ! Comment je vais faire ? s'inquiète l'homme.
– Ben... Commence par pisser assis ! lui conseille sa femme.

....

Une femme à son mari :
– Chéri, tu ne devineras jamais...
– Quoi donc ?
– Notre fils m'a traité de pute !!!
– Oh, mais quel fils de pute !

....

Une femme se dénude puis se jette sur son mari allongé sur le lit :
– Vas-y ! Fais-moi crier ! lui demande-t-elle.
– Tu n'as pas un peu grossi ?

....

L'abus d'alcool est dangereux pour la santé

Pourquoi les alcoolos sont-ils écolos ?
Parce qu'ils boivent de l'alcool pour économiser l'eau.

....

Lors d'une soirée, un gars aborde une femme et lui demande :
– Tu sais quel rapport il y a entre toi et le vin ?
– Ouais, je la connais : « Je me bonifie avec l'âge », c'est ça ?
– Non. Plus je bois du vin, plus tu te bonifies.

....

Dans un bar, un client s'avance et lance au barman :
– 6 whiskys !
– Eh bien ! fait le barman, un gros chagrin à noyer ?
– Oui, je vais boire pour oublier !
– Dans ce cas, vous pourriez me payer d'avance ?

....

Qu'est-ce qu'un zigzag ?
C'est la plus courte distance entre deux bars !

....

Pourquoi boire alors que l'alcool n'apporte pas de réponse ?
Parce qu'il permet d'oublier la question…

....

Deux types éméchés au comptoir d'un bar :
– T'as jamais songé à ouvrir une menuiserie ? demande l'un à l'autre.
– Non, pourquoi ?
– Avec toutes les gueules de bois que tu te paies…

....

Un gendarme interpelle un automobiliste qui n'a pas respecté le feu tricolore…
– Et alors ? Que faites-vous du rouge, monsieur ?
– Ben… Je le bois !

....

Un médecin regarde les résultats des analyses sanguines de son patient… Il demande à ce dernier :
– Bien ! Dites-moi tout… Qu'est-ce que vous buvez ?
Le patient lui répond :
– Ben… Qu'est-ce que vous me proposez ?

....

LA RONDE DES MÉTIERS

Prostituée

Une prostituée demande à une de ses collègues :

– Dis-moi, chérie, comment tu fais pour avoir autant de clients fidèles ?

– Ça, c'est parce que je leur laisse faire des trucs qu'ils ne peuvent pas faire avec leur femme !

– Ah oui ? Et quoi donc ?

– Fumer une cigarette au lit après l'amour, ma chérie…

....

Gardien de zoo

Le gardien d'un zoo dit à un petit garçon :

– Attention ! Surtout ne t'approches pas trop près de la cage au lion !

– Eh bien quoi ! J'vais pas le manger ?

....

Buraliste

Un type constate chez son marchand de tabac que le prix du paquet de cigarettes a encore augmenté…

– J'espère au moins avoir le cancer du poumon ! lance-t-il au buraliste.
– Pourquoi dites-vous cela ? lui demande ce dernier.
– Parce qu'à la vitesse où le prix du tabac augmente, le cancer va devenir un signe extérieur de richesse !

....

Patron

Une blonde vient d'être nommée directrice des ressources humaines. Lors d'une réunion de cadres, le grand patron la présente au reste de l'équipe :
– J'ai le plaisir de vous présenter Samantha, votre nouvelle directrice des ressources humaines ! Samantha a été engagée chez nous il y a deux mois, comme hôtesse d'accueil. Une semaine plus tard, elle devenait commerciale et encore une semaine plus tard, chef des ventes. Et ainsi de suite, de semaine en semaine, à force de travail, Samantha su gravir un à un les échelons. Samantha, qu'avez-vous à nous dire ?
La blonde se lève et balbutie :
– Mer... Merci !
– C'est tout ? dit le grand patron.
– Pardon... Merci, chéri.

....

INSULTES À LA CON

Plus con que toi, on oublie de respirer !

....

Tronche de cake au thon !

....

T'as une gueule à faire avorter les rats !

....

Cagette à coings !

....

Tronche de moule à gaufres !

....

Valise sans poignée !

....

Vieux pot de mayonnaise de l'ex-URSS !

....

Veau marin !

....

Tétraplégique de la pensée !

....

Trou du cul sans fond !

....

Fin de série !

....

Colorant de synthèse !

....

Laisse-toi pousser les cheveux, ça cachera ta tête de con !

....

Produit low-cost !

....

Tête anxiogène !

....

DIEU & CO

Quelle différence y a-t-il entre une personne qui a un ami imaginaire et plusieurs personnes qui ont le même ami imaginaire?
Dans le premier cas, c'est de la démence, dans le second, on appelle ça la religion…

....

Pourquoi les moustiques ne sont pas musulmans?
Parce qu'ils ne font jamais le ramadan!

....

Un bateau de croisière est en train de sombrer. Le capitaine distribue les gilets de sauvetage et fait monter les passagers dans les canots. Alors qu'il ne reste qu'un canot et seulement quelques personnes à embarquer le capitaine demande:
– Y a-t-il quelqu'un parmi vous qui croit en Dieu et qui sache prier?
Un homme lève le doigt…
– Parfait! fait le capitaine. Il manque une place dans le canot. Vous restez à bord du navire et… priez!

....

Quelle est la plus grande fête juive?
Les soldes!

....

À la porte d'une église, un clochard mendie avec deux chapeaux posés à ses pieds. Un passant intrigué s'arrête:
– Pourquoi deux chapeaux, mon brave?
– Comme les affaires marchent plutôt bien, j'ai ouvert une succursale!

....

Jésus marchait sur l'eau... Les bébés sont composés à 80 % d'eau... Je marche sur les bébés... Je suis...?
En prison!

....

Il fait nuit et un gendarme arrête un cycliste qui circule sans lumière.
– Gendarmerie! Que faites-vous à circuler sur cette route sans lumière?
– Veuillez me pardonner, je suis le curé du village... Dieu et moi, nous nous rendons en urgence chez un mourant lui administrer les derniers sacrements...
– Ah! Et en plus, vous êtes deux sur le vélo!!

....

LES RÉPLIQUES DE CINÉ LES PLUS DRÔLES

– Irène, voyons ! Vos cheveux, on voit bien que vous vous en foutez ! Votre peau est abîmée, c'est pas grave si elle pendouille. Vous n'avez pas peur de vos imperfections, vous louchez d'un œil et votre visage est tout crispé comme si vous veniez de sucer un citron ! Mais vous faites avec…
***Fous d'Irène* (2000) de Bobby Farrelly et Peter Farrelly avec Jim Carrey, Renée Zellweger, Olivier Sitruk**

....

– Présence mystérieuse, le volcan, jadis maléfique, a été domestiqué pour devenir l'ami d'l'homme… Le bienfaiteur de l'organisme… En dehors de ses fabuleuses propriétés, telles que réchauffer en hiver, rafraîchir en été, stimuler les lymphatiques et calmer les névropathes, c'est une explosion d'art et de rêve que le Roi des Vermouths offre à la méditation des poètes ! Le Vulcani ne fait pas d'réclame… Arrière, la bête hideuse ! Il fait entrer l'génie d'l'humanité dans l'foyer du consommateur… Je m'explique : pour tout achat d'une douzaine de bouteilles de… du précieux nectar, Vulcani vous offre non seulement la Pléiade des cendriers coulés dans la lave des Îles Éoliennes, mais encore… ça ! L'aristocratie de Westminster… La robustesse de Besançon… La finition suisse… Le chic parisien… »

Comment réussir quand on est con et pleurnichard **(1974) de Michel Audiard avec Jean Carmet, Stéphane Audran, Jean-Pierre Marielle**

………..

– … Connerie de merde de putain de connerie de merde…

– Qu'est-ce qui se passe ?

– Ils veulent pas admettre que c'est foutu.

– Et qu'est-ce qu'ils disent ?

– De vous mettre dans un avion et de faire des ronds, au-dessus de la forêt.

– Curieuse méthode !

La Chèvre **(1981) de Francis Veber avec Pierre Richard, Gérard Depardieu**

………..

Quand on tue un poulet, c'est fou c'qu'y a comme parties d'poker qui s'organisent chez les voyous !

Le Pacha **(1968) de Georges Lautner avec Jean Gabin, Dany Carrel, André Pousse**

………..

Ces chères têtes blondes

Que dit-on d'une maman qui a beaucoup de chance le jour de la fête des Mères?
Qu'elle a le cou bordé de nouilles!

....

Un petit garçon dit à une petite fille blonde:
– Quand on sera grands, on se mariera!
– Et non… ce n'est pas possible! dit la petite fille blonde.
– Et pourquoi? demande le petit garçon.
– Parce que dans ma famille, mon grand-père est marié avec ma grand-mère, mon père avec ma mère, mon tonton avec ma tata… Alors tu vois, tu n'es pas dans notre famille et on ne pourra pas se marier…

....

La maîtresse interroge Rémy:
– Sais-tu ce qui arrive à un corps lorsqu'il est plongé dans l'eau?
– Oui, m'dame! Le téléphone sonne!

....

Un jeune enfant interroge son papi qui vient de lui donner une pièce de 10 francs :
– C'est quoi cette pièce ?
– C'est une pièce de 10 francs. C'est les pièces que nous avions avant l'arrivée de l'euro.
– Ça fait beaucoup d'argent, 10 francs ?
– Oh oui ! À l'époque, avec une pièce de 10 francs, j'allais au supermarché et je revenais avec une baguette de pain, un rôti de porc, un camembert, 1 kg de bananes, 1 paquet de pâtes, 1 paquet de riz, 1 disque vinyle 33 tours, de la mousse à raser, des rasoirs jetables et une bouteille de Malibu !
– Waaaouh ! Et maintenant, ce n'est plus possible ?
– Ah ben non ! Avec toutes ces caméras de surveillances qu'ils ont mises partout…

....

Quel point commun y a-t-il entre les enfants et les pets ?
On ne supporte que les siens !

....

– Dis papa, tu me passes 10 euros ? Je voudrais aller faire un tour.
– Tiens ! Voilà 1 euro et file tout droit !

....

MONSIEUR ET madame

Monsieur et madame **Golétréfaure** ont une fille.
Comment l'appellent-ils ?
Hillary (Il a rigolé très fort)

....

Monsieur et madame **Goudy** ont deux filles.
Comment les appellent-ils ?
Jaimie, Debbie (J'ai mis des bigoudis)

....

Monsieur et madame **Hébaite** ont un fils.
Comment l'appellent-ils ?
Hamid (Ami des bêtes)

....

Monsieur et madame **Hébon** ont un fils.
Comment l'appellent-ils ?
Hans (Han ! C'est bon !)

....

Monsieur et madame **Héjnou** ont une fille.
Comment l'appellent-ils ?
James (J'aime ses genoux)

....

Monsieur et madame **Hétiréfolboir** ont un fils.
Comment l'appellent-ils ?
Sylvain (Si le vin est tiré, faut le boire)

....

Monsieur et madame **Hienne** ont un fils.
Comment l'appellent-ils ?
César (Césarienne)

....

Monsieur et madame **Hitmafame** ont un fils.
Comment l'appellent-ils ?
Jacques (Je quitte ma femme)

....

Monsieur et madame **Houhonbèze** ont une fille.
Comment l'appellent-ils ?
Ondine (On dîne ou on baise ?)

....

Trop blondes !

Une blonde se rend chez son médecin.
– Docteur, ça ne va pas du tout!
– Qu'avez-vous?
– Je n'ose plus m'asseoir!
– Ah... Et pourquoi?
– La semaine dernière, quand je suis venue vous voir, vous m'avez dit que je n'avais rien mais que, par contre, il était possible que je couve quelque chose...

....

Une brune explique à une blonde ce qu'est la loi de la gravitation...
– As-tu compris? lui demande-t-elle.
– Oui, oui! répond la blonde, mais... comment les gens tenaient-ils debout avant que la loi ne soit votée?

....

Pourquoi les blondes nagent-elles à reculons?
Pour ne pas avoir d'eau dans les yeux!

....

Une blonde chez le boucher…
– Qu'est-ce que je vous sers, ma petite dame ?
– Une tranche de veau, s'il vous plaît.
– Ok. Une tranche de veau élevé sous la mère !
– Sous la mer ! ? Ils font comment pour respirer ?

…………

Dans une cour d'école, une petite fille blonde tourne à quatre pattes autour d'un arbre… La maîtresse finit par lui demander :
– Mais que cherches-tu ?
– Ben… Vous aviez demandé de trouver la racine carrée !

…………

Une blonde monte pour la première fois au volant d'une voiture pour sa première leçon de conduite et s'écrie :
– Hiiiiii ! Alors là, déjà, je ne comprends pas ! Y'a trois pédales et je n'ai que deux pieds ! ?

…………

Une blonde très inquiète demande au chirurgien :
– Après l'opération, vais-je pouvoir reprendre une vie sexuelle normale ?
Et le chirurgien lui répond :
– C'est la première fois que l'on me pose cette question pour une opération des amygdales !

…………

MOTS D'ESPRITS

« Il y a deux genres d'avocats : ceux qui connaissent bien la loi, et ceux qui connaissent bien le juge. »
Coluche

....

« C'est un scandale : j'ai pris l'autoroute à contresens, et on ne m'a même pas remboursé ! »
Patrick Sébastien

....

« Les hommes naissent égaux en droits… Ensuite, ils se mettent à boire. »
François Cavanna

....

« Elle a beaucoup de cordes à son arc… Hélas, elle n'a pas d'arc. »
François Périer

....

« Tout le monde a des idées : la preuve, c'est qu'il y en a de mauvaises. »
Coluche

....

« Les hommes ont toujours eu beaucoup de courage pour supporter les malheurs des femmes. »
Françoise Giroud

....

« Tout, dans la vie, est une affaire de choix. Cela commence par "la tétine ou le téton" ? Et cela s'achève par "le chêne ou le sapin" ? »
Pierre Desproges

....

« Je soupçonne la mer de détester les beaufs qui, après l'avoir lutinée quelques instants et se croyant autorisés à la traiter comme une fille facile, affirment : "Elle est bonne…" »
Philippe Bouvard

....

« Il est impossible de vivre avec des gens qui n'ont pas le moindre sens de l'humour. »
Colette

....

DEVINETTES

Qu'est-ce qu'une maladie dégénérative en 7 lettres?
Le mariage !

....

Pourquoi les musiciens préfèrent-ils prendre le train ?
Parce que la voie fait ré !

....

Pourquoi les pompiers n'ont-ils pas besoin de lunettes ?
Parce que pompier bon œil !

....

Qu'est ce qui est bleu, blanc et rouge?
Un schtroumpf qui saigne du nez.

....

Quelle est la monnaie de la mer?
Le sous-marin.

....

Qu'est-ce qu'un tireur d'Elite ?
Un type qui ne tire que des top models !

....

Qu'y a-t-il de plus écœurant qu'un vers dans une pomme ?
La moitié d'un vers dans une moitié de pomme...

....

Qu'est-ce qui est transparent et qui court dans les champs ?
Un troupeau de vitres.

....

Quelle lettre peut-on lancer dans tous les sens ?
Le D.

....

Que mangent les cannibales quand ils sont au régime ?
Des pygmées !

....

Quelle est l'arme préférée des jardiniers ?
C'est le lance-roquettes.

....

PERLES DU BAC

« La pilule du suivant est sur le marché… »
Et elle s'achète le lendemain…

....

« Autre solution : le don d'orgasme. »
On trouvera plus facilement des donneurs que pour le don d'organes !

....

« La montée des eaux aura pour conséquence que bientôt, nous habiterons tous aux étages. »
Et nous circulerons en bateau ? Le dernier étage de cette personne semble inoccupé…

....

« Pour momifier les corps, les égyptiens vidaient les corps et bandaient en même temps… »
Bande de nécrophages !

....

« Le sang est rouge à l'aller et bleu au retour. »
Palefrenier à l'aller, noble au retour.

....

« Le spermatozoïde avance à grands coups de fouets. »
Allez, hue !

....

« Il peut y avoir un risque de handicap tel que la tri sodomie. »
Effectivement, cela ne doit pas être sans conséquence... Moins douloureux que la trisomie.

....

« L'importance de l'eau de mer est vitale. Sans elle, il n'y aurait pas d'eau dans les océans. »
Et que dire du manque de liquide céphalo-rachidien ?

....

« Notre corps est sous les ordres du cerveau. S'il ne l'écoutait pas, ce serait l'anarchie. »
Chef! Oui, chef!

....

Blagues coquines

Une jeune fille raconte ses vacances à ses parents.
– Nous sommes allés dans une réserve d'indiens et l'un d'eux m'a fait monter à cheval avec lui !
– Ce devait être bien ! dit la mère. Tu n'as pas eu peur ?
– Non, j'étais assise derrière lui et je me suis cramponnée au pommeau de la selle !
Le père lui dit alors :
– Tu savais que les indiens montent toujours sans selle ?

Qu'est-ce que 2 trous dans un trou ?
Ton nez dans mon cul !

Un couple décide de partager les tâches ménagères et convient de faire, chacun leur tour, le repas du soir. Le premier soir, la femme rentre du travail et voit son mari à poil avec deux verres d'eau à la main…
– Qu'est-ce que tu fais comme ça ? s'étonne-t-elle. Tu as pensé au repas ?

– Oui ! Le menu de ce soir c'est « Amour et eau fraîche ! ».
Le lendemain soir, le mari demande à sa femme :
– Qu'est-ce qu'on mange ?
Sa femme sort de la salle de bain en traînant les pieds dans ses mules, dans un gros pyjama en pilou-pilou, les cheveux en bataille et lui répond en baillant :
– Les restes d'hier soir !

....

Quel est le code confidentiel de la carte bleue d'une vierge ?
6 et 9, 7 et 3…

....

Un type se rend dans un sex-shop parisien. Il s'installe dans une cabine et derrière la vitre, une femme entame un strip-tease. Le type sort furieux de la cabine en hurlant :
– C'est scandaleux ! Enlevez-moi ça de suite !!!
– Enlever quoi ! ? demande le patron du sex-shop.
– La buée, on voit rien !

....

Qu'y a-t-il de plus dur lorsque l'on couche avec une fille pour la première fois ?
Le pénis !

....

COMMENT EMMERDER SON PATRON

Rapprochez-vous de votre syndicat professionnel et demandez à faire évaluer la pénibilité de votre travail…

....

Avant de partir travailler, envoyez un sms à votre patron : « Je vais certainement arriver en retard, mon vernis à ongle n'est pas encore sec ! »

....

Votre patron vous téléphone… Dites-lui que vous êtes occupé et de bien vouloir rappeler un peu plus tard !

....

L'excuse pour être arrivé en retard qui va rendre votre patron fou de rage :
« Le GPS m'a demandé de faire demi-tour, il m'a ramené chez moi ! »

....

Tous les jours, serrez la main de votre patron avec une main mouillée ou bien poisseuse !

....

À chaque fois que vous croisez votre patron dans un couloir, restez devant lui et contraignez-le à faire un écart pour passer.

....

Téléphonez à votre patron pour le prévenir que vous serez en retard et dites-lui : « Il y a un kangourou dans ma cage d'escalier ! Il est agressif, personne ne peut passer ! J'ai appelé les pompiers pour qu'ils interviennent, je vous tiendrai au courant de l'évolution de la situation. »

....

Tout en regardant la photo de la femme de votre patron posée sur son bureau, dites à ce dernier que vous trouvez cela très touchant… d'avoir encadré une photo de sa mère !

....

Téléphonez à votre patron pour le prévenir que vous serez en retard et dites-lui : « Il pleut. Et quand il pleut, ça me fait friser ! J'arrive dès que l'averse aura cessé. »

....

LES PLUS COURTES SONT LES MEILLEURES

Deux tortues mâles discutent :
– Mais qui est cette tortue qui s'éloigne, là-bas ?
– C'est ma femme, lui répond l'autre, elle m'a quitté il y a deux mois…

....

Une paysanne se rend au marché pour acheter de la volaille.
– Je voudrais dix coqs et une poule !
– Tous ces coqs pour une seule poule ? Vous allez l'épuiser ! ?
– Mais non, je n'en suis pas morte, moi !

....

Certains te mettent une chanson en tête et à cause d'elle, tu dors pas de sitôt ! Despacito…

....

À Bruxelles, dans la salle d'attente d'une clinique, deux futurs papas attendent que leur femme ait ac-

couché. Soudain, une sage-femme sort de la salle de travail et annonce à l'un d'eux :
– Félicitation, c'est un garçon !
L'autre se lève et lance :
– Hé ! J'étais avant monsieur, une fois !

....

Lors d'une soirée...
– Salut !
– Salut ! Je ne te fais pas la bise...
– T'es malade ?
– Non, je t'aime pas.

....

En regardant une jeune fille passer dans la rue, un type d'une cinquantaine d'années dit à un autre :
– Tu sais ce qui serait arrivé si nos mères avaient porté des minijupes ?
– Non...
– Eh bien, nous aurions au moins dix ans de plus !

....

Un type croise un copain et lui lance :
– Tu ne devineras jamais !
– Quoi ?
– C'est bien ce que je disais, tu ne devineras jamais...

....

LES RÉPLIQUES DE CINÉ LES PLUS DRÔLES

– Odile, tu connais la différence entre un pull-over et une moule ?
– Nan.
– Un pull-over ça moule et … Hé ! Hé ! … et une moule, ça pue l'ovaire !
***La Cité de la Peur* (1994) d'Alain Berbérian avec Alain Chabat, Chantal Lauby, Gérard Darmon, Dominique Farrugia**

....

– Tu sais ce qu'on dit à propos des messieurs aux grands pieds ?
– Euh… non, qu'est-ce qu'on dit ?
– Grands pieds… Grandes… chaussures.
***Coup de foudre à Notting Hill* (1999) de Roger Michell avec Julia Roberts, Hugh Grant**

....

– Alors ? Y dors le gros con ? Bah, y dormira encore mieux quand il aura pris ça dans la gueule ! Il entendra chanter les anges, le gugusse de Montauban…

Je vais le renvoyer tout droit à la maison mère… au terminus des prétentieux!
***Les Tontons Flingueurs* (1963) de Georges Lautner avec Lino Ventura, Bernard Blier, Francis Blanche, Claude Rich, Jean Lefebvre, Jacques Dumesnil**

………..

– Qu'est-ce qu'il y a, là-dedans?
– Du gros sel.
– C'est fin!
***Dangereusement Vôtre - James Bond 007* (1995) de John Glen avec Roger Moore, Christopher Walken, Tanya Roberts**

………..

– Sinon, ça va? Vous avez assez d'argent, tout ça?
– Ouais, ça va…
– Bon, ben… La prochaine fois, tu prends des déménageurs!
***Delphine 1, Yvan 0* (1996) de Dominique Farrugia avec Julie Gayet, Serge Hazanavicius, Alain Chabat**

………..

Animots

Un homme ramène chez lui un perroquet. Sa femme est folle de rage :

– Pourquoi ramènes-tu ce volatile à la maison ? Tu l'as bien regardé ? Il est tout déplumé, il lui manque un œil, il a l'air malade…

– Ne t'inquiète pas, j'ai fait une affaire !

– Une affaire ?

– Oui, je l'ai acheté dans une vente aux enchères. Tout le monde le voulait, les enchères ne cessaient de grimper mais c'est moi qui l'ai eu !

– Et combien as-tu payé cette espèce de pigeon non volant et non identifié ?

– Un perroquet ! C'est un perroquet. Et il m'a coûté 3 000 euros !

– Quoi !!! 3 000 euros !? Mais tu es fou !

– Mais non… Je te dis que tout le monde le voulait !

– Ah oui ? Et qu'est-ce qu'il a d'exceptionnel ton « perroquet » ? Il ne parle même pas !

Et le perroquet dit alors :

– Comment ça je ne parle pas ? Et qui c'est qui a fait monter les enchères, hein !

Un type qui vit seul, entre dans une animalerie pour se procurer un animal de compagnie. Il remarque une cage vide et demande au vendeur :
– Qu'y avait-il dans cette cage ?
– Cette cage n'est pas vide, c'est celle du mille-pattes !
– Un mille-pattes ?
– Oui, il est extraordinaire ! C'est un animal de compagnie formidable ! Essayez-le ! S'il ne vous convient pas, vous pourrez me le ramener.
L'homme revient donc chez lui avec le mille-pattes.
Le soir venu, l'homme se prépare à sortir puis dit au mille-pattes qu'il a déposé dans une petite boîte :
– Tu viens ? On va boire un verre !
Le mille-pattes ne sort pas de sa boîte…
– Mille-pattes ! Tu viens ? On va boire un verre ?
Le mille-pattes ne sort toujours pas.
– Mille-pattes ! Ramène-toi ! On sort boire un coup !!!
Pas de mille-pattes…
– Ohé ! Le MILLE-PATTES ! Tu te bouges ? J'ai dit « on sort !!! »
L'homme entend alors une petite voix en provenance de la boîte crier :
– Mais putain, tu vas fermer ta grande gueule ! Je suis en train de mettre mes chaussures !

…………

Qu'est-ce qu'un papillon philosophe ?
Celui qui ne butine que des pensées…

…………

Les questions cons

Aurons-nous un jour un président de la République nommé Sticule ? Faudra-t-il voter Sticule ?

....

Mais pourquoi habite-t-on toujours à côté de ses voisins ?

....

Avec le réchauffement climatique, les diabétiques risquent-il un jour de sentir le caramel ?

....

Si l'on fait tomber sa montre dans les toilettes, aurons-nous un temps de merde ?

....

En France, puisqu'il y a 2.01 enfants par femme, cela signifie-t-il que 1 enfant sur 3 n'est pas fini ? Cela pourrait-il expliquer le nombre de cons ?

....

Pourquoi ceux qui se prennent pour des lumières ne la mettent-il jamais en veilleuse ?

....

Si l'on prend plaisir à perdre du temps, est-ce vraiment du temps perdu ?

....

Ceux qui ne baissent jamais les bras, est-ce parce qu'ils ont un super déodorant ?

....

Pendant les conversations ennuyeuses, manger des biscottes permet-il de ne plus rien entendre ?

....

Puisque les hommes préfèrent les femmes à poil, pourquoi s'épilent-elles ?

....

Est-ce normal que le film « Constipation » ne soit pas encore sorti ?

....

Les femmes, les hommes...

Quel point commun y a-t-il entre une haie et une femme?
Si tu ne t'en occupes pas, elle part chez le voisin!

....

Quel nom donner à un bar pour être certain qu'aucun mec ne le trouve?
Le point G.

....

Un petit garçon prenant son bain découvre ses testicules...

– Ça sert à quoi, maman? C'est le cerveau?
– Non, pas encore, mais ça viendra!

....

Pourquoi les hommes portent-ils la cravate?
C'est quand même plus joli qu'une laisse!

....

Quel point commun y a-t-il entre les nuages et les hommes ?
Quand ils se retirent, c'est un soulagement !

....

Qu'est-ce que le mariage pour les hommes ?
Le meilleur moyen pour faire laver son linge gratuitement !

....

Quel point commun y a-t-il entre suivre une série télé et faire l'amour avec son mari ?
Ça s'arrête dès que ça devient intéressant et il faut attendre plusieurs jours pour avoir la suite…

....

Quand peut-on dire d'un homme qu'il est vraiment bien balancé ?
Lorsqu'il a été définitivement jeté !

....

Comment une femme peut-elle garder son sang-froid pendant ses règles ?
En stockant ses boîtes de tampons dans le congélateur !

....

LE TROISIÈME ÂGE

Un très vieux monsieur va voir une prostituée. Elle le mène jusqu'à sa chambre et lui demande :
– À votre âge, vous y arrivez encore ?
– Hein ?
– Je dis que c'est étonnant de voir un homme de votre âge pouvoir encore faire l'amour ! réitère la prostituée qui commence à se déshabiller.
– Comment ? Parlez plus fort, je suis sourd !
– Je disais, à votre âge ce doit être fini ?
– Hein ?
– Ce n'est pas fini !!! ? hurle alors la prostituée.
– Ah ! C'est fini… Combien je vous dois ?

....

Un groupe de personnes du troisième âge voyage en bus. Après une heure de route, le chauffeur fait un arrêt pour que ceux qui le souhaitent, puissent descendre soulager leur vessie. Une vieille dame en profite pour dire au chauffeur :
– J'ai été victime d'une agression sexuelle pendant que nous roulions !
– Comment ça ? s'écrie le chauffeur étonné.

– Vous avez bien entendu : une agression sexuelle ! On a essayé de me choper le minou !
Le chauffeur pense avoir affaire à une personne qui perd un peu la boule. Après avoir repris la route et une heure plus tard, le chauffeur s'arrête de nouveau pour que certains puissent vidanger… Une autre vieille dame déclare alors au chauffeur :
– J'ai été victime d'une agression sexuelle pendant le trajet ! se plaint-elle. On m'a attrapé le minou !
Le chauffeur inspecte alors aussitôt son car et au fond de ce dernier, il découvre un papi à quatre pattes entre les sièges…
– Vous pouvez m'expliquer ce que vous faites-là ? lui demande sèchement le chauffeur.
– J'ai perdu ma moumoutte ! lui répond le vieil homme. J'ai pensé deux fois l'avoir retrouvée, mais elles avaient la raie au milieu alors que la mienne est sur le côté !

....

Une vieille femme téléphone au commissariat pour se plaindre d'un exhibitionniste. Un inspecteur se rend chez elle et la vieille dame lui explique :
– Tous les matins, le voisin d'en face se met tout nu face à ma fenêtre !
L'inspecteur jette alors un œil par la fenêtre et dit :
– Mais ! ? On ne voit pas chez le voisin ?
– Oui, répond la vielle dame, il faut monter sur une chaise pour voir !

....

DRÔLES DE COUPLES

Deux types discutent :
– Le problème, avec ma femme, c'est qu'elle veut que je l'emmène partout ! dit le premier.
– La mienne, poursuit le second, je l'emmène partout ! Le problème, c'est qu'elle retrouve toujours son chemin…

....

Un type reprend le travail après une semaine d'arrêt maladie.
– Alors, tu t'es remis de ta grippe ? lui demande un collègue.
– Oui ! Mais j'aurais bien aimé rester malade plus longtemps !
– Ah bon ?
– Oui. Ma femme était tellement heureuse de me voir à la maison… Elle ne pouvait pas s'empêcher de crier sa joie à tout le monde ! À chaque fois que le facteur, l'employé du gaz ou bien le voisin sonnait à la porte, elle criait « Mon mari est à la maison ! Mon mari est à la maison ! »

....

Un type ne sait pas quoi offrir à sa femme pour la Saint Valentin. Un copain lui donne une idée :
– Tu n'as qu'à écrire sur un papier que tu glisses dans une enveloppe : « bon pour une nuit d'amour torride ! Où et comme il te plaira… »
– Génial !
Quelques jours plus tard, les deux copains se retrouvent.
– Alors, cette Saint Valentin ? Tu as fait comme je t'ai dit ?
– Oui…
– Elle a aimé ?
– Elle a adoré ! Je lui offert le bon, elle m'a embrassé et elle est sortie en courant en criant « à demain ! »

....

Une femme fait remarquer à son mari qu'il l'aime beaucoup moins qu'avant :
– Au début, lui dit-elle, tu me laissais toujours le gros morceau et tu prenais le petit… Maintenant, tu prends le gros sans rien dire et tu me laisses le petit ! Tu m'aimes moins qu'avant…
– Mais non, chérie ! C'est tout simplement parce que tu cuisines beaucoup mieux qu'avant…

....

MOTS D'ESPRITS

« Ventre affamé n'a point d'oreilles, mais il a un sacré nez ! »
Alphonse Allais

....

« Jésus revient ! Que tout le monde fasse semblant d'être occupé ! »
Jean Yanne

....

« Certains hommes aiment tellement leur femme que, pour ne pas l'user, ils se servent de celle des autres. »
Coluche

....

« On m'a demandé ce qui me frappe, chez une femme ! Je ne permettrai jamais à une femme de me frapper ! »
Francis Blanche

....

« C'est au moment de payer ses impôts qu'on s'aperçoit qu'on n'a pas les moyens de s'offrir l'argent que l'on gagne. »
Frédéric Dard

....

« Il existe des choses si bien inventées qu'on croirait la poitrine d'une femme : utile et agréable à la fois. »
Friedrich Nietzsche

....

« L'alcool est un produit très nécessaire... Il permet au Parlement de prendre à onze heures du soir des décisions qu'aucun homme sensé ne prendrait à onze heures du matin. »
George Bernard Shaw

....

« Je ne peux vivre sans champagne. En cas de victoire, je le mérite. En cas de défaite, j'en ai besoin. »
Napoléon Bonaparte

....

« Les lettres anonymes sont d'une lâcheté sans nom. »
Georges Auriol

....

LA RONDE DES MÉTIERS

Secrétaire de direction

Une assistante de direction arrive au travail avec un œil au beurre noir.

– Qu'est-ce qui t'es arrivé ? lui demande sa collègue.

– C'est la femme du patron…

– La femme du patron ! Mais je croyais qu'elle était en voyage ?

– Nous aussi, on croyait…

....

Nounou

Un couple qui s'apprête à sortir au cinéma confie son fils à une étudiante qui vient de temps en temps garder l'enfant à domicile. La maman fait les dernières recommandations à son petit garçon :

– Surtout, avant de te coucher, tu n'oublies pas d'embrasser Morgane. D'accord ?

Et le petit lui répond :

– Elle va pas me mettre une gifle comme à papa ?

....

Pharmacienne

Un homme entre furieux dans une pharmacie et demande à la pharmacienne :

– Donnez-moi de l'arsenic !

– De l'arsenic ? s'inquiète-t-elle. Je n'ai pas le droit de vous en procurer. Que souhaitez-vous en faire ?

L'homme sort alors de sa poche une photo qu'il tend à la pharmacienne :

– Regardez ! C'est une photo de ma femme en train de faire une fellation au mari de la pharmacienne !

– Ah ! Effectivement, si vous avez une ordonnance, ça change tout…

....

Musicien

Un type sonne à une porte. Une femme lui ouvre, elle tient un violon à la main…

– Bonjour, madame ! Je suis professeur de musique…

– Mais je n'ai pas besoin de professeur de musique !

– Ce n'est pas ce que pensent vos voisins !

....

Pédicure

Qu'est-ce qu'un pédicure ?

Un type qui s'occupe des oignons des autres !

....

HOMMES ET FEMMES EN BLANC

Une infirmière surprend un patient en train de se masturber sous les draps…
– Attendez ! lui dit-elle, je vais vous aider !
Et elle commence alors à lui faire une gâterie…
– Merci, mademoiselle, mais je ne vous oblige pas à faire cela !
– Oh, vous savez, lui répond-elle, avec tout le boulot que l'on a, on a plus vite fait de se rincer la bouche que de laver les draps !

…………

Une grosse femme blonde se rend chez son médecin…
– Docteur, j'aimerais perdre du poids. Que me conseillez-vous ?
– Faites un peu d'exercice et mangez équilibré.
– Une amie m'a conseillé le régime Weight Watchers… Qu'en pensez-vous ?
– Vous pouvez essayer et revenez me voir dans un mois.
Un mois plus tard, la grosse femme revient consulter son médecin…
– Docteur, j'ai pris 15 kilos ! Et pourtant, je n'ai mangé que Weight Watchers !

– Je ne comprends pas… C’est impossible !
– Mais si ! D’ailleurs, je vous ai amené un des paquets de Weight Watchers que je prends tous les jours.
Le docteur regarde le paquet et annonce à sa patiente :
– Madame, je suis navré mais… vous avez lu à l’envers : ce sont des M&M’s !

………..

Une blonde se rend chez le dentiste et s’installe sur le fauteuil. Le dentiste lui demande :
– Ouvrez-la bouche s’il vous plaît.
– Merci ! répond la blonde.
– Pourquoi me remerciez-vous ? interroge le dentiste.
– Ben… D’habitude, tout le monde me dit de la fermer ! ?

………..

Dans un hôpital, un patient commence à s’agiter et à paniquer au moment de passer sur le billard :
– Laissez-moi ! Laissez-moi ! J’ai trop peur !
– De quoi avez-vous peur ? lui demande le chirurgien.
– Je sais pas, c’est ma première opération !
– Et alors ? Moi aussi, c’est ma première opération !

………..

Qu’est ce qu’un cardiologue ?
Un capitaine de vaisseaux

………..

Blagues à TOTO

Toto ne parvient pas à trouver le sommeil…
– Maman ! Maman !
– Quoi encore !
– J'ai soooif…
– Tu viens de boire. Il faut dormir maintenant !
– Maman ! Maman !
– Quoi !!!
– J'ai soif, maman !
– J'ai dit non ! Tu dors, où je viens te donner une fessée !
– Ben… dans ce cas, n'oublie pas mon verre d'eau !

…………

La maîtresse demande à ses élèves de sortir leurs équerres. Toto se met soudainement à pleurer…
– Mais enfin, Toto, Pourquoi pleures-tu ?
– J'ai perdu mon équerre, maîtresse…
– Ce n'est pas très grave, tu demanderas à tes parents de t'en acheter une autre ?
– Si, c'est grave ! affirme Toto. Si vous aviez vu comment ma sœur s'est fait engueuler !
– Et pourquoi ta sœur s'est-elle fait gronder ?
– Elle a dit à mes parents qu'elle n'avait plus ses règles…

…………

La maîtresse demande à sa classe de conjuguer « donner un gâteau et le manger » à toutes les personnes. Toto écrit alors : « Je fais un gâteau et je le mange, tu fais un gâteau et je le mange, il fait un gâteau et je le mange, nous faisons un gâteau et je le mange… »

Toto rend sa feuille de dessin blanche à sa maîtresse.
– Mais ? Je t'avais demandé de dessiner un troupeau de vaches qui broute l'herbe ? Où est l'herbe ?
– Les vaches l'ont toute mangée, maîtresse !
– Et la vache ?
– Ben… Comme il n'y avait plus d'herbe, elles sont toutes parties ailleurs !

....

La maîtresse à Toto :
– Peux-tu me donner des verbes du premier groupe ?
Et Toto se lance :
– Rencontrer, embrasser, raccompagner, déshabiller, caresser…
– Stop ! Toto ! crie la maîtresse pour l'interrompre. Si tu continues sur cette voie, je te donne un zéro !
Et Toto reprend alors :
– Énerver, se rhabiller, rentrer, se masturber…

....

LES RÉPLIQUES DE CINÉ LES PLUS DRÔLES

– Ah mais c'est râlant parce que quand on aime le Doubichou, on aime le Klug aux marrons, c'est pétite douceur !
***Le Père Noël est une ordure* (1982) de Jean-Marie Poiré avec Anémone Marie-Anne Chazel, Thierry Lhermitte, Gérard Jugnot, Josiane Balasko, Christian Clavier**

....

« Tu vas regretter ça le restant de ta vie c'est-à-dire deux secondes ! »
***Demolition Man* (1993) de Marco Brambilla avec Sylvester Stallone, Sandra Bullock, Wesley Snipes**

....

– 01 47 4… Je vais le faire moi-même. Il s'appelle Juste Leblanc.
– Ah bon, il a pas d'prénom ?
– Je viens de vous le dire : Juste Leblanc.
– …

– Leblanc c'est son nom, et c'est Juste son prénom.
– Aaah...
– Monsieur Pignon, votre prénom, à vous, c'est François, c'est juste ?
– Oui.
– Eh ben lui, c'est pareil, c'est Juste.
***Le Dîner de cons* (1998) de Francis Veber avec Thierry Lhermitte, Jacques Villeret, Francis Huster, Daniel Prévost**

....

– Il faut mettre un timbre, si tu veux que le courrier parte...
– Il est hors de question que je lèche le cul de la république !
***Les Démons de Jésus* (2003) de Bernie Bonvoisin avec Thierry Frémont, Yann Collette, Patrick Bouchitey, Victor Lanoux**

....

– Je vais te mettre un suppo, comme ça elle passera vite ta fièvre du samedi soir !
***Disco* (2008) de Fabien Onteniente avec Franck Dubosc, Gérard Depardieu, Emmanuelle Béart**

....

Humour noir

– Papa… J'ai peur dans cette forêt !
– Mais alors qu'est-ce que je devrais dire moi qui vais bientôt rentrer tout seul ?

....

Quelle est la meilleure méthode pour brûler des calories ?
C'est de flamber un obèse !

....

Une petite fille se met à crier :
– Maman ! Maman ! Mémé, elle m'a mordue !
– C'est bien fait ! Je t'avais dit de ne pas t'approcher de sa cage !

....

Quels risques y-a-t-il pour un pitbull à s'attaquer à un bébé diabétique ?
D'attraper des caries !

....

Deux types au comptoir se font des confidences…
– J'ai tellement bu cette nuit que ce matin, j'ai eu un grand moment de solitude ! Je me suis réveillé à côté d'une nana, je ne savais pas comment elle s'appelait, comment je l'avais rencontrée…
– Ça m'est déjà arrivé aussi ! C'était super gênant ! Je ne savais pas comment elle s'appelait, comment je l'avais rencontrée, comment elle était morte…

………..

Une blonde est la nounou d'un soir d'un couple qui a décidé de faire une sortie au restaurant.
– N'ayez crainte, lui dit la mère avant de partir, il n'y aura pas de problème, notre fils est un vrai petit ange !
– Bien. Alors bonne soirée à vous aussi ! répond la nounou.
Trois heures plus tard, le couple rentre chez lui…
– Tout s'est bien passé ? demande la mère.
– Oui, mais… je ne retrouve plus votre fils ? avoue la blonde avant d'ajouter : « Vous n'auriez pas vu quelque chose voler ? ».
– Où est notre fils ! Et pourquoi aurions-nous dû voir quelque chose voler ?
– Ben… Je l'ai jeté par la fenêtre pour voir comment volent les petits anges et…

………..

COMMENT EMMERDER SES COLLÈGUES

La veille du mardi gras et avec la complicité de tous vos autres collègues, dites à un collègue que demain, jour de carnaval, tout le monde arrivera déguisé pour travailler !

....

Un jour de pluie, versez le contenu d'un paquet de confettis dans le parapluie de votre collègue…

....

Puisque vous quittez le travail un peu avant tout le monde, profitez-en pour dégonfler le pneu de la voiture d'un collègue !

....

Si vous souhaitez offrir à votre employeur une bonne raison de vous licencier pour faute grave : écrasez tous les dossiers informatiques de vos collègues !

....

Sur la boîte vocale de la ligne directe de votre collègue, ou mieux de son téléphone portable, enregistrez un nouveau message pour son répondeur : « Bonjour ! Eh oui… Je travaille toujours pour cette bande de nazes mais pour le moment, je glande ! Pas la peine de laisser un message, je ne rappellerai pas parce que j'en ai rien à foutre ! »

....

Vous êtes malade et votre collègue est en pleine forme ? Quelle injustice ! Toussez-lui dessus sans mettre la main devant votre bouche.

....

Histoire de briser le silence qui règne dans le bureau que vous partagez avec votre collègue, faites claquer vos ongles…

....

Avec un peu de glue, collez tous les crayons, gommes et règles de vos collègues sur leurs bureaux.

....

Dans les toilettes, dérobez la savonnette et remplacez-la par une plaquette de beurre !

....

Trop blondes !

Deux blondes se rendent au théâtre et demandent au guichet :

– Deux billets, s'il vous plaît !

– Pour Roméo et Juliette ?

– Non, pour Sophie et Vanessa !

....

Une blonde s'apprête à sortir…

– Où vas-tu ? lui demande son mari.

– Je sors arroser les fleurs du jardin !

– Mais il tombe des trombes d'eau ! ?

– Ne t'inquiète pas, j'ai pris mon parapluie !

....

Une blonde se plaint auprès d'une bibliothécaire :

– Le livre que j'ai emprunté la semaine dernière est super ennuyeux ! Il n'y a pas d'histoire et beaucoup trop de personnages !

La bibliothécaire se tourne alors vers sa collègue et lui dit :

– J'ai retrouvé la personne qui nous a pris l'annuaire !

....

Une blonde passe l'oral du baccalauréat.
– Que préférez-vous ? lui demande le professeur, que je pose des questions sur vos connaissances ou bien un rendez-vous ?
– Un rendez-vous ! répond sans hésiter la blonde.
– Très bien. Alors… à l'année prochaine !

....

Une brune se promène en ville avec sa copine blonde. Au bout d'un moment, la brune fait remarquer à sa copine :
– Mais pourquoi essayes-tu de faire du stop à chaque fois qu'une grosse voiture passe ? C'est quoi cette nouvelle manie ?
– Je fais pas de stop, je like les belles bagnoles !

....

Sous un tunnel, un automobiliste remarque une blonde qui attend sur le bas-côté. Le conducteur s'arrête à son niveau et lui demande :
– Vous avez un problème ? Vous voulez que je vous dépose quelque part ?
– Non, non ! fait la blonde. J'attends le prochain métro !

....

Difficile, après ça, de se concentrer en même temps sur son travail…
– Je voudrais cacher mes origines.
– Vos origines ? Mais pourquoi ?
– C'est pas beau.
– Vous en avez honte ? Excusez-moi, mais je crois que je n'ai pas bien compris…
– Ben… Les cheveux noirs qui ont poussé les cheveux blonds !
– Vos racines !
– Oui.

....

Certains clients vous font tourner la tête…
– Tournez un peu la tête à gauche… Non, l'autre gauche… Merci. Levez-là un peu ? Non, levez-là vers le haut… Merci.
Leurs cheveux aussi tournent… Ils feraient presque le grand huit !
– Je voudrais des cheveux qui tourbillonnent.
– … ?
– Vous savez, ils tournent…

– Des boucles ?
– Oui, aussi…

....

Si l'on enseigne aux coiffeurs des formules toutes faites pour s'adresser aux clients, c'est peut-être pour éviter ce genre de dérapage :
– Je suis chaude, non ?
Mais lorsque la question est correctement formulée, c'est parfois le client qui dérape…
– La température de l'eau vous convient ?
– Moui… Elle est chaudasse.

....

Attention : cheveux méchants ! Espérons qu'ils ne mordent pas…
– Mes cheveux n'aiment pas quand on les touche.

....

Voilà enfin une cliente qui sait ce qu'elle veut !
– Vous avez une préférence de coiffeuse ?
– Oui, une qui ne parle pas.

....

Question idiote, réponse idiote…
– Vous avez les cheveux qui frisent…
– Oui, je suis bélier ascendant mouton.

....

DEVINETTES

Quelle différence y a-t-il entre un pessimiste et un optimiste ?
L'optimiste pense qu'il sera bientôt réduit à bouffer de la merde alors que le pessimiste pense qu'il n'y en aura pas pour tout le monde !

....

Comment s'appelait le célèbre joueur de tennis manchot ?
Pete Sambras !

....

Où peut-on acheter des canards d'occasion ?
Sur Leboncoin-coin !

....

Qu'est-ce qu'un cannibale ?
Quelqu'un qui aime son prochain…

....

Que font les dinosaures quand ils n'arrivent pas à se mettre d'accord ?
Un tirajozort

....

Pourquoi, dans un supermarché, les écossais choisissent-ils toujours la queue la plus longue au moment de passer en caisse ?
Pour garder leur argent le plus longtemps possible !

....

Qu'est-ce qu'une femme faite de crème pâtissière et de pâte à choux ?
Une religieuse.

....

Qu'est-ce qui a des aiguilles mais qui ne pique pas ?
Une horloge.

....

Quelle différence y a-t-il entre le temps et un œuf ?
Le temps passe mais l'œuf dur…

....

TOC TOC TOC

– **Toc-toc-toc!**
– *Qui est là ?*
– Asma…
– Asma qui ?
– Asma'soir sur un banc cinq minutes avec toi, et regarder les gens tant qu'y en a, te parler du bon temps qu'est mort ou qui r'viendra, en serrant dans ma main tes p'tits doigts…
(Mistral gagnant* - Renaud*)

………..

– **Toc-toc-toc!**
– *Qui est là ?*
– Leslie, Reine…
– Leslie, Reine qui ?
– Leslie Reine du port d'Alexandrie, chantent encore la même mélodie…
(Alexandrie Alexandra* - Claude François*)

………..

– Toc-toc-toc!

– *Qui est là ?*

– Edmond, Mylène…

– Edmond, Mylène qui ?

Edmond Mylène'sime, ma plus belle année, pour ce bonheur en prime, quc tu m'as donné, je suis à jamais ta terre, c'est ça être père…

(Millésime **- Pascal Obispo)**

………..

– Toc-toc-toc!

– *Qui est là ?*

– Aude…

– Aude qui ?

– Aude'jourd'hui, on n'a plus le droit, ni d'avoir faim, ni d'avoir froid, dépassé le chacun pour soi, quand je pense à toi, je pense à moi…

(Les restos du cœur **- Les enfoirés)**

………..

– Toc-toc-toc!

– *Qui est là ?*

– Sandie, Arnaud…

– Sandie, Arnaud qui ?

– Sandie Arnaud ! Dix-huit nœuds, quatre cents tonneaux, je suis fier d'y être matelot…

(Santiano **- Hugues Aufray)**

………..

LES ROUSSES ET LES ROUX

Une brune, une rousse et une blonde qui traversent une forêt s'arrêtent devant un panneau signalant un danger : « Attention ! Sables mouvants ! Plus vous êtes cons, plus vous vous enfoncez. »
La brune qui n'est pas inquiète se lance dans la traversée et ne s'enfonce que jusqu'aux chevilles. Puis la rousse entreprend de traverser à son tour et s'enfonce jusqu'aux fesses…
– Je te croyais plus intelligente que ça ! s'étonne la brune.
– En fait, lui répond-elle, je n'avais pas confiance en moi alors… je me suis assise sur les épaules de la blonde !

....

On ne dit pas « Un vieux roux »
Mais on dit… « Un rouillé »

....

De quoi ont peur les roux ?
De ceux qui mettent des bâtons dans les roux…

....

Qu'est-ce qu'un rouquin en Afrique du nord ?
Un marouquin !

....

Comment appelle-t-on le sexe des roux ?
Le roubinet !

....

Une jeune femme est en train d'accoucher. À peine l'enfant est-il né qu'elle demande au médecin accoucheur :
– C'est un garçon ou une fille ?
– C'est un garçon ! Mais j'ai une bonne et une mauvaise nouvelle à vous annoncer…
– Commencez par la mauvaise, dit la maman inquiète.
– Il est roux !
– Ah bon ? Et la bonne ?
– Il est mort !

....

On ne dit pas « Un roux brûle ! »
Mais on dit… ça sent le roussi ! »

....

Que fait un roux qui vole dans un magasin ?
Il carotte !

....

MOTS D'ESPRITS

« L'amour rend fou. Il n'y a que la guerre qui Rambo. »
Coluche

....

« Ceux qui ne savent pas où ils vont sont surpris d'arriver ailleurs. »
Pierre Dac

....

« Je me suis remis à la clarinette. C'est ce qui se rapproche le plus de l'anglais. »
Raymond Devos

....

« Ce que nous appelons hasard, c'est peut-être la logique de Dieu. »
Georges Bernanos

....

« Il faut mépriser l'argent, surtout la petite monnaie. »
François Cavanna

....

« Concierge souhaite une loge au sixième étage pour descendre le courrier au lieu de le monter. »
Pierre Dac

....

« En politique, on succède à des imbéciles et on est remplacé par des incapables. »
Georges Clemenceau

....

« Dans la vie, il y a une chose qu'il faut savoir : c'est que dans la vie, il faut savoir plein de choses. »
Philippe Geluck

....

« La vraie paresse, c'est de se lever à 6 heures du matin pour avoir plus longtemps à ne rien faire. »
Tristan Bernard

....

« L'apôtre Mathieu a dit : la foi peut soulever des montagnes ! Pourtant, aucun ingénieur ne s'en est servi pour percer un tunnel. »
Coluche

....

Les belles-mères

Un homme se rend au funérarium pour organiser les obsèques de sa belle-mère. L'employé lui propose un cercueil en chêne pour 3 500 euros…

– Oh la vache ! C'est beaucoup trop cher pour moi ! dit le gendre.

– Dans ce cas, je peux vous proposer ce modèle en hêtre. Il vous reviendrait à 1 700 euros.

– Non, non… C'est vraiment trop cher !

– Si vous le souhaitez, il nous reste ce modèle de cercueil en sapin pour 550 euros ?

– Vous savez, dit le gendre, il faut me comprendre… Il s'agit de ma belle-mère, alors…

– Oui, oui… je comprends. Donnez-moi 20 euros, et je lui mettrai quatre poignées.

C'est le cinquième jour de canicule et la température continue de monter …

– Pfff… Qu'est-ce qu'il fait chaud ! lance le barman à un client au comptoir.

– Pas encore assez, lui répond ce dernier, ma belle-mère répond encore au téléphone !

Un couple se dispute.
– Tu n'aimes pas ma mère ! se plaint la femme.
– Pas du tout ! proteste son mari. Ta mère me fait penser à une étoile. Oui, c'est ça : ta mère est comme une étoile que j'aime admirer… de très loin.

....

Une tempête fait rage et un bateau de croisière est chahuté par d'immenses vagues. Sur le pont du navire, un marin remarque une vieille dame appuyée sur la rambarde.
– Madame ! Madame ! Ne restez pas là, une vague risque de vous emporter !!!
Un homme qui se tenait en retrait crie alors :
– De quoi vous mêlez-vous ? C'est ma belle-mère, pas la vôtre !

....

Une belle-mère consulte son gendre qui est médecin. La femme tire la langue depuis cinq grosses minutes et finit par dire :
– Je dois encore tirer la langue longtemps ? Vous ne l'avez même pas regardée !
– Non, c'est bon. C'était juste pour avoir un peu de silence pendant que je rédigeais votre ordonnance, belle-maman…

....

LES RÉPLIQUES DE CINÉ LES PLUS DRÔLES

– C'est des repas dont on se souvicnt. Déjeuner en tête-à-tête et je me suis retrouvé à Cochin, aux urgences ! Trois lavages d'estomac. Qu'est-ce qu'on a retrouvé dans mes viscères ? De l'acide prussique, un beurre !
Elle cause plus… elle flingue **(1972) de Michel Audiard avec Annie Girardot, Bernard Blier, Jean Carmet**

....

– Chérie, tu vas les coucher ?
– Pourquoi on ne se prend pas une bonne ?
– Pourquoi tu crois que je t'ai épousé !
L'Enfer du dimanche **(1999) d'Oliver Stone avec Al Pacino, Cameron Diaz, Dennis Quaid**

....

– Dis-donc, ton article, il était faux !
– C'est exact, il était faux.
– Tu dis qu'il était faux maintenant que tout le monde croit qu'il était vrai ?
– C'est pourtant vrai.

– Qu'est-ce qui était vrai ? Que tout le monde croie qu'il était vrai ? Bon, admettons ce mensonge. Alors, pourquoi Fantômas t'aurait-il enlevé alors que tu avais menti ?
– Mais justement parce que j'avais menti !
– Tu mens ! Tu mens ! Il ment ! Il ment !
Fantômas **(1964) d'André Hunebelle avec Louis de Funès, Jean Marais, Mylène Demongeot**

....

– Tu m'éclaires ? Ce type de roucoulement, c'est pré-nuptial ou post-coïtal ?
– Et ta connerie, elle est congénitale ?
Le Fabuleux destin d'Amélie Poulain **(2000) de Jean-Pierre Jeunet avec Audrey Tautou, Mathieu Kassovitz, Isabelle Nanty**

....

– Attention mon p'tit Numérobis ! J'ai des relations, des gens très haut placés qui peuvent vous faire de très graves ennuis, des gens de haut-rang !
– Ce serait mieux s'ils étaient d'Alexandrie !
Astérix et Obélix, Mission Cléopâtre **(2002) d'Alain Chabat avec Gérard Depardieu, Christian Clavier, Djamel Debbouze, Alain Chabat, Gérard Darmon**

....

Animots

Qu'arrive-il aux vers luisants qui prennent du Viagra ?
Ils se transforment en néons !

....

Un motard de la gendarmerie remarque une voiture accidentée dans le fossé. Il se précipite et découvre les corps sans vies d'un homme et d'une femme qui ont été éjectés du véhicule. Il voit aussi, à sa plus grande surprise, un petit singe qui sort en titubant de la voiture… Le gendarme dit alors à voix haute :
– Ah… Si seulement tu pouvais parler, tu me dirais ce qu'il s'est passé !
Le petit singe se met alors à secouer la tête de haut en bas.
– Tu comprends ce que je dis !? dit le gendarme.
Le petit singe acquiesce d'un mouvement de la tête.
Le gendarme demande alors :
– Tu as tout vu ? Que s'est-il passé ?
Le petit singe mime alors quelqu'un en train de boire au goulot.
– Le conducteur buvait ?

Le petit singe fait signe que oui. Il ramasse une brindille de bois et se met à mimer quelqu'un qui se pique avec une seringue.
– Le conducteur se droguait aussi ?
Le singe approuve et mime maintenant quelqu'un en train de se masturber...
– Tu veux dire que le conducteur se branlait ?!
Le petit singe opine du bonnet...
– Et toi ? demande le gendarme, qu'est-ce que tu faisais ?
Le petit singe serre alors ses deux poings devant lui et fait mine de conduire...

....

Qu'est-ce qui énerve le plus les parents d'un caméléon ?
Lorsqu'il leur en fait voir de toutes les couleurs !

....

Deux chats discutent :
– C'est quoi ton peintre préféré ?
– Moi, c'est Toulouse Lautrec. Et toi ?
– Moi, c'est Walt Disney.
– Mais, ce n'est pas un peintre !?
– Oui, mais il dessine super bien les souris...

....

Blagues coquines

Un professeur à ses étudiants :
– Si vous deviez remercier deux personnalités… Quelles seraient-elles ?
Une étudiante lève la main et répond :
– Je remercierais deux anciennes premières dame des États-Unis.
– Très bien. Et vous diriez quoi ?
– Merci Jacquie & Michel !

....

Un type toque à la porte de son voisin de palier :
– Monsieur ! Lorsque vous vous absentez, votre chien hurle à la mort !
– Votre femme aussi, monsieur, votre femme aussi…

....

Chacun leur tour, les candidats choisissent une voyelle ou une consonne pour jouer au mot le plus long ; l'animateur quant à lui annonce la lettre tirée au sort :
– Consonne…
– C.

– Voyelle…
– O.
– Voyelle…
– U.
– Voyelle…
– I.
– Consonne…
– L.
– Consonne…
– Encore un L.
– Voyelle…
– E.
– Consonne.
– Et la dernière lettre : S.

Au bout d'une minute de réflexion, l'animateur demande aux candidats le nombre de lettres de leur mot le plus long.

– 8 lettres, répond le premier.
– Pas mieux, indique l'autre candidat.
– Je vous écoute ? demande l'animateur.
– Lucioles !

....

Qu'est-ce qu'un pénis bien éduqué ?

C'est celui qui se lève quand une fille veut s'assoir !

....

LES COPAINS ET LES COPINES

C'est la fin de l'été, une brune dit à sa copine blonde :
– Pas trop angoissée de voir le froid revenir ?
– Non, pourquoi ?
– Parce que c'en est bientôt fini de porter des jupes courtes, il va falloir que tu séduises avec ta personnalité !

....

Deux copains discutent…
– J'ai lu un article sur une nana qui a couché avec plus de 1000 mecs ! Franchement, on se demande où va le monde !
– Ben… Dans son cul.

....

Un type passe sa main sur le crâne chauve d'un copain et lui lance :
– En te touchant le crâne, j'ai l'impression de toucher les fesses de ma femme !
Et le copain lui répond :
– Oui, ça me fait aussi la même impression…

....

Un copain rencontre un autre copain...
– Tu connais les malheurs d'André ? demande le premier.
– Non, que lui est-il arrivé ? s'inquiète le suivant.
– Il est parti avec ma femme...
Et tous les deux :
– Le pauvre...

....

Un gars se pointe à l'improviste, en pleine nuit, chez un vieux copain qu'il n'a pas vu depuis des années.
– Désolé de te déranger en pleine nuit... Tu ne pourrais pas m'héberger, juste pour cette nuit ?
– D'accord. Tu préfères dormir sur le canapé ou bien dans ma chambre avec Bébé et je prendrais alors le canapé ?
Ne voulant pas être dérangé par les pleurs de Bébé, le copain choisit le canapé. Le lendemain matin, il se lève et, en se rendant à la salle de bain, croise une superbe fille, une créature de rêve ultra-sexy...
– Euh... Bon... Bonjour, balbutie-t-il. Qui êtes-vous ?
– Je suis Béatrice mais tu peux m'appeler Bébé. Et toi ?
– Je suis le roi des cons...

....

Un type annonce à son meilleur copain :
– Ma femme est enceinte !
– Ah... Et tu soupçonnes qui ?

....

MONSIEUR ET madame

Monsieur et madame **Hour** ont une fille.
Comment l'appellent-ils ?
Axel (Ah, que c'est lourd !)

....

Monsieur et madame **Huler** ont deux fils.
Comment les appellent-ils ?
Yvon et Jacques (Ils vont éjaculer)

....

Monsieur et madame **Info** ont une fille.
Comment l'appellent-ils ?
Hélène (Elle est nympho)

....

Monsieur et madame **Journay** ont une fille.
Comment l'appellent-ils ?
Abel (Ah, belle journée !)

....

Monsieur et madame **Joyeux** ont un fils.
Comment l'appellent-ils ?
Noël (Noël Joyeux)

....

Monsieur et madame **Kafairgaf** ont une fille.
Comment l'appellent-ils ?
Nina (Il n'a qu'à faire gaffe !)

....

Monsieur et madame **Kaitamair** ont une fille.
Comment l'appellent-ils ?
Jenny (J'ai niqué ta mère)

....

Monsieur et madame **Kesktufay** ont une fille.
Comment l'appellent-ils ?
Aimée (Eh mais, qu'est-ce que tu fais ?)

....

Monsieur et madame **Kimconcerne** ont un fils.
Comment l'appellent-ils ?
Hans (En ce qui me concerne…)

....

DRÔLES DE COUPLES

Une femme annonce à son mari :
– Chéri… Je me suis rasé les jambes, les dessous de bras et entièrement le minou ! Tu sais ce que ça veut dire ?
– Oui, ça veut dire que tu as encore bouché l'évacuation d'eau de la douche…

....

Dans un grand hôtel, un client téléphone à la réception :
– Je me suis disputé avec ma femme et elle veut sauter par la fenêtre !
– Monsieur, cela ne me concerne pas, c'est un problème personnel, je ne peux pas intervenir…
– Mais enfin ! Cette putain de fenêtre ne veut pas s'ouvrir, et ça, c'est un problème de maintenance !

....

Le matin, au petit déjeuner, une femme demande à son mari :
– Où sont les biscottes ? Tu les as vues ?

– Chérie… Tu sais très bien que le matin, il ne faut pas me parler tant que je n'ai pas bu mon café dans mon jacuzzi !
– Mais !? fait la femme étonnée, nous n'avons pas de jacuzzi ?
– Eh bien voilà. Alors ferme ta gueule !

....

Un homme à sa femme :
– Celui qui n'a pas de pied… il ne met pas de chaussures, n'est-ce pas ?
– Bien entendu ! lui répond sa femme.
– Alors pourquoi tu mets un soutif?

....

Le témoin de mariage chuchote à l'oreille du marié :
– Qu'est-ce que tu lui trouves à ta femme ? Elle est grosse, elle est chauve, elle est non voyante…
Et le marié lui répond :
– Tu peux parler à voix haute, elle est sourde !

....

Un homme rentre chez lui à l'improviste et découvre sa femme au lit avec un homme…
– Qui… Qui c'est !!! hurle le mari.
– C'est le garagiste… répond sa femme. Il a ramené la voiture, et j'en profite pour lui faire réviser le sommier…

....

Les femmes, les hommes…

À la terrasse d'un café, un type avoue à son copain :
– C'est vrai que parfois, je suis chiant et con.
– T'inquiète pas, lui répond son ami, on a tous un petit côté féminin !

………..

Quel point commun y a-t-il entre un gendarme et une femme ?
Tout ce que vous dites peut et sera utilisé contre vous !

………..

Quels sont les deux mots qui permettent aux hommes de gagner énormément de temps ?
Oui, chéri !

………..

Quelle différence y a-t-il entre une femme célibataire et une femme mariée ?
Une femme célibataire veut changer le monde et quand elle est mariée, elle ne peut même pas changer de chaîne de télé !

………..

Un gars à un copain :
– Les femmes, ce n'est bon que pour le sexe et la cuisine !
– Tu ne peux pas dire ça !
– Pourquoi ? Ça te choque ?
– Tu as oublié le ménage, les courses, la lessive et le repassage !

....

Quel point commun y a-t-il entre le soleil et le sexe de l'homme ?
Ils se lèvent le matin.

....

Dans un couple avec un enfant en bas âge, quelle différence y a-t-il entre l'homme et la femme ?
L'homme commence sa journée avec un petit café et la femme avec un petit qu'a fait…

....

Au comptoir d'un bar, un type dit à son voisin :
– Qu'est-ce qu'elle dit votre femme quand vous rentrez aussi tard ?
– Rien, je ne suis pas marié !
– Ah ? Mais alors, qu'est-ce que vous faites ici ?

....

LA RONDE DES MÉTIERS

Restaurateur

Un homme demande au restaurateur de bien bouloir lui porter l'addition. À la lecture de cette dernière, le client a la désagréable surprise de constater qu'une simple omelette lui a été facturée 40 euros !

– S'il vous plaît ! lance-t-il au restaurateur. Les œufs sont si rares ici pour que facturiez une omelette 40 euros !?

– Les œufs, non ! répond le restaurateur. Mais les clients…

....

Chef de service

Une blonde raconte à une copine :

– J'ai été reçue par mon patron, aujourd'hui. Tu sais ce qu'il m'a proposé ?

– Non ?

– Il m'a demandé si je serais intéressée par une promotion canapé !

– Oh !!! Et qu'est-ce que tu lui as répondu ?

– Ben… Comme mon canapé était foutu, j'ai dit oui !

....

Avocat

L’avocat général requière une peine exemplaire pour l’accusé :

– Mesdames et messieurs les jurés, n’oubliez pas que cet homme a tué son père et sa mère de la manière la plus cruelle qu’il soit ! Je vous demande de le condamner à la peine maximale.

L’avocat de la défense fait ensuite son plaidoyer :

– Mesdames et messieurs les jurés, je réclame votre indulgence… Ne condamnez pas un orphelin !

....

Professeur des écoles

Une blonde vient chercher sa petite fille à l’école. Sa maîtresse lui dit :

– J’avais demandé à ce que votre fille vienne à l’école avec une mini-encyclopédie… Votre fille m’a dit que vous ne vouliez pas ?

– Non ! répond la mère. Elle ira à l’école à pied, comme tout le monde !

....

Gardien de parc

Une blonde s’apprête à s’asseoir sur un banc qui vient d’être repeint. Le gardien du parc l’interpelle :

– Mademoiselle, attention ! La peinture du banc est encore fraîche !

– C’est pas grave ! dit la blonde. Je ne suis pas frileuse…

....

INSULTES À LA CON

Syndicaliste alcoolique !

....

Humain de contrefaçon !

....

Pizza froide aux anchois !

....

Majorette sans bâton !

....

Dégueulis de ratatouille moisie !

....

Fan d'Herbert Léonard !

....

Cruche sans eau ni anse !

....

Recalé de *Secret Story* ! Trop con pour participer !

....

Bulot mort qui pue !

....

Choco-fion !

....

Ras la touffe !

....

Tronche de prépuce desséché !

....

Chiure ratée !

....

Mou du bout !

....

Grumeau de pâte à crêpe !

....

Fiole à foutre !

....

L'abus d'alcool est dangereux pour la santé

Chez le docteur, un patient se plaint d'être en surpoids.
– Pour perdre du poids, ayez une alimentation équilibrée. On recommande 5 fruits et légumes par jour. Quant à l'alcool, n'oubliez pas que cela fait grossir aussi…
Quelque temps plus tard, le gars revient consulter son docteur…
– Je n'ai pas perdu un gramme ! se plaint-il.
– Vous prenez 5 fruits et légumes par jour ?
– Je prends tous les jours du raisin, du citron, de la menthe…
– C'est-à-dire ?
– Ben… Du vin et des mojitos !

………..

À la terrasse d'un café, un type prend des nouvelles de son copain :
– Alors ? Qu'est-ce qu'il t'a dit le docteur ?
– Qu'il fallait que je boive un litre et demi d'eau par jour !
– Oh la vache ! Et ça fait combien de pastis, ça ?

– J'en sais rien. Au bout d'un moment, je n'arrive plus à compter!

....

Une nouvelle infirmière arrive au chevet d'un patient et écoute ses confidences…

– Je ne serais pas dans ce lit si je n'avais pas fait de régime… se plaint le souffrant.

– Vous faisiez un régime?

– Oui, depuis un mois, je ne mangeais plus que des croquettes pour chien!

– Des croquettes pour chien! Et ça marche? demande l'infirmière éventuellement intéressée par un régime révolutionnaire.

– Oui, j'avais perdu 8 kilos!

L'infirmière se ravise et dit:

– Oui mais… Si vous êtes là aujourd'hui, c'est parce que cela a fini par vous rendre malade, n'est-ce pas?

– Non, pas du tout! Je me suis fait percuter par une voiture alors que j'étais assis au milieu de la rue en train de me lécher le cul…

....

Qu'est-ce qu'une personne qui refuse d'admettre qu'elle est alcoolique?

Quelqu'un de mauvaise foie…

....

LES RÉPLIQUES DE CINÉ LES PLUS DRÔLES

– Plus je connais les hommes, plus j'aime mon chien.
Filles perdues, cheveux gras **(2002) de Claude Duty avec Amira Casar, Marina Foïs, Olivia Bonamy**

....

« Je te pète les doigts en six et je te les fourre là où le soleil brille pas ! »
Fast & Furious ***7*** **(2015) de James Wan avec Vin Diesel, Dwayne Johnson, Paul Walker**

....

– J'ai bon caractère mais j'ai le glaive vengeur et le bras séculier. L'aigle va fondre sur la vieille buse.
– C'est chouette ça, comme métaphore.
– C'est pas une métaphore, c'est une périphrase.
– Oh, fait pas chier !
– Ça, c'est une métaphore.
Faut pas prendre les enfants du Bon Dieu pour des canards sauvages **(1968) de Michel Audiard**

avec Francoise Rosay, Bernard Blier, Marlène Jobert

....

– Thérèse n'est pas moche. Elle n'a pas un physique facile, c'est différent !
***Le Père Noël est une ordure* (1982) de Jean-Marie Poiré avec Anémone, Marie-Anne Chazel, Thierry Lhermitte, Gérard Jugnot, Josiane Balasko, Christian Clavier**

....

– La révolution est comme une bicyclette. Quand elle n'avance pas, elle tombe !
– Eddy Merckx !
– Non ! Che Guevara !
***Les Aventures de Rabbi Jacob* (1973) de Gérard Oury avec Louis de Funès, Claude Giraud, Suzy Delair, Henri Guybet**

....

– On ferme, il est quatre heures !
– Mais il est quatre heures moins vingt !
– Oui, mais le temps qu'on ferme, il sera quatre heures
***Je sais rien, mais je dirai tout* (1973) de Pierre Richard avec Pierre Richard, Bernard Blier**

....

ATROCES ET BIEN DÉGUEU

Un type arrive au comptoir d'un bar avec des griffures un peu partout.
– Qu'est-ce qui t'es arrivé ? lui demande le barman.
– J'ai tenté de m'introduire dans une grue.
– Ah mais, il ne faut pas ! Les grues, c'est dangereux ! Tu es tombé ou bien c'est le gardien du chantier qui t'a mis dans cet état ?
– Non, c'est l'oiseau qui s'est débattu…

....

Une mamie à son mari :
– Je suis fatiguée, je me couche !
– Oh, merde !
– Qu'est-ce qu'il y a ?
– Tu me fais penser que j'ai oublié de changer la mienne !

....

Une famille vient rendre visite à son pépé qui a été hospitalisé. La femme lui tend un petit paquet cadeau :
– Joyeux Noël, pépé !

– Mais !? Ce n'est pas encore Noël? Je ne suis pas encore gâteux, vous savez! Vous pouviez attendre Noël!
– Ah oui? Parce que tu crois que ta maladie va attendre Noël, elle?

....

Une petite fille se plaint...
– Maman! J'aime pas grand-père!
– C'est pas grave! Pousse-le sur le bord de ton assiette et mange tes légumes.

....

Quelles sont les trois excuses que sortent toujours les femmes pour refuser de faire l'amour?
J'ai la migraine, j'ai mes règles, j'ai 10 ans...

....

Quelle différence y a-t-il entre une tarte et une chatte?
La tarte, tu peux bouffer celle de ta grand-mère.

....

Ta mère chante tellement faux que même les sourds s'en rendent compte en lisant sur ses lèvres !

....

Un Belge grimpe à une échelle spéciale blonde c'est-à-dire avec un panneau « Stop » au niveau du dernier barreau. Arrivé en haut, il tombe… Les secours arrivent sur place et un pompier lui demande :

– Vous aviez une échelle spéciale Blonde et vous n'avez pas vu le panneau « Stop » sur le dernier barreau ?

– Pour sûr que je l'ai vu, une fois ! J'ai regardé à gauche puis à droite… et comme il n'y avait personne, j'ai continué !

....

Les vieux génériques des émissions pour la jeunesse avaient des airs qui pouvaient nous rester en tête de manière insupportable ! On se les chantait en boucle ! Mais cette époque est révolue car voici venu le temps, des rires et des chants, dans l'île aux enfants, c'est tous les jours le printemps…

....

Un touriste Belge passe ses vacances pour la seconde fois sur la Côte d'Azur. Arrivé sur son lieu de villégiature, il s'étonne de ne plus voir la jetée du petit port. Il s'en inquiète auprès d'un autochtone :
– Mais qu'est-ce qui se passe ici, une fois ? L'année dernière, il y avait une jetée et cette année elle n'y est plus ?
– Oui… fait l'autochtone. Malheureusement, cet hiver, nous avons eu un raz de marée…
– Ah ? Jamais j'aurais cru qu'un rongeur puisse faire autant de dégâts !

....

Un fou pêche dans un sceau d'eau… Le directeur de l'asile lui demande :
– Que faites-vous ?
– Je pêche la baleine !
– Ah ? Et vous en avez attrapé beaucoup ?
– Non mais vous n'êtes pas un peu zinzin ? Des baleines dans un sceau d'eau ?

....

Un homme à sa femme :
– Aujourd'hui, tu es très belle !
Et elle rétorque :
– Hier, tu étais très intelligent…

....

Trop blondes !

À quel moment une blonde s'aperçoit-elle qu'elle a oublié son parapluie?
Lorsqu'elle veut le refermer…

....

Une blonde achète un téléviseur à New York.
– Est-ce que vous pourriez me l'envoyer chez moi, en France? demande la blonde au vendeur.
– Oui, bien sûr! Vous n'avez pas ce genre de téléviseur, en France?
– Si, mais il n'y a pas les chaînes américaines!

....

Une brune et une blonde font des projets de vacances…
– Et si nous allions à Saint-Jean-de-Luz? demande la brune.
– Oui, d'accord! lui répond sa copine blonde.
– Et si on prenait le train?
– Ben… Qu'est-ce qu'on va en faire?

....

Un patron demande à sa secrétaire blonde d'envoyer urgemment un fax à un client. Au bout de 30 minutes, il se rend jusqu'au fax et constate que la blonde est en train de le passer.
– Mais enfin ! Ça fait déjà une demi-heure que je vous ai demandé de me faxer ce courrier !
– Je n'y suis pour rien, répond la blonde, ça fait 30 fois que je l'envoie et la feuille ressort à chaque fois !?

....

– Chérie ! hurle un homme à sa femme blonde. Qu'est-ce que fait cette gousse d'ail sur le téléphone !?
– C'est un ail phone !

....

Une blonde rentre chez elle après avoir passé la soirée avec des copains et annonce timidement à sa mère :
– Maman, faut que je dise quelque chose : je ne suis plus vierge...
– Hein ! Non mais, je t'avais dit de répondre non à toutes les demandes des garçons ?
– Mais c'est ce que j'ai fait ! Ils m'ont demandé « Ca ne te déranger pas de coucher avec nous ? »

....

MOTS D'ESPRITS

« Il est très difficile de faire entendre raison à un sourd. »
Sim

....

« Tout le monde est un génie ! Mais si vous jugez un poisson sur ses capacités à grimper à un arbre, il passera sa vie à croire qu'il est stupide. »
Albert Einstein

....

« Écrire est une façon de ne pas être contredit. »
Jules Renard

....

« Quand un monsieur vous dit qu'il a changé de voiture, si vous cherchez bien, vous constaterez qu'il aurait préféré changer de femme, mais que devant les difficultés, il a opté pour la solution la plus simple. »
Francis Blanche

....

« Casse-pieds : Celui qui parle quand vous voudriez qu'il écoute. »
Ambrose Bierce

....

« La femme est capable de tous les exercices de l'homme sauf de faire pipi debout contre un mur. »
Colette

....

« J'ai souvent remarqué, pour ma part, que les cocus épousent de préférence les femmes adultères. »
Alphonse Allais

....

« Contrairement à ce que prétend Luis Mariano, Mexico ne prend qu'un seul "i". »
Patrick Sébastien

....

« Il y a des hommes qui coucheraient volontiers avec votre femme mais qui refuseraient avec dégoût de fumer votre pipe. »
Georges Courteline

....

DEVINETTES

Quelle différence y a-t-il entre une maman et un calendrier ?
La maman se contente de donner le jour alors que le calendrier donne aussi le mois et l'année !

....

Quels sont les animaux les plus infidèles ?
Les éléphants, car ils trompent leurs femmes !

....

Comment s'appelle le père de Mike Tyson ?
Mike Tyfather

....

Pourquoi les routiers exigent-ils un treizième mois ?
Pour avoir une fille de plus sur le calendrier !

....

Que dit un vitrier à son petit garçon ?
Si tu veux une glace, tiens-toi à carreau !

....

Quel est le nom de la fée qui a mal au ventre?
La fée Cale (fécale)

....

Que fait un homme debout sur un zèbre écrasé?
Il traverse la route…

....

Où peut-on trouver les poissons les plus sportifs?
Dans une mare à thon. (marathon)

....

Pourquoi un Écossais serre-t-il les fesses lorsqu'il reçoit un coup de pied ?
Pour garder la chaussure !

....

Quelle différence y a-t-il entre un homme d'affaires et un playboy ?
L'homme d'affaires a des actions en bourse et le playboy, c'est le contraire…

....

Qu'est-ce qui est blanc, noir, blanc, noir, blanc, noir, blanc, noir, rouge?
Un pingouin qui tombe de la falaise.

....

PERLES DU BAC

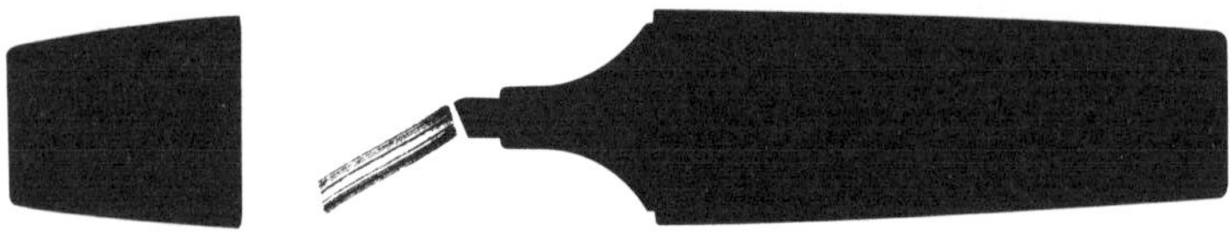

« Le rôle de l'intestin grec… »
Hummm… les bons yaourts à la Grêle !

....

« L'oreille permet d'avoir le sens de l'équilibre. Le risque, si on en coupe une, c'est de tomber. »
Dixit Vincent Van Gogh.

....

L'homme et le singe ont le même arbre gynécologique.
Certains ne sont toujours pas descendus de l'arbre…

....

Les anticorps sont des êtres microcosmiques qui mangent notre corps.
Heureusement, les Men in Black sont là pour nous sauver !

....

Dans l'eau, on n'entend plus, le son coule.
Hein!?

....

« La droite T prend la tangente... »
Qui va la rattraper?

....

La ligne droite ne l'étant pas, c'est une courbe tordue.
Pourquoi pas, rien n'empêche une fille ayant de jolies courbes de se tenir droite.

....

« Le costume de théâtre joue un rôle important dans la représentation d'une pièce notamment parce qu'il est préférable de ne pas se présenter nu au public. »
Ce serait pourtant un concept à développer...

....

« Comme l'âne d'Alphonse Baudet qui, dans *les Lettres de mon Moulin*, prenait le soleil sur la place de la mairie... »
Daudet mérite-t-il un bonnet d'âne?

....

Ces chères têtes blondes

Un enfant reçoit son cadeau d'anniversaire des mains de sa mère…
– Tiens ? fait-il surpris, c'est le même papier cadeau que celui du père Noël !
– Ah bon ? fait la mère gênée.
– Et je commence à me demander, reprend le petit, si ma maman existe ou pas…

………..

Une jeune fille prend son petit déjeuner en compagnie de ses parents. Ces derniers semblent fâchés… La jeune fille se décide à rompre le silence :
– C'est parce qu'un pote a fait du bruit avec sa moto en me ramenant cette nuit que vous faites la tronche ?
– Non, répond la mère. Ce qui nous gêne, c'est plutôt le très long silence qu'il y a eu entre le moment où il a coupé son moteur et le moment où tu es rentrée…

………..

Un enfant demande à son père :
– Dis papa ! C'est vrai que maman est une fée ?

– Non, pourquoi demandes-tu cela ?
– Ben… C'est papi, il m'a dit que maman te faisait marcher à la baguette ! ?

....

Un petit garçon à son papa :
– Pourquoi ma sœur s'appelle Mégane ?
– Parce que ta mère veut toujours faire le ménage. Mégane est l'anagramme de « ménage ».
– Ok, merci papa !
– De rien Alan.

....

Comment savoir si vos enfants sont dans leur chambre ?
Débranchez le wifi et si ça hurle…

....

Une petite fille questionne sa maman :
– Pourquoi tu as choisi papa ? Qu'est-ce qu'il avait de plus que les autres quand tu l'as rencontré ?
– Il était d'accord.

....

– Dis papa ! À quoi ça sert un préservatif ?
– Normalement, ça sert à m'éviter ce genre de questions !

....

COMPLÈTEMENT FOOT

J'avais une blague sur le PSG, mais pas cette année, l'année prochaine…

....

Pourquoi ne faut-il jamais toucher la petite amie d'un joueur du PSG ?
Parce qu'on ne joue pas avec le petit minou d'une chèvre !

....

– Toc-toc-toc ?
– Qui est là ?
– Didier.
– Didier qui ?
– Didier Deschamps de la montagne à cheval…

....

Pourquoi Franck Ribéry n'est-il pas allé jouer dans un club anglais ?
Parce qu'ils voulaient le payer en livres et qu'il ne sait pas lire…

....

J'avais une blague sur Gignac, mais elle est trop lourde…

....

Quel point commun y a-t-il entre Juda et Neymar?
Ils tous les deux ont trahi le Messi.

....

J'avais une blague sur l'OM, mais c'est perdu d'avance…

....

Pendant la coupe du monde de football, une institutrice demande à sa classe:
– Qui est supporter de l'équipe de France? Levez le doigt!
Tous les élèves lèvent le doigt sauf un…
– Tiens? Tu n'es pas supporter de l'équipe de France? s'étonne alors la maîtresse.
– Non, je suis pour les anglais…
– Et pourquoi supportes-tu l'Angleterre?
– Parce que mes parents, ils sont pour que les anglais gagnent.
– Ah bon? Et si tes parents étaient des crétins, des abrutis, des simples d'esprit, tu serais quoi, toi?
– Ben… Je serais supporter de l'équipe de France!

....

HOMMES ET FEMMES EN BLANC

Une blonde se rend chez un gynécologue noir et lui expose son problème :

– Avec mon mari, on essaye d'avoir un bébé depuis plus six mois, et toujours rien…

Le gynécologue noir lui dit alors :

– Bien. Déshabillez-vous et allongez-vous là.

– Mais docteur, je préfèrerais avoir un bébé blanc ! ?

....

Un type se rend chez un psychiatre…

– Comment allez-vous ? lui demande ce dernier.

– Avant, lui répond le patient, j'étais schizophrène.

– Et maintenant ?

– Maintenant, nous allons mieux.

....

Les occupants d'un car investissent un restaurant. L'un d'eux se présente auprès du restaurateur :

– Bonjour, je suis le docteur André de l'Hôpital psychiatrique Sainte-Anne. Les personnes qui se sont attablées sont toutes déficientes mentalement. À la fin

du repas, il est possible qu'ils souhaitent vous régler en capsules de soda. C'est tout à fait normal. Faites comme si de rien n'était, et venez me voir. Je règlerai pour tout le monde !
À la fin du repas, le restaurateur se laisse payer en capsules de soda puis va voir le docteur André pour lui présenter la note du groupe. Le docteur cherche alors au fond de son sac puis demande :
– Vous auriez de la monnaie sur un enjoliveur ?

....

Un homme se rend chez le docteur et lui annonce l'air inquiet :
– Docteur, je crois que je suis allergique aux femmes nues…
– Mais qu'est-ce qui vous fait dire cela ?
– Ça me fait gonfler le sexe.

....

Une blonde se fait faire un rappel de vaccin chez le docteur.
– Où souhaitez-vous que je vous pique ? lui demande-t-il. À la fesse ou au bras ?
– Au bras, s'il vous plaît, répond la blonde. Ça se verra moins…

....

LES RÉPLIQUES DE CINÉ LES PLUS DRÔLES

– Oui, figurez-vous que Madame Benar Shah en a assez de vos singeries… Et puis elle vous trouve un peu trop bruyants pour les voisins et… très, très mal élevés… Et à partir de maintenant, on veut du style et d'la tenue !
– Traduction ?
– Vous avez une demi-heure pour faire vos valises et pour prendre congé… Voilà !… Messieurs…
***Les Barbouzes* (1964) de Georges Lautner avec Lino Ventura, Bernard Blier, Francis Blanche**

………..

– Ich liebe dich ! Ich bin envoyé parrr Don Césarrr ! Kommen retrouver mich, moi, à l'auberge de la cabeza negra ?
– Ein rendez-vous ? Das ist ein gross folie.
– Nein, petite folie. Je peux compter sur vous ?
– Compter ?
– Ja ! compe-ter : Ein, zwei, drei, compe-ter…
***La Folie des grandeurs* (1971) de Gérard Oury avec Louis de Funès, Yves Montand, Alice Sapritch**

………..

– Pastis par temps bleu, pastis délicieux !
***Camping* (2006) de Fabien Onteniente avec Franck Dubosc, Gérard Lanvin, Mathilde Seigner, Claude Brasseur**

....

– Ici au moins, quand t'arrives c'est propre.
– Le problème c'est quand tu repars.
– Mais non, mais non, le neige ça recouvre tout, alors ça reste immaculé.
– Eh ouais, et l'été quand ça fond qu'est-ce que tu fais ?
– Eh l'été, tu viens pas ici, tu vas à la mer !
***Les Bronzés font du ski* (1979) de Patrice Leconte avec Michel Blanc, Marie-Anne Chazel, Christian Clavier, Thierry Lhermitte, Gérard Jugnot, Josiane Balasko**

....

Moi, je trafique loyalement. Mes pièces d'or sont fausses, je les transporte dans des voitures dont les numéros sont faux, conduites par des types qui ont des faux papiers. C'est du boulot correct ! De la qualité d'avant-guerre !
***Massacre en dentelles* (1952) d'André Hunebelle avec Raymond Rouleau, Anne Vernon, Bernard La Jarrige**

....

Humour noir

Quel point commun y a-t-il entre un cornichon et un corbillard ?
Ils accompagnent la viande froide !

....

Pourquoi les végans aiment-ils faire l'amour avec des lépreuses ?
Parce qu'elles sont biodégradables !

....

Un homme consulte un psychiatre :
– Docteur, c'est vrai qu'en amour il faut savoir ouvrir son cœur ?
– Oui, c'est exact.
– Je ne comprends pas… Quand je les ouvre, il y a plein de sang qui coule et puis après elles sont mortes ?

....

Sur la plage, un homme se lève pour parler à une femme qui se dore au soleil :

– Pardonnez-moi, madame, mais je crois que votre fils est en train d'enterrer nos affaires dans le sable !
– Ah bon ? fait nonchalamment la femme. Vous vous trompez. Ce n'est pas mon fils, c'est mon petit neveu ! Mon fils, lui, il a enterré le vôtre un peu plus loin, par là-bas…

....

– Dis maman, comment on fait les bébés ?
– Je sais pas, je t'ai adopté.

....

Dicton :
« Quand vient la fin de l'été, surtout n'oublie pas mémé. »

....

Qu'est-ce qui est tout noir et qui a sa queue à 6 pieds sous terre ?
Une veuve !

....

Qu'est-ce qui a deux pattes et qui est tout rouge ?
Un chien coupé en deux !

....

COMMENT EMMERDER SON PATRON

Racontez à votre patron qu'Élise Lucet, dans le cadre de son émission *Cash Investigation*, vous a contacté et souhaite vous interviewer. Voilà qui devrait fortement l'inquiéter...

....

L'excuse pour ne pas être venu travailler qui va rendre votre patron fou de rage :
« Je suis venu mais j'étais tellement en avance, que j'ai préféré rentrer chez moi. Mais quand je suis arrivé chez moi, j'aurais été tellement en retard que ce n'était plus la peine que je reparte travailler... »

....

Clouez une poupée vaudou à l'effigie de votre patron sur la porte de son bureau !

....

Téléphonez à votre patron en vous faisant passer pour un client qui ne souhaite traiter qu'avec vous !

....

L'excuse pour ne pas venir travailler qui va rendre votre patron fou de rage :
« Je ne peux pas venir travailler sans avoir bu un café ! Je n'ai plus de dosettes mais rassurez-vous, Nespresso livre sous 48 heures. *What else* ! »

....

Votre patron prend la parole en réunion, c'est pour vous le moment de simuler un éternuement. Mais lorsque vous éternuez, c'est une bonne vingtaine de fois ! Rien ne peut vous arrêter, c'est comme ça, vous n'y pouvez rien...

....

L'excuse pour arriver en retard qui va rendre votre patron fou de rage :
« J'étais mal réveillé, je n'ai pas pensé à retirer la petite cuillère de ma tasse de café avant de boire et... je me la suis mise dans l'œil ! Je suis aux urgences, il y a 10 personnes devant moi. »

....

DIEU & CO

Qui est le justicier préféré des juifs ?
C'est Rabbin des bois !

....

Trois filles décèdent et se présentent aux portes du paradis. Saint Pierre leur demande :
– Que souhaiteriez-vous comme cadeau de bienvenue pour entrer au paradis ?
La première fille demande :
– Je veux un mec baraqué et avec un gros engin !
– Pas de problème, tu l'auras. Et toi ? demande-t-il à la deuxième ?
– Moi, je voudrais un mec baraqué, beau, avec un gros engin et une grosse paire entre les jambes !
– C'est d'accord, j'ai ce qu'il faut en stock. Et toi ? demande Saint Pierre à la troisième fille ?
– Eh bien moi, un type laid, maigrichon, avec un micropénis et des coucougnettes ridicules me suffirait…
– Ah, je suis désolé, lui annonce Saint Pierre, il n'y en a aucun de mort pour le moment ! Il en existe bien un mais il est encore vivant, il est en train de lire cette histoire !

....

Comment appelle-t-on les moines tibétains avec lesquels on est super copains?
Des bonzes amis!

....

Que dit une religieuse à une autre religieuse qui se masturbe?
Vibre, ô ma sœur!

....

Pourquoi les prêtres n'utilisent-ils pas de voiture pour se déplacer?
Parce que les vêtements sacerdotaux...

....

Un petit garçon demande à son père:
– Dis papa! Pourquoi les coqs ils chantent le matin?
– Ils chantent pour remercier le bon Dieu qui a fait que les poules ne portent pas de culottes!

....

Un petit garçon regarde une statue de la sainte vierge en train de prier les mains jointes...
– Sais-tu qui c'est? lui demande sa maman.
– Oui, une dame qui s'apprête à plonger toute habillée!

....

Les dragueurs

Après avoir invité une fille à dîner au restaurant, juste avant de se séparer, l'homme demande :
– Tu veux pas venir prendre un petit coup à la maison ?
– Euh… Tu veux dire boire un petit coup ?
– On pourra boire aussi…

....

Un type qui n'a pas de bras fait « la manche »… Une femme lit sur la petite pancarte posée devant lui : « J'ai besoin d'une main charitable ! » La femme lui demande :
– Vous avez besoin d'argent ?
– Non, pas pour le moment, fait le clochard…
– D'un abri pour la nuit ?
– Non, ça ira…
– De manger. Vous avez faim ?
– Non, ça peut aller…
– Mais alors, de quoi avez-vous besoin ?
– D'une main charitable, ma bonne dame !
– Dites-moi comment je peux vous venir en aide, monsieur.
– J'ai pas de femme, j'ai pas de bras non plus… J'ai besoin d'une main charitable…

....

Un type aborde une jeune femme et lui lance :
– C'était mon week-end avec les gosses et tu me les as amenés avec une heure de retard ! La prochaine pension alimentaire aussi tu vas l'avoir en retard !
– Pardon ! ? Qu'est-ce que vous dites ?
– Oh ! Veuillez m'excuser, j'ai brûlé les étapes. Bonsoir mademoiselle, accepteriez-vous que je vous offre un verre ?

....

Une femme cherche l'âme sœur sur Internet. Sur un site de rencontres, elle renseigne son profil et indique qu'elle cherche un mari petit et mignon, aimant les sports aquatiques, les activités de groupe et qui aime s'habiller avec élégance d'un costume. Quelques instants plus tard, elle recevait dans sa boîte mail trente messages… de pingouins !

....

Dans une soirée, une fille remarque qu'un gars n'arrête pas de la regarder…
– Qu'est-ce que j'ai ! Tu veux ma photo ? lui demande-t-elle.
– Non, répond le gars. Je voulais te raconter une histoire drôle à faire tomber les nichons par terre ! Mais je vois qu'on te l'a déjà racontée…

....

DRÔLES DE COUPLES

Kevin et Jessica, Tony et Vanessa, deux couples d'amis, dînent ensemble. Au moment du dessert, Tony se glisse sous la table pour attribuer au hasard les parts de la galette des rois. Il remarque alors que son hôte Jessica ne porte pas de culotte et qu'elle écarte les jambes ! Lorsqu'il se rassoie enfin sur sa chaise, Jessica remarque aux joues rougies de Kevin qu'il s'est rincé l'œil… Plus tard dans la soirée, profitant d'un moment seul à seul dans la cuisine, Jessica demande à Kevin :
– Tu as tout vu ?
– Ben… Oui.
– Si tu veux, pour 50 euros, c'est à toi !
Ne résistant pas à la tentatrice, Kévin accepte le marché et revient quelques jours plus tard voir Jessica.
Ils font l'amour et, avant de partir, Kevin donne ses 50 euros à Jessica. Lorsque Tony rentre enfin du travail, il demande à sa femme :
– Est-ce que Kevin est passé ?
– Euh… Oui, confirme-t-elle en pensant qu'il valait mieux ne pas mentir au cas où un indice aurait révélé à son mari le passage de Kevin.
– Et il t'a donné 50 euros ?

Jessica est paniquée, le monde chavire sous ses pieds, son mariage est détruit, elle préfère avouer :
– Oui, 50 euros…
– Très bien ! fait Tony. Il m'avait dit qu'il passerait me rendre les 50 euros qu'il me devait.

....

En rentrant du travail, un mari surprend un homme à moitié nu qui s'enfuit de chez lui ! Sa femme tente une explication…
– Oh, chéri ! Je ne sais pas qui c'est ! Il est entré sans rien dire, il m'a jetée sur le lit sans rien dire, il m'a déshabillée sans rien dire, il m'a fait l'amour toujours sans rien dire et il vient de s'enfuir, sans rien dire…
– Mince ! fait le mari, on ne saura jamais ce qu'il voulait…

....

Deux types réfléchissent ensemble à ce qu'ils pourraient bien faire le jour de la saint Valentin…
– Cette année, je crois que je vais faire une très grosse surprise à ma copine…
– Laquelle ?
– Je vais la présenter à ma femme !

....

Blagues coquines

Un homme se présente dans une pharmacie pour acheter du Viagra.
– Je n'ai plus de Viagra 500 mg, lui dit la pharmacienne, je vais vous procurer du Viagra 1 g et ce soir, vous la casserez en deux.
– Ma femme ?
– Non, la pastille !

....

Quelle différence y a-t-il entre les enfants et Rocco Sifredi ?
Les enfants n'aiment pas la rentrée et Rocco Sifredi aime la rentrer.

....

À la terrasse d'un café, quatre hommes parlent de sexualité :
– Moi, dit le premier qui a 20 ans, je bande tout le temps !
– Moi, dit le deuxième qui a 40 ans, je bande quand je veux !

– Moi, dit le troisième qui a 60 ans, je bande quand je peux !
Et le quatrième qui a 80 ans regarde les trois autres et leur lance :
– Bande de cons !

....

Une femme pose une devinette à son mari :
– Quel est le point commun entre toi et tes trois meilleurs copains ?
– J'sais pas…
– C'est moi…

....

Un homme rentre chez lui à l'improviste et surprend sa femme allongée dans le lit avec un amant penché au-dessus d'elle. Le mari jaloux s'approche furieusement, et flanque un grand coup de pied au cul du type.
– Aaaaarrgh ! fait ensemble le couple adultérin.
L'amant ajoute alors :
– Eh bien… maintenant, tu l'es !
– Je suis quoi ? demande le mari.
– Cocu !

....

LA RONDE DES MÉTIERS

Guide touristique

Aux invalides, un guide explique à un groupe de touristes :

– En 1840, le roi Louis-Philippe obtient de l'Angleterre la restitution des cendres de l'Empereur Napoléon 1er, décédé le 5 mai 1821 à Sainte-Hélène. C'est donc au centre de l'église du dôme des Invalides qu'est creusée une crypte large de 15 mètres et profonde de 6 mètres et qui a reçu le sarcophage contenant les cendres de Napoléon…

Une blonde lève alors le doigt et demande au guide :

– Parce qu'il est mort dans un incendie ?

………..

Coiffeuse

Une femme raconte à sa coiffeuse :

– Mon mari et moi avons passé des vacances séparément. Moi à Nice et lui à Ibiza.

– Cet été ?

– Non, il y a trois ans.

– Et ça vous a plus ?

– Mes vacances étaient merveilleuses ! Mais mon mari, je ne sais pas. Il n'est pas encore rentré…

....

Retraité

Deux copains discutent…

– Alors ! La retraite, c'est bien ?

– Génial ! C'est la liberté ! Je me lève quand je veux, je mange à l'heure que je veux, je fais ce que je veux de mes journées, le pied ! Dommage que ma retraite se termine bientôt…

– Hein !? Ne me dis pas que tu as l'intention de retravailler !

– Non, mais ma femme aura elle aussi sa retraite dans trois mois…

....

Avocat

Un avocat annonce à son client :

– J'ai une bonne et une mauvaise nouvelle…

– Commencez donc par la bonne.

– Votre femme renonce à ce que votre héritage soit pris en considération dans le règlement du divorce !

– Très bien… Et la mauvaise ?

– Dès que le divorce sera prononcé, elle épouse votre père…

....

MOTS D'ESPRITS

« Il n'y a que dans les courts instants où la femme ne pense plus du tout à ce qu'elle dit qu'on peut être sûr qu'elle dit vraiment ce qu'elle pense. »
Georges Feydeau

....

« Même les plus cons ont leur jour de gloire : leur anniversaire. »
François Cavanna

....

« L'homme est fait pour attendre, et la femme pour être inattendue. »
Gérard de Rohan-Chabot

....

« Je suis né dans la foi hébraïque, mais après je me suis converti au narcissisme. »
Woody Allen

....

« Une femme jalouse enquête mieux que le F.B.I. »
Will Smith

....

« Si voter changeait quelque chose, il y a longtemps que ce serait interdit. »
Coluche

....

« Il faut qu'une porte soit ouverte ou d'une autre couleur. »
Jean Yanne

....

« Le rire, comme les essuie-glaces, permet d'avancer même s'il n'arrête pas la pluie. »
Gérard Jugnot

....

« Il arrive à un con d'avancer, mais seulement à reculons. »
Frédéric Dard

....

Les femmes, les hommes...

Une femme se plaint auprès de son médecin de famille :
– Mon mari n'arrête pas de parler en dormant ! Ça dure toute la nuit, je ne parviens plus à dormir ! Que dois-je faire ?
– Laissez-le parler un peu pendant la journée...

....

Pourquoi les hommes ont-ils la conscience tranquille ?
Parce qu'ils ne l'ont jamais utilisée !

....

Quelle différence y a-t-il entre de la magie et un miracle ?
Un homme qui fait sortir un lapin d'un chapeau, c'est de la magie et une femme qui trouve ses clefs dans son sac, c'est un miracle !

....

Que faut-il faire pour calmer les ardeurs sexuelles d'un homme?
Il faut l'épouser!

....

Pourquoi Stephen Hawking a-t-il fait des recherches sur la gravité quantique?
Parce que c'est beaucoup plus simple que de chercher pourquoi les femmes font la gueule.

....

Un gars à un copain qui fait la tronche:
– Y'en a marre à la fin! Pourquoi fais-tu la gueule sans raison?
– Parce que j'ai décidé de laisser mon côté féminin s'exprimer!

....

Quand peut-on voir du rugby féminin?
Le premier jour des soldes…

....

Quelle est la personne de confiance à qui une femme peut dire un secret?
Son mari. Il ne peut pas le répéter, il n'a pas écouté!

....

LES RÉPLIQUES DE CINÉ LES PLUS DRÔLES

– Comment va mon doigt docteur ?
– Je vous le dirai quand je l'aurai retrouvé !
***Fous d'Irène* (2000) de Bobby Farrelly et Peter Farrelly avec Jim Carrey, Renée Zellweger, Olivier Sitruk**

....

– Tu brilles aussi fort qu'un miroir de bordel, même un aveugle te verrait à 10 lieues d'ici.
– J'aime bien que les gens me regardent, moi.
– Ils ne partagent pas toujours ton plaisir...
***Mon nom est Personne* (1973) de Tonino Valerii avec Terence Hill, Henry Fonda, Jean Martin**

....

– Il serait normal que les assassins nous signalent les crimes. Après tout, ils sont les premiers informés.
***Garde à vue* (1981) de Claude Miller avec Lino Ventura, Michel Serrault, Romy Schneider, Guy Marchand**

....

– Dans un ménage, quand l'homme ne ramène pas un certain volume d'oseille, l'autorité devient, ni plus, ni moins, d'la tyrannie ! Et l'autoritaire, un simple emmerdeur prétentieux !
***Le Cave se rebiffe* (1961) de Gilles Grangier avec Jean Gabin, Bernard Blier, Martine Carol, Maurice Biraud**

....

– Dans la vie on partage toujours les emmerdes, jamais le pognon.
***Cent mille dollars au soleil* (1964) d'Henri Verneuil avec Jean-Paul Belmondo, Lino Ventura, Bernard Blier**

....

– Parlez-moi de vous, plutôt.
– Odile ! Moi c'est Odile ! Pluto, c'est l'ami de Mickey.
– Mais non ! Pluto, c'est le chien de Mickey. L'ami de Mickey, c'est Dingo !
***La Cité de la Peur* (1994) d'Alain Berbérian avec Alain Chabat, Chantal Lauby, Gérard Darmon, Dominique Farrugia**

....

Animots

Pourquoi met-on une selle à un cheval ?
Parce qu'il ne peut pas le faire tout seul !

....

Que fait un canard lorsqu'il a un rhume des foins ?
Foin-foin !

....

Dans un cirque, le téléphone sonne… Le patron décroche et, à l'autre bout du fil, on lui dit :
– Bonjour ! Je suis capable de résoudre des problèmes de mathématiques extrêmement difficiles ! Pourriez-vous m'engager dans votre cirque ?
– Pfff… Non, cela n'intéressera personne ! répond le patron du cirque qui raccroche au nez de son interlocuteur.
Et à l'autre bout du fil, déçu, le cheval raccroche son téléphone…

....

Quel point commun y a-t-il entre un chien et un pâtissier ?
Ils lèvent la pâte.

....

Une cane gronde son caneton qui faisait une grosse bêtise :
– Si ton père te voyait, il se retournerait dans sa sauce !

....

Connaissez-vous l'histoire de la poule qui a avalé un élastique ?
Eh bien, elle a pondu le même œuf dix fois !

....

Dans un poulailler, un grain de maïs rencontre un autre grain de maïs :
– Salut ! Dis, t'aurais pas vu mon frère ?
– Si ! Il vient de se faire embarquer par les poulets !

....

– T'es givrée de couver tes œufs dans la neige ? demande une poule à une autre poule.
– Non, on m'a commandé des œufs en gelée...

....

Les questions cons

Se saouler peut-il faire oublier que l'on a soif d'amour ?

....

Comment peut-on abuser de l'alcool alors qu'il est toujours consentant ?

....

Quand il y a trop de poils, est-ce qu'on voit pubien ?

....

Ma femme fait plus de 100 kg, comment la prendre à la légère ?

....

Les lèche-cul ont-ils la langue marron et une haleine de merde ?

....

La journée sans tabac est-elle le 31 parce que le lendemain, c'est le premier joint ?

....

Est-ce qu'il vaut mieux un petit canard dans sa baignoire ou un gros connard dans son plumard ?

....

Acheter un soutien-gorge Walt-Disney, est-ce la garantie d'avoir des seins animés ?

....

Pourquoi se souvient-on avoir oublié quelque chose ?

....

Pourquoi les femmes qui mettent des faux ongles, des faux-cils, des faux seins, des fausses fesses et des fausses lèvres cherchent-elles un vrai homme ?

....

Si l'on attend trois heures dans la salle d'attente du médecin, est-ce parce que nous sommes patients ?

....

Est-ce en se plantant que l'on se cultive ?

....

Celui qui pète plus haut que son cul ne risque-t-il pas de se chier dessus ?

....

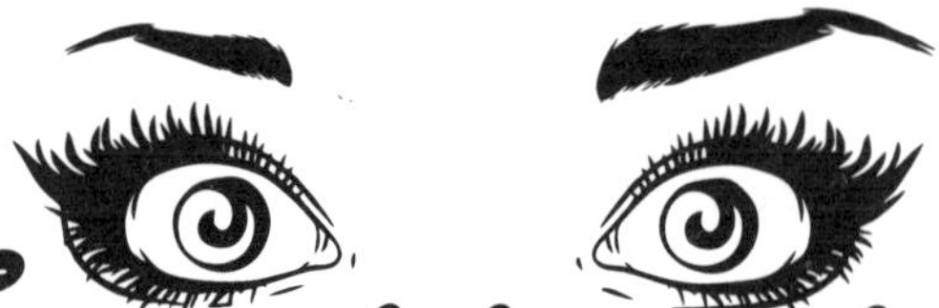

Trop blondes !

Après avoir consulté le téléphone portable de son mari pour vérifier s'il n'avait pas des aventures extra-conjugales, une blonde fait une scène de ménage :
– Depuis quand as-tu une maîtresse ?
– Mais je n'ai pas de maîtresse ! se défend le mari.
– Alors c'est qui cette Alarme qui t'appelle tous les jours à 7 h 15 ?

....

Un SDF interpelle une blonde dans la rue :
– Mademoiselle ! Vous avez pas une pièce pour manger ?
– Bien sûr que si ! lui répond-elle, ça s'appelle la salle-à-manger !

....

Une blonde se rend chez un sexologue…
– Quels sont les facteurs qui contribuent à votre épanouissement sexuel ? lui demande ce dernier.
– Oh, il n'y a pas que les facteurs ! Il y a aussi les pompiers, les employés de l'EDF et du gaz…

....

Lors d'une soirée, un type drague une blonde et lui susurre à l'oreille :
– Dis-moi, tu serais d'accord pour qu'on parte en catimini…
– Oh oui ! fait la blonde, j'ai toujours rêvé d'aller en Italie !

………..

Après une séance de stretching, une blonde se change aux vestiaires. Une copine lui demande :
– Tu as pris une douche ?
– Non. Pourquoi, il en manque une ?

………..

Que fait une blonde qui sort de la douche ?
Elle enlève ses vêtements pour les faire sécher…

………..

Une blonde prend son premier cours de secourisme. En découvrant au sol le mannequin qui permet d'apprendre à réaliser le massage cardiaque et le bouche-à-bouche, elle se met à hurler :
– Aaaaah ! Aaaaah !
– N'ayez pas peur ! lui dit le formateur, ce n'est qu'un mannequin !
– Ouais ben… Peu importe son métier, c'est triste quand même !

………..

MONSIEUR ET madame

Monsieur et madame **Komandman** ont une fille.
Comment l'appellent-ils ?
Lydie (Les dix commandements)

....

Monsieur et madame **Ksébon** ont un fils.
Comment l'appellent-ils ?
Mathieu (Mais dieu que c'est bon !)

....

Monsieur et madame **Kulsurmonpihé** ont un fils.
Comment l'appellent-ils ?
Arthur (Ahrrrrr !!!! Tu recules sur mon pied !)

....

Monsieur et madame **Laiboul** ont une fille.
Comment l'appellent-ils ?
Ella (Elle a les boules)

....

Monsieur et madame **Lamise** ont un fils.
Comment l'appellent-ils ?
Ralph (Rafle la mise)

....

Monsieur et madame **Laparty** ont un fils.
Comment l'appellent-ils ?
Ted (T'es de la partie ?)

....

Monsieur et madame **Loétrosucrai** ont une fille.
Comment l'appellent-ils ?
Samantha (Sa menthe à l'eau est trop sucrée)

....

Monsieur et madame **Lundi** ont une fille et deux fils.
Comment les appellent-ils ?
Bonnie, Ken et Alain (Bon week-end et à lundi !)

....

Monsieur et madame **Lusion** ont une fille.
Comment l'appellent-ils ?
Daisy (Désillusion)

....

DEVINETTES

Pourquoi les croates n'apprécient-ils pas l'humour noir?
Parce que c'est un humour acerbe !

....

Pourquoi appelle-t-on un collier de diamants une « rivière » ?
Parce que la vertu des femmes s'y noie…

....

Pourquoi l'ouverture de la pêche a-t-elle lieu avant celle de la chasse ?
Parce qu'il faut toujours avoir une touche avant de tirer un coup.

....

Qu'est ce qui est gay et qui attend?
C'est Gaëtan !
Et qu'est-ce qui est jaune et qui attend?
L'urine que j'ai dans la vessie !

....

Quelle est différence y a-t-il entre un chauve français et un chauve Écossais ?
Le chauve français s'achète une perruque et l'écossais revend son peigne…

....

Qu'est-ce qui est vert et qui nique ?
Véronique.

....

Qu'est-ce qui est court et qu'on jette ?
Une courgette…

....

Si les petits hommes verts existent, pourquoi ne descendent-ils pas de leur planète ?
Parce qu'ils ne sont pas assez mûrs !

....

Qu'est-ce qui est jaune, fin, qui recouvre les plages et se termine par un « i » ?
Le sable, abruti !

....

Pourquoi il y a deux points sur le « i » de caïd ?
Un pour le « i »… et un pour ta gueule !

....

PERLES DU BAC

« La morale de ce texte est qu'il n'y a pas forcément une morale à toutes les histoires. »
Est-ce dû à une baisse de morale ?

....

« Ceci est une œuvre de friction entre deux personnages. »
Est-ce un livre cochon ?

....

« La poésie est donc faite pour être lue à voix haute, mais pas trop fort. »
Oui, il y en a qui dorment !

....

« Pagnol écrivait avec son accent et dans la langue natale de son pays. »
Oh putain, con !

....

« En conclusion, l'expression du conflit ne peut pas se passer de mots. Sauf dans le langage des sourds-muets. »
Mais les gestes obscènes ne leurs sont pas réservés !

....

« Les trois mousquetaires étaient en réalité quatre mais le roman a été écrit après le titre. »
Et l'imprimeur n'a pas voulu corriger parce qu'il l'avait déjà imprimé la couverture !

....

« La célèbre tirade en vers du nez de Cyrano... »
Beurk !!!

....

« La cathédrale de Notre-Dame de Paris, construite en hommage à Victor Hugo... »
Sans oublier les ralentisseurs construits sur les routes en hommage au bossu de Notre-Dame.

....

« Germinal a écrit de nombreux romans mais le plus connu est : *Les raisons de la colère.* »
Certains deviennent violent après avoir bu trop de jus de raisin fermenté...

....

L'abus d'alcool est dangereux pour la santé

Comment apprécier le beaujolais nouveau ?
En mélangeant sucre roux, citron vert, menthe, rhum, eau gazeuse et en virant le Beaujolais…

....

À la terrasse d'un café…
– Qu'est-ce qu'il t'a dit le docteur ?
– Que je devais manger beaucoup de fruits et boire beaucoup.
– Et donc ?
– Donc je suis passé à la sangria…

....

Pourquoi un ivrogne ne répond-il jamais au téléphone ?
Parce qu'il ne peut pas dire « allô » !

....

À la terrasse d'un café…
– Tu as vu le docteur ?

– Oui. Il m'a conseillé de surveiller ma consommation d'alcool.
– Et donc ?
– Donc je ne quitte plus ma bière des yeux.

....

Que dit un alcoolique devant le juge ?
Je ne parlerai qu'en présence de ma vodka !

....

Que faut-il faire après avoir rompu la glace ?
Des mojitos !

....

Un gendarme arrête une automobiliste blonde :
– Bonjour madame ! Gendarmerie nationale ! Drogue ? Alcool ?
– Non, merci. Mais je veux bien un petit café !

....

Quel risque y a-t-il à picoler pour oublier sa femme ?
C'est de la voir en double…

....

COMMENT EMMERDER LE MONDE

Stationnez au milieu d'un escalator ou d'un tapis roulant avec vos bagages.

....

Tournez la tête lorsque quelqu'un parle pour feindre ne pas vouloir sentir son haleine.

....

Téléphonez à une personne en lui faisant croire que c'est elle qui a appelé.

....

Tenez la porte ouverte à quelqu'un qui est encore loin afin qu'il se presse ; lâchez-la juste avant qu'il ne passe !

....

Coupez l'eau chaude (ou ouvrez un robinet d'eau chaude à fond) pendant que votre conjoint se douche…

....

Mettez votre doigt dans l'oreille de quelqu'un...

....

Sur le parking bondé d'un centre commercial, faites semblant de monter dans une voiture afin que l'on pense que vous allez libérer une place !

....

Déréglez les couleurs du poste de télévision des amis chez qui vous êtes invité...

....

Ne répondez à un bonjour que par un petit signe dédaigneux de la tête.

....

Lors d'une fête ou d'une cérémonie, emparez-vous d'un micro pour faire des larsens.

....

Passez à une caisse de supermarché avec un caddie plein à craquer et au moment de payer... dites que vous avez oublié votre porte-monnaie !

....

Blagues à TOTO

– Toto ! qu'est-ce qu'un poussin ? lui demande la maîtresse.
– Un poussin égal 2, maîtresse !

....

Toto rentre de l'école très en colère :
– Tout le monde a fait des bêtises et il n'y a que moi qui me suis fait fâcher ! se plaint-il.
– Oh ! Ta maîtresse commence à me taper sur le système ! dit sa maman. Raconte-moi ce qui s'est passé !
– Tout le monde a fait des avions en papier et elle ne leur a rien dit !
– Pfff… Et toi aussi tu avais fait des avions en papier ?
– Non. Moi, j'ai fait l'hélicoptère avec ma bite…

....

Toto dit à sa maîtresse :
– Je ne voudrais pas vous faire peur mais… mon père a dit qui si vous continuez à me mettre des mauvaises notes, il y aurait une distribution de fessées…

....

Toto fouille dans le tiroir du chevet de son père et revient voir sa mère avec la boîte qu'il y a trouvé…
– Maman ! Pourquoi tu achètes des ballons gonflables à papa et pas à moi ?

....

La maîtresse décline le verbe partir à la forme négative :
– Je ne pars pas, tu ne pars pas, il ne part pas, nous ne partons pas, vous ne partez pas… Quelqu'un peut-il décliner ce verbe à la forme affirmative ?
– Moi maîtresse ! dit Toto.
– Je t'écoute…
– On reste ici !

....

La maîtresse interroge Toto :
– Sais-tu ce qu'est la légitime défense ?
– Je crois, oui… Est-ce que c'est quand je suis obligé de signer moi-même mon carnet parce que mes notes sont trop mauvaises ?

....

La maîtresse demande à Toto s'il a passé de bonnes vacances. Toto lui répond :
– Bof… Pas assez pour faire une rédaction…

....

LES RÉPLIQUES DE CINÉ LES PLUS DRÔLES

– Écoute-moi bien… À partir de maintenant, travaille au chrono parce qu'une minute d'écart, ça veut pas dire forcément 60 secondes. Ça peut se transformer en années de placard !
***Mélodie en sous-sol* (1963) d'Henri Verneuil avec Jean Gabin, Alain Delon, Viviane Romance**

…………

Quand on parle pognon, à partir d'un certain chiffre, tout le monde écoute.
***Le Pacha* (1968) de Georges Lautner avec Jean Gabin, Dany Carrel, André Pousse**

…………

– En tout cas, ils peuvent me tuer, je ne parlerai pas !
– Mais moi non plus ! Ils peuvent vous tuer, je ne parlerai pas !
– Je savais qu'on pouvait compter sur vous…
***La Grande Vadrouille* (1966) de Gérard Oury avec Bourvil, Louis de Funès, Claudio Brook**

…………

– Qu'est-ce qu'on fait ? On le tue tout de suite ou on boit un café d'abord ?
***Les Barbouzes* (1964) de Georges Lautner avec Lino Ventura, Bernard Blier, Francis Blanche**

....

– La récompense pour la capture de cet homme est de 5 000 dollars.
– Un certain Judas a trouvé que 30 dollars c'était tout à fait suffisant…
– Y avait pas de dollars à cette époque-là.
– Mais des fils de putes, ça, y en avait…
***Il était une fois dans l'ouest* (1968) de Sergio Leone avec Charles Bronson, Henry Fonda, Claudia Cardinale**

....

– Elle est forte, celle-là !
– Qu'est-ce que vous avez dit ?
– Moi ? Rien…
– Si, vous avez dit : elle est forte « celle-là » ! Attention, soyez correct !
***Le Gendarme en balade* (1970) de Jean Girault avec Louis de Funès, Michel Galabru, Geneviève Grad, Christian Marin, Jean Lefebvre, Guy Grosso**

....

LES COPAINS ET LES COPINES

Une fille qui a commencé un régime annonce fièrement à sa copine :
– Aujourd'hui, j'ai brûlé plus de 1 000 calories !
– Dingue ! Comment t'as fait ?
– J'ai oublié la pizza dans le four...

....

Depuis quelques temps, un type a installé son foodtruck devant une agence de la Société Générale. Un copain vient un jour le voir et lui demande :
– Les affaires marchent bien ?
– Oui, je suis content.
– Dis-moi... Tu pourrais pas me prêter 100 euros, histoire de me dépanner ?
– Ah non ! je ne peux pas, j'ai un accord avec la Société Générale !
– Un accord, quel accord ?
– Je ne prête pas d'argent et eux ne vendent pas de repas à emporter !

....

Un gars se confie à un copain :
– J'ai demandé la main de ma copine à son père !
– Enfin ! Et alors ?
– Alors il m'a dit de continuer à utiliser la mienne…

....

Un type se confie à un copain :
– Ma femme me trompe…
– Tu en es certain ?
– Sûr et certain ! Hier soir, elle m'a dit qu'elle allait dormir chez sa sœur…
– Ben… ça ne prouve rien !
– Si ! Parce que hier soir, c'est moi qui ai couché avec sa sœur !

....

Une fille à une copine :
– J'ai un nouveau mec ! Je l'appelle Molière !
– Ah bon ? Il écrit des pièces de théâtre ?
– Non, il a les précieuses ridicules !

....

Une fille à sa copine :
– Réveille-toi ! T'as 20 ans et toujours pas de mec ! T'angoisses pas ?
– Non. Quand je vois la première dame de France, je me dis qu'il n'est tout simplement pas encore né…

....

LES PLUS COURTES SONT LES MEILLEURES

Une femme se rend au commissariat et porte plainte pour viol. L'inspecteur lui demande de décrire son agresseur et la femme lui répond :
– Tous ce que je peux vous dire, c'est qu'il doit être Corse !
– Il avait un accent ?
– Il n'a pas parlé… mais j'ai dû tout faire !

....

Une vieille fille téléphone au commissariat :
Venez vite, il y a deux hommes qui ont pénétré chez moi ! Si vous pouviez venir en mettre un dehors…

....

Au cours d'un repas, un cannibale s'étrangle…
– Keuf ! Keuf ! Keuf ! Rrrrrah ! Il était de quel signe le touriste ?
– Son signe zodiacal ? Poisson, je crois… répond sa femme.
– Rrrrrrrah ! Keuf ! Keuf ! J'ai dû avaler une arrête !

....

Un type rencontre un copain chauve.
– Tu ne connais pas la chance que tu as d'être chauve !
– Ah bon ? Et pourquoi ?
– Ça fait deux fois qu'on me vole ma voiture pendant que je suis chez le coiffeur !

....

Deux types se rencontrent :
– Bonjour ! Je vous croyais mort ?
– Mort !? Pourquoi donc ?
– J'ai rencontré plusieurs personnes qui m'ont dit du bien de vous !

....

Lors d'un dîner, un type dit à la maîtresse de maison :
– Ce repas est merveilleux ! Chez moi, j'ai un petit appétit et je ne fais toujours que grignoter. Chez vous, j'ai une faim de loup !
– Mais je vous en prie, cher ami… faites comme chez vous !

....

Finalement, la vie, c'est un peu comme un générique à la con que l'on a dans la tête : on s'amuse, on pleure, on rit, il y a des méchants et des gentils…

....

Blagues coquines

Qu'est-ce qu'un contremploi?
C'est lorsque, par exemple, il est recommandé sur les boîtes de préservatifs de les conserver dans un endroit sec et frais…

Quel est le comble pour un type qui se rend à une réunion d'éjaculateurs précoces anonymes?
D'être venu trop tôt!

Un type se confie à un autre:
– Ma vie sexuelle, c'est un peu comme le coca-cola…
– C'est-à-dire?
– Au début c'était « normal », après c'était « light » et maintenant c'est « zéro »…

Au rayon des fruits et légumes d'un supermarché, un citron dit à une fraise:
– T'as vu? Je ressemble au soleil!

– Et moi à un cœur ! lui répond la fraise.
– Et moi à un cerveau ! dit une noix.
– Oh ! Vous ne pourriez pas changer de sujet ? leur demande la banane…

....

Au bureau, un type s'écrie :
– Merde ! Putain de correcteur orthographique de merde !
– Que se passe-t-il ? lui demande un collègue.
– Je viens d'envoyer le sms « Ok pour piner mardi ? » à une cliente alors que je voulais écrire mercredi !

....

Un gars raconte :
– Mon chien, il est extraordinaire ! Quand je lui ai fait sentir une patte de lapin, il m'a ramené un lapin ! Quand je lui ai fait sentir une plume de faisan, il m'a ramené un faisan ! Et quand je lui ai fait sentir la culotte de ma femme, il m'a ramené les couilles du voisin…

....

Quelle différence y a-t-il entre une fille de dix ans et une de dix-huit ans ?
Celle de dix ans aime le chocolat et celle de dix-huit ans le choc au lit !

....

MOTS D'ESPRITS

« L'orgue de barbarie est à la figue du même nom ce que la trompette bouchée est au cidre. »
Pierre Dac

....

« Je désire être incinéré et je veux que 10 % de mes cendres soient versées à mon impresario. »
Groucho Marx

....

« Tous les matins, j'apporte à ma femme le café au lit. Elle n'a plus qu'à le moudre. »
Pierre Desproges

....

« Il vaut mieux être cocu qu'aveugle. Au moins, on voit les confrères. »
Guillaume Apollinaire

....

« Dieu a créé l'homme à son image, et la gonzesse à l'idée qu'il s'en faisait, ça peut paraître dégueulasse, mais ça partait d'un bon sentiment. »
Coluche

....

« Chez beaucoup d'hommes, la parole précède la pensée. Ils savent seulement ce qu'ils pensent après avoir entendu ce qu'ils disent. »
Gustave Le Bon

....

« Pour le week-end, nous avons voulu faire les Châteaux de la Loire. Malheureusement, ils étaient déjà faits ».
Francis Blanche

....

« Dieu soit loué ! Et s'il est à vendre, achète, c'est une valeur en hausse ! »
Guy Bedos

....

« La chenille devient papillon, le cochon devient saucisson, c'est une grande loi de la nature. »
François Cavanna

....

DRÔLES DE COUPLES

Une femme sonne chez sa voisine :
– Bonjour ! Mon mari n'est pas chez-vous ?
– Euh… Non, pourquoi ? s'étonne la voisine.
– Nous nous sommes disputés et il est parti en disant qu'il allait aux putes. J'ai pensé à vous…

Un homme amène sa maîtresse à l'hôtel. En se garant, il découvre la voiture de son beau-père stationnée sur le parking,
– Ah le vieux cochon ! s'écrit-il. Tout le temps en train de me faire des leçons de morale et il amène des putes à l'hôtel !
L'homme sort un tournevis de son coffre et crève les quatre pneus du beau-père. Le soir même, invité chez ses beaux-parents, il constate que son beau-père est d'une humeur massacrante.
– Eh bien, beau-papa ? Quelque chose ne va pas ? lui demande-t-il sournoisement.
– Non ! Ça va pas ! On m'a crevé les quatre pneus de la voiture !
– Non !

– Si ! Je l'avais prêtée à ta femme qui en avait besoin pour se rendre à son association caritative, elle a dû appeler une dépanneuse !

....

Un couple s'installe au restaurant d'un hôtel pour prendre leur petit déjeuner. À côté d'eux, un autre couple termine son petit déjeuner. L'homme demande à sa femme :
– S'il te plaît, passe-moi le sucre, sugar.
Et sa femme lui tend le sucre avec le sourire. Puis l'homme lui demande :
– S'il te plaît, passe-moi le miel, honey.
Et sa femme lui tend amoureusement le miel. L'homme termine son déjeuner, puis le couple se retire. La femme du couple installé depuis peu dit alors à son mari :
– T'as entendu ?
– Oui...
– Il lui dit des mots tendres, lui ! Tu pourrais faire un effort de temps en temps, non ?
– Ok... S'il te plaît, passe-moi la crème, épaisse.

....

Un type se confie à son copain :
– Ma femme, veut me quitter...
– Non ! Et pourquoi ?
– Elle me reproche d'être daltonien...
– Rose veut te quitter parce que tu es daltonien ?
– Rose ? Je croyais qu'elle s'appelait Violette ?

....

LA RONDE DES MÉTIERS

Employé

Une femme se rend à la caisse d'allocation familiale et l'employé qui la reçoit lui annonce :

– Nous avons quelques soucis avec votre dossier… Vous avez bien 8 enfants ?

– Oui.

– Ils sont tous d'un père différent ?

– Oui.

– Mais quels sont les prénoms de vos huit enfants ?

– Kévin, Kévin, Kévin, Kévin, Kévin, Kévin, Kévin et Kévin.

– Ne me dites-pas que vous les avez tous prénommés Kévin ?

– Si !

– Mais comment faites-vous pour les appeler ?

– Ben… Je crie Kévin, à table ! Et ils viennent tous !

– Oui, mais… si vous voulez en appeler un en particulier. Comment faites-vous ?

– Ah ! Ben… Dans ce cas, je l'appelle par son nom de famille !

………..

Commissaire de police

Un commissaire de police interroge une femme accusée d'avoir tué son mari. La femme invoque la légitime défense.

– Vous estimez être en état de légitime défense ? lui demande le commissaire.

– Absolument ! Je tenais le pistolet et quand je l'ai visé, il m'a dit : « si tu me rates, moi, je ne te manquerai pas ! »

....

Agent de la DDE

Quel point commun y a-t-il entre des agents de la DDE et des spermatozoïdes ?

Ils viennent nombreux mais il n'y en a qu'un qui travaille !

....

Bûcheron

Que faut-il faire à un bûcheron qui tombe dans les pommes ?

Du bûche à bûche !

....

Trop blondes !

Une blonde chez le médecin :
– Vous mangez bien cinq fruits et légumes par jours ? lui demande-le docteur.
– Non, avoue la blonde. Au bout de trois pastèques, je cale…

....

Quand les blondes mettent-elles des bretelles à leur culotte de peur de la perdre ?
Lorsqu'il s'agit d'une culotte à pois…

....

Une brune à sa copine blonde :
– Est-ce que tu as déjà été amoureuse ?
– C'est où Moureuse ?

....

Dans une grande surface, une blonde choisit plusieurs boîtes de préservatifs différemment aromatisés…
– Mais que vas-tu donc faire avec tous ces préservatifs ? lui demande sa copine.

– Je soigne mon alimentation : cinq fruits et légumes par jour !

....

Une brune à une amie blonde en instance de divorce :
– Alors ? Tu as pris un avocat comme je te l'ai conseillé ?
– J'en ai consulté plusieurs, lui répond la blonde, mais aucun n'a accepté de me prendre !

....

Une blonde demande à une autre blonde :
– Tu savais que la ceinture de sécurité était obligatoire même à l'arrière ?
– Non... Mais c'est débile ! ? Si je mets la ceinture à l'arrière, je n'arriverais jamais à toucher les pédales ! ?

....

Qu'est-ce qu'un Q.I. de 120 ?
C'est 120 blondes !

....

Une blonde remarque un peintre qui installe son chevalet dans une prairie.
– Que faites-vous ? lui demande la blonde.
– Je vais peindre les moutons.
– Les pauvres bêtes... C'est comme ça qu'on fait des pulls de couleur ?

....

TOC TOC TOC

– Toc-toc-toc !
– *Qui est là ?*
– Hans, Thor, Paola…
– Hans, Thor, Paola qui ?
– Hans Thor Paola foule qui nous traîne, nous entraîne, écrasés l'un contre l'autre, nous ne formons qu'un seul corps, et le flot sans effort, nous pousse, enchaînés l'un et l'autre, et nous laisse tous les deux, épanouis, enivrés et heureux…
***(La foule* – Edith Piaf)**

…………

– Toc-toc-toc !
– *Qui est là ?*
– Benoit…
– Benoit qui ?
– Benoit de rien, envie de toi, comme jamais envie de personne… Tu vois le jour, c'est à l'amour qu'il ressemble…
***(Besoin de rien, envie de toi* – Peter & Sloane)**

…………

– Toc-toc-toc!
– *Qui est là ?*
– Gégé, Sylvie, Berthe…
– Gégé, Sylvie, Berthe qui ?
– Gégé Sylvie Berthe'in, je suis une catin, je-je suis si fragile, qu'on me tient la main…
***(Libertine* - Mylène Farmer)**

....

– Toc-toc-toc!
– *Qui est là ?*
– Sam et Eve…
– Sam et Eve qui ?
– Sam et Eve ! Toutes celles qui portent la frange à la Kate Moss, ça m'éneeerve ! Le rouge à lèvres c'est fini maintenant c'est le gloss, ça m'éneeerve…
***(Ça m'énerve* – Helmut Fritz)**

....

– Toc-toc-toc!
– *Qui est là ?*
– Lola…
– Lola qui ?
– Lola'di au soleil, c'est une chose qu'on n'aura jamais, chaque fois c'est pareil, c'est quand on est derrière les carreaux, quand on travaille que le ciel est beau…
***(Le lundi au soleil* – Claude François)**

....

Les femmes, les hommes...

Comment savoir qui de votre chien ou de votre mari vous aime le plus ?
C'est très simple : enfermez-les tous les deux dans le coffre de votre voiture. Deux heures plus tard, libérez-les et quand vous ouvrirez le coffre, vous verrez lequel des deux sera le plus content de vous revoir !

....

Quelle question se pose un homme célibataire ?
Avec qui vais-je coucher ce soir ?
Et quelle question se pose un homme marié ?
Avec qui vais-je coucher cet après-midi ?

....

Pourquoi dit-on que les hommes qui ont un piercing aux oreilles sont mieux préparés au mariage que les autres ?
Parce qu'ils ont déjà acheté des bijoux et connu la douleur !

....

Quel point commun y a-t-il entre un steak haché et une femme ?
Charal tout le temps !

....

Un copain demande à un autre :
– Sur quel site je pourrais trouver un lave-vaisselle pas trop cher ?
– Sur Meetic !

....

Quelle différence y a-t-il entre les hommes et les femmes pendant une coupe du monde de football ?
Les hommes sont supporters et les femmes supportent…

....

Quelle différence y a-t-il entre un divorce et la grammaire ?
En grammaire, c'est le masculin qui l'emporte.

....

Un homme et une femme sont dans un bateau. Le bateau coule... Qui se noie ?
La femme parce que ce n'est pas en trempant les mains dans le lavabo qu'elle a pu apprendre à nager !

....

LES RÉPLIQUES DE CINÉ LES PLUS DRÔLES

– Salope, chienne, endive !
– Je vous demande pardon ?
– Je disais chienne… comme ça…
– Ah ! J'avais cru comprendre « endive »…
***L'Incorrigible* (1975) de Philippe de Broca avec Jean-Paul Belmondo**

....

– Il est gentil mais on a du mal à se concentrer quand il est dans la pièce.
***Un Indien dans la ville* (1994) de Hervé Palud avec Thierry Lhermitte, Patrick Timsit, Arielle Dombasle**

....

– Chaque fois que nous faisons l'amour, c'est-à-dire pratiquement vingt-quatre heures sur vingt-quatre, elle m'oblige à lui raconter ma vie, ma guerre, ma réussite… Mes succès féminins… Oh, si j'vous disais qu'hier, alors que j'venais d'assouvir ses sens, elle, inerte, sur le lit dévasté… Moi, lui racontant comment

j'avais satisfait aux exigences de huit femmes dans un boxon de Mostaganem, elle m'a regardé droit dans les yeux et elle m'a dit… que j'étais une synthèse…
***Comment réussir quand on est con et pleurnichard* (1974) de Michel Audiard avec Jean Carmet, Stéphane Audran, Jean-Pierre Marielle**

....

– Les rouges sont les pays en guerre, les jaunes ceux en instance de l'être, et les blancs : les salauds de pacifistes !
– Dites-moi, vous avez mis la Suisse en jaune… Ne me dites pas qu'elle prépare quelque chose ?
– Un vieux rêve personnel… Une luette !
***Je sais rien, mais je dirai tout* (1973) de Pierre Richard avec Pierre Richard, Bernard Blier**

....

– Je suis sur le point de posséder l'arme absolue, le petit trou du cul !
***Fantômas* (1964) d'André Hunebelle avec Louis de Funès, Jean Marais, Mylène Demongeot**

....

Animots

Une vache dit à son taureau :
– Tu passes toutes tes journées à regarder les trains passer ! Tu vas finir par me rendre folle !
– Chuuuut ! Tais-toi, lui répond le taureau, on pourrait t'abattre !

....

Deux chiens sont assis devant la porte d'un grand magasin sur laquelle il est écrit « les chiens ne sont pas admis ».
– Qu'est-ce qu'on fait ? demande le chien à son compagnon de route.
– Eh bien, on entre, on n'est pas censé savoir lire !

....

Pourquoi les coqs chantent-ils si tôt ?
Parce c'est le seul moment de la journée où ils peuvent se faire entendre. Après, les poules se réveillent…

....

Pourquoi les cigales dansent-elles autant?
Pour ne pas avoir de fourmis dans les jambes!

....

Un type explique à un copain combien son chien est extraordinaire: il suffit de lui donner un peu d'argent pour qu'il aille immédiatement acheter le pain!
– Sans blague! Je peux essayer? demande le copain.
– Bien sûr!
Le copain met de l'argent dans la gueule du chien et ce dernier part aussitôt.
– Combien lui as-tu donné? demande le maître du chien.
– Un billet de 20 euros.
– Hein! T'es fou? Avec 20 euros, il va encore aller au cinéma!

....

Que dit un coq pour draguer une poule?
T'as de beaux œufs, tu sais!

....

Quel est le plus beau rêve des chiens?
C'est d'avoir une nuit de n'os!

....

COMMENT EMMERDER SES VOISINS

Durant le trajet de retour du travail, mâchez un chewing-gum tout en pensant au moment jouissif où vous le fourrerez dans la serrure de la portière, côté conducteur, de la voiture de votre voisin.

....

Installez une fausse caméra orientée vers chez votre voisin pour qu'il pense que vous l'épiez…

....

Un jour de forte pluie, retirez les essuie-glaces de la voiture de votre voisin.

....

À chaque fois que vous partez en voiture et que vous revenez, klaxonnez en passant devant chez votre voisin !

....

Toutes les nuits, sortez nourrir les chats du quartier en déposant de la pâtée sur le capot de la voiture de votre voisin.

....

Sous une fausse identité et avec un faux numéro de téléphone à joindre, laissez sur le pare-brise de la voiture de votre voisin un petit mot pour vous excuser d'avoir rayé sa voiture… et comptez le nombre de fois dont il va en faire le tour pour chercher les dégâts !

....

À l'approche de Noël, transformez l'extérieur de votre maison. Décorez les façades et votre jardin avec des guirlandes lumineuses et des décorations de mauvais goût. Plus il y en aura, plus ça piquera les yeux. Et surtout, laissez-les jusqu'au mois de mai !

....

Attachez une boîte de conserve sous la voiture de votre voisin et observez-le en train de paniquer lorsqu'après avoir effectué quelques mètres, il se sera arrêté à cause du bruit !

....

Vous ne supportez plus la haie mitoyenne de votre voisin ? Achetez une biquette, elle devrait en faire son quatre-heures !

....

Trop blondes !

En pleine campagne, des promeneurs remarquent une blonde, debout dans un champ, les jambes enterrées jusqu'aux genoux… Les promeneurs vont à la rencontre de la blonde et lui demandent :
– Que faites-vous ainsi à moitié enterrée ? Vous avez besoin d'aide ?
– Non, non ! On m'a dit qu'il fallait que je me cultive un peu !

....

À la sortie d'une salle de cinéma, un journaliste interroge une blonde :
– Ne pensez-vous pas qu'il y a trop de sexe et de violence au cinéma ?
– Ben… non. Moi, j'suis toujours au premier rang alors je ne vois pas ce que font les autres derrière moi !

....

Un homme croise dans la rue son ex, une blonde :
– Tiens ! Ça faisait longtemps ! dit-il en la voyant.

– Oh-la-la ! c'est vrai, on ne s'est pas vu depuis belle levrette !

....

Peu de temps avant Noël, une brune demande à sa copine blonde :
– Tu as terminé tes achats de Noël ?
– Oui ! J'ai même fini d'emballer mes cadeaux ! J'espère qu'ils me plairont…

....

Une fille à sa copine blonde :
– Il paraît que la très grande majorité des femmes n'ont jamais connu d'orgasme… Et toi ?
– Moi non plus, je ne suis jamais sortie avec un mec qui s'appelait Orgasme.

....

Un professeur s'adresse à une élève blonde :
– Avez-vous fait des recherches à la maison, comme je vous l'ai demandé, sur la création de l'univers ?
– Oui, répond la blonde. J'ai regardé des vidéos de gang bang mais franchement, je vois pas comment ça peut créer un univers ?

....

PERLES DU BAC

« L'œuvre de Montaigne est faite de beaucoup de tentatives. »
Plutôt réussies pour des essais !

....

« Il n'est pas rare, sur les plages de Normandie, de trouver encore quelques vestiges de la guerre : douilles, bombes, fusils, squelettes… »
Chars d'assaut…

....

Le peuple se rendit à la Bastille. Les révolutionnaires arrivaient de partout : des rues, des bouches de métro…
À pieds, à moto, en hélico…

....

« La population Tzidane… »
Et 1, et 2, et 3, zéro !

....

« En 1945, la femme a pour la première fois le droit de sote. »
Est-ce parce qu'elle était blonde ?

....

« En 1945, les femmes s'exercent à voter. »
L'échauffement est-il terminé ?

....

« La Couverture Maladie Universelle est offerte à tous ceux qui ont froid en 2000. »
Ça fait froid dans le dos...

....

« On passe de l'Europe D10 à l'Europe D12. »
Touché... Coulé !

....

« Charles, dit « de Gaulle » en référence à la France... »
Ouf!

....

Lionel Jospin prend Jacques Chirac dans la même position que lui.
Deux petits coquins qui adoptent la même position...

....

DEVINETTES

Que fait une roche bleue lorsqu'on la jette dans la mer rouge ?
Plouf !

....

Pourquoi les Belges jettent-ils leurs montres par la fenêtre ?
Pour voir s'envoler les minutes et pour tuer le temps…

....

Pourquoi les coyotes ne crient-ils que pendant la nuit ?
Parce que le jour, ils voient les cactus !

....

Pourquoi les schizos ne parviennent-ils pas à conduire leur voiture ?
Parce que les schizos freinent.

....

Quelle différence y a-t-il entre une infirmière, un drogué et un anglais ?
L'infirmière te pique, le drogué se pique et l'anglais speak english !

....

Quelle différence y a-t-il entre une bonne affaire et une spéculation ?
Une spéculation est une bonne affaire qui a mal tourné...

....

Tu connais la blague de l'avion ?
C'est pas grave, elle ne volait pas bien haut...

....

Quel est le plus gros souci de parents cannibales ?
Trouver une baby-sitter végétarienne !

....

Pourquoi le taux de criminalité le plus bas est-il en Écosse ?
Parce que le crime ne paie pas !

....

MOTS D'ESPRITS

« Quand on fait l'andouille, on est mangé. »
Henri Jeanson

....

« La politique, ce n'est pas de résoudre les problèmes, c'est de faire taire ceux qui les posent. »
Henri Queuille

....

« Pourquoi lave-t-on une insulte alors que l'on essuie un affront ? »
Alphonse Allais

....

« Si haut qu'on monte, on finit toujours par des cendres. »
Henri Rochefort

....

« Dieu a créé l'alcool pour que les femmes moches baisent quand même. »
Coluche

....

« J'aime ma famille mais je donnerais mes six enfants pour qu'on me débarrasse de ma femme. »
Henry Koster

....

« Quand un diplomate dit oui, cela veut dire peut-être ; quand il dit peut-être, cela signifie non ; et quand il dit non, ce n'est pas un diplomate. »
Henry Louis Mencken

....

« L'âne lettré prend son accent circonflexe pour une auréole. »
J. Kelly

....

« Certains gens, plantés devant leur miroir, croient qu'ils réfléchissent, alors que c'est le contraire. »
Frédéric Dard

....

Humour noir

Un papi dit à un autre :
– Mon cardiologue m'a dit que j'avais le cœur d'un gamin de 20 ans !
– Ah ?
– Ouais ! Et il m'a même dit où il était enterré !

....

Le président du tribunal s'adresse à l'accusé :
– Quel est le mobile de votre crime ? Pourquoi avoir poussé votre femme sur les rails au moment où le train arrivait ?
– Elle ne m'obéissait jamais ; alors j'ai voulu la mettre sur la bonne voie !

....

Un condamné à mort est mené jusqu'à la chaise électrique.
– Vous n'avez pas honte de faire ce métier ? demande le condamné à son bourreau.
– Que voulez-vous... Il faut bien que tout le monde vive !

....

Aux États-Unis, un homme est conduit à la chaise électrique…
– Où m'emmenez-vous !!! hurle le condamné.
– T'inquiète pas, tu seras vite au courant…

....

Un condamné à mort trébuche sur la première marche qui monte à l'échafaud. Il se retourne et déclare :
– Eh bien, la journée commence mal !

....

Un petit cannibale qui se promène dans la rue avec sa maman, croise une femme enceinte. Le petit cannibale tire le bras de sa maman et lui dit en désignant la dame enceinte :
– Maman ! Regarde ! Un Kinder surprise !

....

Dans une maternité de cannibales, le chirurgien accoucheur annonce à l'heureux papa :
– Félicitation, c'est un garçon de 3,9 kilos ! C'est pour emporter ou pour manger de suite ?

....

Qu'est-ce qu'un morceau tendre dans le filet pour un cannibale ?
Un bébé qui dort sous une moustiquaire…

....

INSULTES À LA CON

Collectionneur de râteaux !

....

Connard de concours !

....

Flatulence solidifiée !

....

Gangrène de la pensée !

....

Boîte à meuh retournée !

....

Hibou à tête de pigeon !

....

Tapineuse de resto routier !

....

Ta tronche de cul, tu la laves aussi dans le bidet ?

....

Tu vas chez Facebook, ils acceptent aussitôt de créer un bouton « j'aime pas » !

....

Viande avariée !

....

Tête de faux témoin !

....

Cruchomètre !

....

L'intérieur de ton crâne est triste comme un frigo vide...

....

Supporter ta présence, c'est un peu comme si je devais marcher tout l'été avec des tongs cassées !

....

Pour toi, la meilleure cachette, c'est dans ton slip !

....

HOMMES ET FEMMES EN BLANC

Un homme se plaint d'une très grande fatigue auprès de son médecin.

– Avez-vous une vie sexuelle importante ? demande le docteur.

– Ben… Je fais l'amour tous les jours de la semaine, parfois plusieurs fois par jour…

– C'est trop ! dit le docteur. Pour commencer, je vous propose de ne pas faire l'amour le dimanche.

– Impossible ! répond le patient, c'est le seul jour de la semaine où je suis chez moi !

....

À la maternité, la sage-femme demande à la maman :

– Je demande au papa de rentrer ?

– Surtout pas ! dit la mère. Mon mari doit arriver d'une minute à l'autre !

....

Une femme interroge discrètement sa voisine…

– Étiez-vous malade, hier ?

– Pourquoi ?

– Parce que j'ai vu un docteur sortir de chez vous…
La voisine réplique :
– Dites-moi… Est-ce que je vous ai demandé si c'était la guerre chez vous ? Parce que j'ai vu sortir un militaire de chez vous…

....

Une femme s'entretient avec son docteur des problèmes de poids de son mari.
– Il devrait faire un peu d'exercice, lui conseille le docteur. Et s'il n'est pas motivé, vous pouvez aussi lui dire que faire l'amour à sa femme, c'est comme courir 10 kilomètres ! ajoute-t-il.
– Vous plaisantez ? s'exclame la femme, personne n'a jamais couru 10 kilomètres en 2 minutes !

....

Un docteur annonce à son patient :
– Vous n'avez rien. Je vous conseille d'utiliser la méthode Coué et de vous répéter « je ne suis pas malade, je ne suis pas malade, je ne suis pas malade… » une trentaine de fois, matin, midi et soir. Vous comprenez ?
– Parfaitement ! répond le patient. Et après mon départ, vous répéterez une trentaine de fois par jour, matin, midi et soir : « J'ai été payé, j'ai été payé, j'ai été payé… » !

....

LES RÉPLIQUES DE CINÉ LES PLUS DRÔLES

– Vous avez un révolver dans votre poche ou c'est moi qui vous plaît ?
***Lady Lou* (1933) de Lowell Sherman avec Mae West**

....

– Vous êtes dans la maison de Dieu !
– Ne vous en faites pas, nous serons partis avant qu'il revienne.
***Le Masque de Zorro* (1998) de Martin Campbell avec Anthony Hopkins, Antonio Banderas, Catherine Zeta-Jones**

....

– C'était pas avec ma femme, c'était avec ma maîtresse.
– Vous avez un problème de couple ?
– Non.
– Alors pourquoi avoir une maîtresse ?
– ... On fait des trucs que je peux pas faire avec ma femme.
– Pourquoi ne pas les faire avec votre femme ?

– Hé ! C'est la bouche qui embrasse mes gosses tous les soirs ! Non mais vous êtes cinglés !?
***Mafia Blues* (1999) de Harold Ramis avec Robert de Niro, Billy Crystal, Lisa Kudrow**

....

– Conduire dans Paris, c'est une question de vocabulaire.
***Mannequins de Paris* (1956) d'André Hunebelle avec Madeleine Robinson, Ivan Desny, Georges Chamarat, Jacqueline Huet**

....

– En tout cas, je sais pas s'il a l'air conditionné ou l'air-bag, mais ce qui est sûr c'est qu'il a l'air con…
***Camping* (2006) de Fabien Onteniente avec Franck Dubosc, Gérard Lanvin, Mathilde Seigner, Claude Brasseur**

....

– Je te préviens : si tu pars, je te quitte !
***Ma femme s'appelle reviens* (1982) de Patrice Leconte avec Michel Blanc, Anémone, Catherine Gandois, Christophe Malavoy**

....

Les belles-mères

Un mari dit à sa femme :
– C'est dingue ! À chaque fois qu'on va chez ta mère à l'improviste, elle n'est pas là !
– C'est vrai, tu as raison, je n'avais pas remarqué. C'est étrange… Comment expliques-tu cela ?
– La chance, tout simplement la chance !

....

Quelle différence y a-t-il entre une belle-mère et un moustique ?
Le moustique ne nous casse les pieds qu'au mois d'août !

....

Avant le mariage : « Tu me présentes à ta mère ? »
Deux semaines après le mariage : « On passe chez ta mère ? »
Deux mois après le mariage : « Je ne peux pas aller chez ta mère, j'ai trop de boulot… »
Deux ans après le mariage : « Alors, ta mère… Toujours pas morte ? »

....

Dans sa voiture, un homme ramène sa belle-mère chez elle. Ils longent un champ dans lequel se trouvent des vaches.

– Je n'aimerais pas être réincarnée en vache ! dit la belle-mère.

– Ne vous inquiétez pas, belle-maman ! Il paraît que nous ne sommes jamais réincarnés deux fois en la même chose…

....

– Dis maman ! C'est vrai que l'on descend du singe ?

– Je ne sais pas, mon enfant. Mais c'est possible, j'ai bien connu ta grand-mère maternelle…

....

Un type qui raccompagnait sa belle-mère chez elle a un accident de voiture sans gravité. L'homme descend de sa voiture pour constater les dégâts et sa belle-mère hurle :

– Et alors !!! Vous n'allez pas me laisser ici à demi-morte !

Et le gendre lui répond :

– Oh vous, vous ne faites toujours les choses qu'à moitié !

....

Ces chères têtes blondes

Une jeune fille rentre chez elle après le collège et annonce à son père :
– Mon prof m'a félicitée !
– Ah, c'est bien ! Qu'est-ce qu'il t'a dit ?
– Il m'a dit que j'avais un super châssis, un beau pare-chocs et de magnifiques airbags ! J'ai pas trop compris ce que cela voulait dire… Tu comprends, toi ?
– Oui ! Et tu diras de ma part à ton prof que s'il ouvre le capot pour faire les niveaux, je lui arrache le levier de vitesse !

....

En vacances chez sa mamie, un petit garçon fait une grosse bêtise. Pour le punir, la mamie l'enferme dans le poulailler. Le petit hurle alors :
– Je m'en fous ! Je ne pondrai pas !!!

....

Un petit garçon demande à son père :
– Papa… Pourquoi les chiens ils ont des laisses ?
– C'est pour pas qu'ils aillent courir chez les voisins !

– Ah… Alors pourquoi tu n’achètes pas une laisse à maman ?

....

Quelle différence y a-t-il entre un miroir et un préservatif ?
Si l’on brise le miroir, ce n’est que 7 ans de malheur…

....

Un enfant regarde les photos d’un album de famille et s’étonne de ne pas se voir sur certaines :
– Dis papa ! Où est-ce que j’étais quand tu es parti en voyage de noces avec maman ?
– À l’aller tu étais avec moi. Au retour avec ta mère…

....

– Papa, mon ballon, il est à plat…
– Va voir ta mère.
– Pourquoi Maman ?
– Parce qu’elle gonfle !

....

La maîtresse demande :
– Qui peut me dire où se trouve Bordeaux ?
Le petit Rémy répond :
– Dans la cave de mon père, m’dame !

....

LES ROUSSES ET LES ROUX

Que fait un roux qui dort ?
Il roupille…

....

Qu'est-ce qu'un roux dans le coffre de la voiture ?
Un roux de secours !

....

Une blonde se confie à sa copine :
– Je suis choquée ! Y'a un mec qui m'a accusée d'avoir pratiques sexuelles douteuses !
– Sans blague ? Qu'est-ce qu'il t'a dit ?
– Il m'a dit « Faut que t'arrêtes de mettre des bâtons dans les roux ! »

....

Pourquoi les baigneurs sortent-ils de l'eau quand un roux se baigne ?
Parce qu'ils ont peur du grand rouquin blanc !

....

Qu'est-ce qu'un roux sur un vélo ?
Un trois roux !

....

On ne dit pas « Un roux qui n'arrive pas à l'heure parce qu'il est venu à pied ».
Mais on dit… « Un routard ».

....

Comment appelle-t-on une rousse après l'amour ?
Le pigeon, parce que le trou roux coule…

....

Que fait une rousse dans un lit après l'amour ?
Elle gène.

....

Comment savoir que vous avez satisfait une rousse ?
Elle délie vos liens !

....

Comment appelle-t-on une femme qui sait où est son mari toutes les nuits ?
Une rousse !

....

MONSIEUR ET madame

Monsieur et madame **Malcélassai** ont un fils.
Comment l'appellent-ils ?
Ignace (Il lace mal ses lacets)

....

Monsieur et madame **Mamontraleur** ont deux fils.
Comment les appellent-ils ?
James, Rémy (J'ai remis ma montre à l'heure)

....

Monsieur et madame **Manjepadepin** ont un fils.
Comment l'appellent-ils ?
Hassan (Ah, ça mange pas de pain…)

....

Monsieur et madame **Manvussa** ont un fils.
Comment l'appellent-ils ?
Gérard (J'ai rarement vu ça)

....

Monsieur et madame **Mini** ont une fille.
Comment l'appellent-ils ?
Cathy (Catimini)

....

Monsieur et madame **Mobilisation** ont un fils.
Comment l'appellent-ils ?
Freddy (Frais d'immobilisation)

....

Monsieur et madame **Montelchofage** ont une fille.
Comment l'appellent-ils ?
Angèle (On gèle, montez le chauffage !)

....

Monsieur et madame **Naurébohopolsude** ont un fils.
Comment l'appellent-ils ?
Léopold (Laid au pôle nord et beau au pôle sud)

....

Monsieur et madame **Nette** ont un fils.
Comment l'appellent-ils ?
Sammy (Sa minette)

....

DRÔLES DE COUPLES

Un homme mourant demande à sa femme :
– Dis-moi, quand je serai mort… est-ce que tu pleureras ?
– Mais oui ! Tu sais bien que je pleure pour un rien…

....

Un couple se dispute :
– Je suis le seul à ramener de l'argent à la maison, dit le mari. Compris ? Sans mon argent, tu n'aurais pas de lit où dormir, pas de canapé où t'asseoir, ni même de maison pour t'abriter !
Sa femme lui répond alors :
– … Et sans ton argent, je ne serais pas là non plus. Compris ! ?

....

Un homme dit soudainement à sa femme :
– Chérie, pour moi, tu es un trésor !
Peu habituée aux compliments, elle répond avec émotion :

– Oh… Merci. Tu es gentil. C'est peut-être un peu exagéré mais ça me touche énormément…
– Si ! Si ! insiste le mari. Tu es un véritable trésor. D'ailleurs je n'ai qu'une seule envie : c'est de t'enterrer sur une île déserte !

………..

Un motard de la gendarmerie fait signe à un véhicule de s'arrêter mais celui-ci fait une embardée et accélère pour échapper au contrôle. Le gendarme saute alors sur sa moto puis rattrape rapidement la voiture qu'il parvient à immobiliser… Le gendarme s'adresse au conducteur, un vieux monsieur :
– J'espère que vous allez me fournir une très bonne explication ! lui dit-il.
– Il y a 40 ans, lui répond le vieux monsieur, ma femme est partie avec un gendarme. J'ai cru qu'il me la ramenait…

………..

Une femme se regarde dans le miroir et dit à son mari :
– Je ne sais pas pourquoi mais ce soir, je me trouve particulièrement canon !
– C'est comme l'imprimante ! lui répond son mari.
– Comme l'imprimante ?
– Oui, c'est juste une impression…

………..

LE TROISIÈME ÂGE

Un petit garçon demande à sa mère :
– Est-ce que tu les as connus Adam et Ève, toi ?
– Bien sûr que non ! Ils sont beaucoup trop vieux !
– Ah ! Alors je vais demander à mémé…

....

Quel point commun y a-t-il entre un jeune homme qui joue à la roulette russe et un vieux monsieur qui s'apprête à faire l'amour ?
Ils pensent : « Pourvu que le coup ne parte pas ! »

....

Un papi dont la femme vient de subir une intervention chirurgicale se rend à l'hôpital. Sa femme étant toujours en phase de réveil, il demande au chirurgien :
– Est-ce que je peux la voir ? Comment va-t-elle ?
– Oui, vous pouvez y aller. Elle dans un état comateux…
Le papi entre donc dans la chambre de sa femme et cette dernière lui demande :
– Est-ce… que tu as vu… le chirurgien ?
– Oui, je viens de le croiser dans le couloir.

– Il t'a dit… comment… j'allais ?
– Oui, il a dit que tu étais comme ma queue ! ?
– Eh bien ! J'suis pas prête de me réveiller !

....

Un vieux monsieur se rend chez son médecin…
– Docteur, j'ai un œil rouge qui clignote !
– Le gauche ou le droit ? demande le docteur.
– Le gauche…
– Bien. Vous êtes marié ?
– Oui…
– Vous honorez toujours votre femme ?
– Oui, toutes les semaines !
– Alors ne cherchez plus : vous êtes sur la réserve !

....

Trois mamies discutent sur un banc…
– Moi, à 80 ans, j'ai toujours grand appétit ! Pourvu que ça dure…
– Moi, à 85 ans, j'ai toujours la passion des voyages ! Pourvu que ça dure…
– Moi, à 90 ans, j'ai toujours ma virginité ! Pourvu que ça dure…

....

LA RONDE DES MÉTIERS

Servante

Une femme dit à sa nouvelle servante :

– Le petit déjeuner est à 7 heures 45 précises. Soyez-là à l'heure !

– Bien, madame. Mais si je suis en retard, ne m'attendez pas : commencez à manger sans moi, je mange très peu le matin !

Boulanger

Au moment de payer sa baguette à la boulangère, un client habituel s'aperçoit qu'il lui manque 10 centimes.

– Je suis désolé, il me manque 10 centimes et…

– Ce n'est pas grave ! dit la boulangère. Vous me les donnerez demain.

– Oui, bien sûr ! Mais… si je meurs d'ici demain ? dit l'homme pour plaisanter.

– Oh… Eh bien, ce ne sera pas une grosse perte ! lui répond la boulangère.

Caissier
Dans un supermarché, une femme extrêmement laide et très prétentieuse, accompagnée de deux enfants terriblement mal élevés, passe en caisse. Les mômes bouffent les paquets de gâteaux avant qu'ils ne soient payés, bousculent tout le monde en chahutant avec le caddie, pendant que la mère peste et engueule le caissier qui n'est pas assez rapide… Ce dernier lui demande :
– Ce sont des jumeaux ?
– Ben non ! Ils ont trois ans d'écart ! fait la femme.
– Vous êtes certaine qu'ils ne sont pas jumeaux ?
– Vous êtes con ou quoi ! ? Pourquoi vous demandez ça ?
– Parce que je n'arrive pas à croire que vous vous soyez faites baiser deux fois…

....

Dessinateur
Que fait un dessinateur de BD dans son bain ?
Des bulles !

....

Directeur artistique
Quel point commun y a-t-il entre un préservatif et un directeur artistique ?
Quand il y en a un, ça rassure, mais quand il n'y en a pas, qu'est-ce que c'est bon !

....

ATROCES ET BIEN DÉGUEU

Dans une boîte de filles, un gars embrasse goulûment une fille. Il s'interrompt un instant et lui demande :
– Tu aimes l'anal ?
– Oui, mais je n'ai pas amené de capotes et je déteste me salir la bite !

....

Que dit une actrice porno quand elle veut mettre fin à sa carrière ?
J'arrête, j'en ai plein le cul !

....

Un belge avoue à un ami ne pas parvenir à satisfaire sa femme au lit.
– Est-ce que tu lui fais des préliminaires ? lui demande ce dernier.
– Des quoi ?
– Des préliminaires… Par exemple, un cunnilingus.
– C'est quoi un cunnilingus ?
– Ben… Tu lèches là où elle fait pipi !
Quelques jours plus tard…

– Alors, tes relations sexuelles avec ta femme se sont-elles améliorées ? demande le type à son ami belge.
– Non ! J'ai eu beau lécher la cuvette des chiottes, ça n'a rien changé !

....

Deux copines qui étaient à la même soirée se retrouvent le lendemain :
– Alors, comment s'est terminée ta soirée ? demande l'une.
– Mal. Très mal... lui répond l'autre.
– Oh ! Quand je suis partie, tu buvais des coups avec ce mec...
– Oui. À un moment, il m'a dit « Cul-sec ? » et...
– Et ?
– ... et j'ai cru qu'il me parlait de boisson...

....

Quel est le meilleur remède pour ne plus se gratter les ongles ?
C'est de se gratter le cul !

....

Blagues coquines

Un jeune homme est invité chez ses futurs beaux-parents et en profite pour faire sa demande en mariage :
– Monsieur, dit-il en s'adressant à son futur beau-père, j'ai l'honneur de vous demander le vagin de votre fille.
– Hein ! ? Quoi ! ? Reprenez-vous ! Vous vouliez dire « la main » ?
– Non, répond le jeune homme, si c'est pour le faire avec la main, j'ai déjà la mienne !

....

Un type raconte à un autre :
– Les clubs échangistes, j'ai essayé, c'est complètement bidon ! Grosse arnaque ! À la fin, je suis reparti avec ma femme !

....

Pourquoi les concombres sont-ils emballés dans du plastique ?
Pour pouvoir les manger après les avoir utilisés !

....

Une princesse à la recherche du prince charmant trouve une grenouille sur son perron.
– Oh ! s'exclame-t-elle, te voilà enfin ! Alors il paraît qu'il faut que je t'embrasse pour que tu transformes en beau prince charmant ? demande-t-elle au batracien.
– Ah non ! lui répond la grenouille, ça, c'était pour mon cousin ! Moi, il faut que tu me suces !

....

Quel point commun y a-t-il entre un mensonge et un pénis ?
C'est dur à faire avaler à sa femme !

....

Une femme à son amant :
– Tu sais, j'en ai marre de faire ça comme ça... Maintenant, j'aimerais que nous ayons une relation stable...
– Ok, je vais mettre une cale sous la table de la cuisine !

....

Un type à sa copine :
– Tu as déjà entendu un spermatozoïde crier ?
– Bien sûr que non, pourquoi ?
– Ben... La prochaine fois, croque avant d'avaler !

....

LES RÉPLIQUES DE CINÉ LES PLUS DRÔLES

– Écoute Bernard… Je crois que toi et moi on a un peu le même problème, c'est-à-dire qu'on peut pas vraiment tout miser sur notre physique. Surtout toi. Alors si je peux me permettre de te donner un conseil, c'est oublie que t'as aucune chance, vas-y, fonce ! On sait jamais, sur un malentendu, ça peut marcher.
***Les Bronzés font du ski* (1979) de Patrice Leconte avec Michel Blanc, Marie-Anne Chazel, Christian Clavier, Thierry Lhermitte, Gérard Jugnot, Josiane Balasko**

– Tu mets d'abord un tiers de curaçao. Fais attention : un tout petit tiers. Bon. Maintenant, un tiers de citron. Un peu plus gros. Bon. Ensuite, un BON tiers de Picon. Regarde la couleur. Regarde comme c'est joli. Et à la fin, un GRAND tiers d'eau. Voilà !
– …Et ça fait quatre tiers !
– Exactement. J'espère que cette fois, tu as compris ?
– Dans un verre, il n'y a que trois tiers.
– Mais, imbécile, ça dépend de la grosseur des tiers !

– Eh non, ça ne dépend pas. Même dans un arrosoir, on ne peut mettre que trois tiers.
– Alors, explique-moi comment j'en ai mis quatre dans ce verre.
– Ça, c'est de l'arithmétique.
– Oui, quand on ne sait plus quoi dire, on cherche à détourner la conversation.
***Marius* (1931) de Alexander Korda et Marcel Pagnol avec Pierre Fresnay, Fernand Charpin, Raimu, Robert Vattier**

....

– À ma dernière visite de dépistage, le gynéco a dû utiliser des gants en cuir et un couteau à huître !
***Mary à tout prix* (1998) de Bobby Farrelly avec Cameron Diaz, Chris Elliott, Matt Dillon**

....

– Ils nous ont tiré dessus, ces enfoirés !
– Règle de combat arquilienne, petit. Après l'ultimatum et le coup de semonce, on a une semaine galactique standard pour y répondre.
– Une semaine galactique standard ? Ça nous laisse combien de temps, ça ?
– Une heure.
***Men In Black* (1997) de Barry Sonnenfeld avec Will Smith, Tommy Lee Jones**

....

Animots

Les animaux de l'arche de Noé font la queue. Soudain, la file indienne s'arrête et plus personne ne progresse… Au bout d'un quart d'heure, la grenouille demande à la girafe :

– Tu vois ce qui se passe ?

La girafe tend le cou et lui répond :

– Il y en a encore pour un bon moment ! C'est à cause du mille-pattes… Il faut enlever ses chaussures avant de monter sur l'arche !

....

Que pourrait-on produire en accouplant un hérisson avec un ver de terre ?

Du fil de fer barbelé !

....

Une poule se réveille au chant du coq.

– Bonjour, mon coq ! J'ai bien dormi… Quelles sont les nouvelles, ce matin ?

– Attend ! répond le coq. Je consulte le canard !

....

Deux huîtres entrouvrent leur coquille pour exciter les poissons. Et ça marche puisque l'une d'elle se fait embarquer par un beau poisson. Quelques jours plus tard, le poisson la ramène sur son dos et la dépose à côté de sa copine qui lui demande :
– Alors ! Ton escapade avec le poisson, c'était bien ?
– Pfff ! Non seulement c'était un maquereau mais en plus, il a piqué ma perle !

....

Quelle différence y a-t-il entre un kangourou et une Mercedes ?
Essayez donc de vous asseoir dans un kangourou et vous verrez !

....

La veille du réveillon, un dindon voit le fermier emporter sa dinde sous le bras…
– Et voilà ! dit le dindon. C'est encore lui qui va se la farcir !

....

Comment distingue-t-on un hérisson d'une brosse ?
On les met l'un à côté de l'autre et celui qui grimpe sur l'autre… c'est le hérisson !

....

Les femmes, les hommes...

Quelle différence y a-t-il entre une chasse d'eau et une femme ?
Tu n'es pas obligé de dire « je t'aime » à la chasse d'eau pour la tirer.

....

Quels sont les différents âges de la vie d'une femme ?
Bébé, enfant, adolescente, jeune fille, jeune femme, jeune femme, jeune femme, jeune femme…

....

Quelles sont les mensurations idéales pour un homme ?
90, 30 et 42… 90 ans, 30 millions d'euros sur un compte en banque et 42 °C de fièvre !

....

Qu'est-ce qui fait le bonheur des cavaliers et le malheur des femmes ?
La culotte de cheval !

....

Pourquoi les femmes vivent-elles plus longtemps que les hommes?
Parce que la peinture et le vernis ça conserve!

....

Pourquoi les femmes sont-elles des magiciennes?
Parce qu'elles parviennent à faire lever la baguette sans y toucher...

....

Comment appelle-t-on un homme beau, attentionné et fidèle?
Une rumeur.

....

Une fille se confie à une amie:
– Au début, mon mec me disait qu'il soulèverait des montagnes pour moi!
– Et maintenant?
– Maintenant, il ne soulève même pas les pieds quand je passe l'aspirateur...

....

Comment faire grimper une femme au rideau?
En lui disant qu'il y a une araignée par terre!

....

Trop blondes !

Une blonde se confie à une amie :
– Quand je sors le soir, faut vraiment que j'arrête de boire autant d'alcool, c'est trop mauvais pour mes jambes !
– Ça te les fait gonfler ?
– Non, ça les écarte !

....

Une blonde se promène avec une amie. Alors que cette dernière souhaitait traverser un parc, la blonde s'y refuse :
– Non ! Ne passons pas par-là, j'ai trop peur !
– Peur de quoi ? De te faire agresser ?
– Dans ce parc, il y a deux ans, explique alors la blonde, j'ai lancé un boomerang ! Eh bien… Il n'est jamais revenu. J'ai trop peur qu'il me revienne dans la tronche si je traverse le parc !

....

Une blonde arrive en soirée et tout le monde se retourne sur son passage… Elle est aux anges de se

faire ainsi remarquer et se dirige vers sa copine au fond de la pièce. Cette dernière la regarde arriver les yeux écarquillés et la bouche bée…
– Tu avais raison ! lui dit la blonde. Des Kleenex dans mon soutif pour me faire une forte poitrine et… Hop ! Tout le monde me regarde !
Et la copine lui répond :
– Des Kleenex, oui. Mais… pas la boîte !!!

………..

Une fille dépose sa copine blonde devant un supermarché.
– J'ai juste une petite course à faire, j'en ai pour 5 minutes ! lui dit la blonde.
– Ok, alors je reste t'attendre dans la voiture.
Une heure plus tard, la blonde revient…
– Mais qu'est-ce que tu foutais ! Ça fait une heure que je t'attends !
– Je n'y suis pour rien ! rétorque la blonde, le vigile m'a demandé de vider mon sac, alors je me suis assise et je lui ai parlé pendant une heure…

………..

Dans la rue, une blonde demande à une autre blonde :
– Bonjour ! Pourriez-vous me dire comment aller à l'hôpital d'en face ?
– Oui, c'est facile : vous traversez la rue sans regarder !

………..

MOTS D'ESPRITS

« Si la semaine de 40 heures était réduite de moitié, les fins de mois auraient lieu tous les quinze jours.
Pierre Dac

....

« L'avantage de ne connaître rien à rien c'est qu'on peut parler de tout avec une égale inconscience. »
Philippe Bouvard

....

« Le plus court chemin d'un point à un autre est de ne pas y aller. »
Philippe Geluck

....

« 80 % des hommes mariés trompent leur femme aux États-Unis. Le reste la trompe en Europe. »
Jackie Mason

....

« Il ne faut pas prendre les gens pour des cons. Il y a assez de cons qu'on prend pour des gens. »
Guy Bedos

....

« Quand on a oublié d'acheter du sucre, on peut parfaitement sucrer son café avec une betterave, mais c'est plus long. »
François Cavanna

....

« Je fais comme on m'a demandé : deux enfants virgule trois. J'en ai eu trois, j'ai pas trouvé la virgule. »
Coluche

....

« Les morts ont de la chance : ils ne voient leur famille qu'une fois par an, à la Toussaint. »
Pierre Doris

....

« Louis XIV fuyait les miroirs tant il craignait l'insolation. »
Jacques Prévert

....

DEVINETTES

Quelle différence y a-t-il entre un constipé et une mitrailleuse?
Le constipé pousse et la mitrailleuse tire.

....

Que dit une bouteille en retard?
Désolée, il y avait un bouchon!

....

Quelle différence y a-t-il entre le pouce et le majeur?
Essayez donc de faire du stop avec le majeur!

....

Qu'est-ce qu'un héritage?
Un super gâteau qu'on vous offre alors que vous n'avez plus les dents pour le manger!

....

Qu'est-ce qu'un boomerang?
Un frisbee pour ceux qui n'ont pas d'amis.

....

Quel fruit obtient-on lorsque l'on tire sur la queue d'une vache ?
Un melon (Un meuh long).

....

Quel est le point commun y a-t-il entre un imbécile heureux et un pauvre imbécile ?
Le premier a laissé partir sa femme avec le second !

....

Dans un restaurant, que se dit un anorexique lorsqu'il lit la carte du menu ?
Que vais-je bien pouvoir vomir ce soir…

....

Quel est le superhéros le plus connu du Moyen-Orient ?
Cheikh Norris !

....

Quel est le comble pour une sonnette ?
C'est d'être toc-toc !

....

De quels vêtements les vampires ont-ils peur ?
Des chandails…

....

Perles de coiffeurs

Attention, cette coiffeuse dispose d'outils et d'un esprit très affûtés !
– Coiffeur, c'est un métier qui s'apprend ?
– Bah non, totale impro ! J'ai une formation de charcutière. C'est pour ça que mes clients ne repartent pas toujours avec leurs deux oreilles !

....

Non à la déforestation !
– Je crois que mes cheveux se déracinent…
Replantons la forêt !
– Si on arrache un cheveu avec le bulbe et qu'on le pose à un endroit où on n'en a pas… Il peut prendre racine ?

....

Un petit tour au salon… du X !
– Oh, vous m'avez giclé dans l'œil !
Décidément…
– Je ne suis pas mécontente de moi, je vous ai fait une jolie raie.
– C'est mon copain qui va être content !

....

Inutile de demander à ce client s'il souhaite sa mèche vers la gauche ou bien vers la droite…
– Vous n'avez pas Libé ? Il n'y a que des journaux de droite chez vous ou quoi !
– On se croirait chez le docteur, hein !

…………

Voici une cliente pleine d'à-propos :
– Excusez-moi, je n'ai pas pris rendez-vous, j'arrive un peu comme un cheveu sur la soupe !

…………

Dans un salon, la prise de rendez-vous est tout aussi importante que celle d'un restaurant. Et elle n'est pas aussi évidente qu'il n'y paraît.
– Allô ! Je vous appelle parce que je voudrais prendre rendez-vous avec Stéphanie.
– Oui. C'est pour une coupe ?
– Non, c'est pour sortir avec…

…………

Les coiffeurs apprécient toujours que l'on fasse confiance à leur créativité.
– Vous avez carte blanche, je vous laisse faire !
– D'accord !
– Tenez, je vous ai amené une photo pour vous montrer ce que j'aimerais.

…………

Les dragueurs

Un papa accompagne son petit garçon à l'école. Ils empruntent le bus et s'assoient l'un à côté de l'autre. Trois arrêts plus loin, alors que le bus est bondé, une jolie jeune fille monte dans le bus. Le papa dit à son petit garçon :
– Je vais t'apprendre ce qu'est la galanterie : lève-toi et laisse ta place à la demoiselle !

....

Dans une colonie de vacances pour jeunes adolescents, la directrice dit à ses moniteurs et monitrices :
– Lorsque vous les amènerez se baigner au lac, vous ferez deux groupes. Les garçons iront sur la rive gauche et les filles sur la rive droite.
– Mais pourquoi ? demande une monitrice.
La directrice lui répond :
– Vous verrez ! À la fin des vacances, ils sauront tous très bien nager !

....

Un homme et une femme viennent de passer leur première nuit ensemble. L'homme qui semble très amoureux demande à la femme :
– Tu as connu beaucoup d'hommes ?
– Trois ou quatre... Tu dois être le quatrième.
– C'est peu pour une femme de 40 ans.
– C'est vrai que cette semaine a été assez calme...

....

Un type drague une fille de trop près et lui dit :
– Je peux lire en toi comme dans un livre !
– Eh bien, dans ce cas enlève tes sales pattes ! J'suis pas écrite en braille !

....

Un monsieur entre dans un établissement thermal et une hôtesse l'accompagne jusqu'aux soins...
– Voici la baignoire thalasso... Le savon hydratant... Le gant exfoliant... Serviette chaude... Masseur ?
– Votre sœur ? Avec plaisir !

....

COMMENT EMMERDER SON PATRON

Téléphonez à votre patron en vous faisant passer pour un nouveau client. Faites-lui miroiter une très grosse commande, il sera de bonne humeur toute la journée !

....

Pour être certain que votre patron vous comprenne bien lorsque vous vous adressez à lui, répétez, articulez exagérément ou bien épelez-lui les mots importants.

....

Votre patron vous téléphone… Amusez-vous à répéter toutes ses fins de phrases !

....

Vous couvez la grippe ou bien une gastro ? C'est le moment d'offrir un café à votre patron en ayant préalablement léché tout le contour de son gobelet !

....

L'excuse pour être arrivé en retard qui va rendre votre patron fou de rage :
« Ce matin, ils diffusaient un épisode spécial et totalement inédit de « Amour, gloire et beauté ». Je ne peux pas enregistrer et je ne pouvais pas louper ça ! »

....

Expliquez à votre patron pourquoi vous n'êtes pas venu travailler la veille :
« En me levant, j'ai fait tomber ma collection de fèves. J'ai commencé à les trier et je n'ai pas vu la journée passer… »

....

Dites à votre boss que vous avez été victime d'un vol à l'arrachée, que l'on vous a piqué le téléphone portable que la société vous confiait (et arrondissez votre fin de mois sur leboncoin.fr).

....

Servez-vous de l'adresse mail de votre patron pour l'inscrire à tous les clubs de rencontres ! Sans oublier les clubs gays et échangistes, cela va de soi…

....

LES PLUS COURTES SONT LES MEILLEURES

Dans un métro parisien, une dame se lève pour descendre au prochain arrêt. Un type reste debout devant la porte…

– Vous descendez ? lui demande la dame.

– Non, jamais entre deux stations !

– Pfff ! C'est malin !

– Non, c'est prudent !

………..

Un professeur convoque la mère d'un élève.

– Madame, votre fils ne pense qu'aux filles !

– Je sais, répond la mère. Et si vous trouvez une solution, dites-le moi, j'ai le même souci avec son père…

………..

Dans un bar, un écossais attrape la mouche qui était tombée dans sa bière puis la secoue violemment au-dessus de son verre en criant :

– Recrache ce que t'as bu !!!

………..

Une femme dit à sa voisine :
– C'est incroyable ce que votre enfant ressemble à son père !
– Chuuuuuut ! Moins fort, mon mari pourrait vous entendre…

....

Un homme rentre chez lui persuadé que sa femme le trompe.
– Je sais tout ! hurle-t-il
– Ah ? fait-elle. Et en quelle année Napoléon est-il mort ?

....

Dans un restaurant :
– Garçon, s'il vous plaît ! Votre doigt trempe dans ma soupe…
– Mais, monsieur ! Il faut bien que j'empêche la mouche de remonter à la surface !

....

Dans un bus, une femme regarde intensément une blonde…
– À quoi pensez-vous donc en me regardant ainsi ? finit par lui demander la blonde.
– Je pense que j'ai oublié d'acheter de l'andouille… lui répond la femme.

....

LES RÉPLIQUES DE CINÉ LES PLUS DRÔLES

– Vous êtes une grande artiste.
– Parce que j'ai mis des talons !
***La Môme* (2006) d'Olivier Dahan avec Marion Cotillard, Jean-Pierre Martins, Gérard Depardieu**

....

– Dis-moi pourquoi tu m'attendais assis dans la rue, ce matin ?
– Je déteste attendre debout dans la rue.
***Mon nom est Personne* (1973) de Tonino Valerii avec Terence Hill, Henry Fonda, Jean Martin**

....

– Je vous ai mis la somme en chiffre rond.
– J'apprécie énormément les rondeurs…
***Le Monde ne suffit pas* (1999) de Michael Apted avec Pierce Brosnan, Sophie Marceau, Denise Richards**

....

– L'un d'nous deux bute l'autre… Toi, on t'raccourcit, moi, on m'félicite… Ch'ais bien qu'c'est injuste, parce que c'est injuste… Mais c'est comme ça… T'as contre toi quarante ans de bons et loyaux services et une vie exemplaire…
***Le Pacha* (1968) de Georges Lautner avec Jean Gabin, Dany Carrel, André Pousse**

………..

– Denis, on va arrêter cette… chose, là… Cette espèce de relation merdeuse… à la p'tite semaine… On va arrêter tout ça, ça changera pas grand-chose, mais ce sera clair, au moins !
– Cette relation « merdeuse » tu dis ?
– C'est une image.
– Oui, euh… C'est une image forte !
– Relation à la con, si tu préfères.
– Ben… oui… à la limite, je préfère !
***Un Air de famille* (1996) de Cédric Klapisch avec Jean-Pierre Bacri, Wladimir Yordanoff, Catherine Frot**

………..

– Il vaut mieux s'en aller la tête basse que les pieds devant.
***Archimède, le clochard* (1959) de Gilles Grangier avec Jean Gabin, Darry Cowl, Bernard Blier**

………..

Humour noir

Un papa cannibale et son fils accueillent un groupe de touristes. Parmi eux, ils repèrent une jeune et jolie femme.
– Papa ! dit le petit. On la capture et on la mange ?
– Non, répond le père. On la capture… et on mange ta mère !

....

Un gars qui revient de la chasse entre dans un bar. Arrivé au comptoir, il pose son fusil contre ce dernier tout en cognant la crosse par terre.
– Ne fais pas ça ! lui dit la patronne. Un jour, tu vas oublier une cartouche dans ton fusil et le coup risque de partir ! Range-le dans son étui ! ordonne-t-elle.
Le chasseur s'exécute, boit un coup puis repart. Le surlendemain, après avoir chassé, le gars retourne dans le bar. Arrivé au comptoir, il cogne la crosse de son fusil au sol et PAN ! un coup de feu part tout seul !
– Ahhhhh ! hurle la patronne. Et voilà ! Je te l'avais dit ! Ah, mon dieu ! La chambre de la serveuse est juste au-dessus ! Monte voir, s'il te plaît, je n'ose pas y aller…

Le chasseur emprunte les escaliers puis redescend deux minutes après…
– Alors ? fait la patronne inquiète.
– Elle n'a rien ! lui répond le chasseur. Elle est allongée sur le lit, à poil, les jambes écartées et le coup est passé juste entre ses cuisses !
– Ouf! Mon dieu, merci !
– Par contre, ton mari… Il a plus de tête.

………..

Quel point commun y a-t-il entre un cuisinier et un embaumeur ?

Ils ont tous les deux ont l'art d'accommoder les restes…

………..

Une maman confie son bébé à garder pour la journée à une blonde. Lorsqu'elle revient en fin d'après-midi, la blonde lui annonce :
– Madame, j'ai voulu secouer la couverture du petit par la fenêtre et elle est tombée…
– Oh ! Ce n'est pas grave, ça peut arriver… Bébé n'a pas eu froid sans couverture, au moins ?
– Non ! dit la blonde. Rassurez-vous : il était dedans !

………..

Les questions cons

Celui qui se couche bourré devra-t-il compter deux fois plus de moutons ?

....

Celui qui cherche à inventer une arme anti-cons, ne risque-t-elle pas de lui péter à la gueule ?

....

Est-il vrai que les gros connards vivent plus longtemps que ceux qui le leur font remarquer ?

....

Comment une femme peut-elle reculer dans un poteau parce qu'elle ne l'a pas vu, et remarquer un cheveu qui n'est pas le sien sur une veste ?

....

Que se passe-t-il lorsqu'un moustique pique une femme siliconée ?

....

Quelqu'un qui me demande un coup de main, va-t-il m'en vouloir si je lui donne une gifle ?

....

Celui qui a des trous de mémoire, est-ce parce qu'il s'est trop creusé la cervelle ?

....

Est-ce parce que la lumière va plus vite que le son que certains paraissent brillants avant d'avoir l'air con ?

....

Est-il prudent d'amener au crématorium une personne qui est morte en mangeant des grains de maïs ?

....

Si quelqu'un de bizarre se comporte soudain normalement, les gens ne vont-ils pas trouver cela bizarre ?

....

Ceux qui cultivent la connerie ont-ils la main verte ?

....

La nuit porte conseil mais vu qu'on dort, comment fait-on pour entendre le conseil ?

....

Blagues à TOTO

Une mouche perturbe la maîtresse et toute la classe…
– Bon ! Cette fois-ci, j'en ai marre ! hurle la maîtresse. Le premier qui me chope cette mouche, je lui donne une bonne note !
Et tous les enfants se mettent à essayer de choper la mouche avec leur règle ou leur cahier… Seul Toto reste assis, l'index levé. Soudain, la mouche se pose sur le bout de son doigt et Toto en profite pour l'écraser entre ses doigts. La maîtresse le félicite :
– Bravo, Toto ! Comment t'y es-tu pris pour l'attraper ?
– Ben… C'est simple, répond Toto, je me suis mis un doigt dans le cul !

....

Toto raconte à sa mère :
– Il y a trop de bruit en classe !
– Ah bon ? s'étonne sa maman, raconte-moi !
– Y'en a qui parlent, d'autres qui s'amusent…
– Très bien. Alors je vais aller voir ta maîtresse qui se plaint que tu travailles mal et lui demander des explications !

– D'accord maman. T'as raison ! Faut vraiment qu'ils apprennent à respecter mon sommeil !

....

La maîtresse tente d'expliquer les soustractions à Toto :
– Imagine que ton père donne 30 euros à ta mère puis qu'il lui en reprenne 10. Qu'est-ce que ça donne ?
– Heu… Une scène de ménage ?

....

Toto à son père :
– Dommage que les sardines ne soient pas aussi intelligentes que les huîtres !
– Ah ? Et pourquoi ?
– Parce que les huîtres, elles rentrent toutes seules dans leur boîte et la ferment elles-mêmes hermétiquement !

....

La maman de Toto rouspète :
– Maintenant, arrête de chantonner cet air, je vais l'avoir en tête et ne vais plus pouvoir m'en débarrasser !
– Mais, maman ! ? Ça fait longtemps que je ne chante plus !

....

L'abus d'alcool est dangereux pour la santé

Que dit une bière quand elle tombe dans de la limonade ?
Au secours ! Je ne sais panaché !

....

Au comptoir d'un bar, un homme demande à son voisin qui semble noyer son chagrin dans l'alcool :
– Vous avez plus l'air d'être dans votre verre que dans votre assiette ?
– Ouais, ma femme vient de me quitter…
– Ah, mince !
– Et tout ça à cause d'un SMS !
– Ah bon ?
– Oui. Je lui ai écrit « Ce soir, j'ai envie de bouffer des petits Lu ! » et à cause du correcteur orthographique elle a reçu : « Ce soir, j'ai envie de bouffer des petits culs ! »…

....

Il ne faut pas confondre ivre de bonheur et ivre de bonne heure.

....

Deux types complètements bourrés sortent d'un bar en titubant. Sur le parking, ils cherchent désespérément leur voiture en tâtant les toits des véhicules...

– C'est pas celle-là !

– C'est pas... Hic !... celle-là non plus...

Un gars les remarque et leur demande :

– Vous ne trouvez pas votre voiture ?

– Non... Hic ! J'trouve pas où qu'elle est !

– Mais pourquoi vous tâtez les toits pour la retrouver ?

– Ben... Parce qu'elle a un gyrophare bleu dessus !

....

Comme tous les jours, deux potes se retrouvent au bar.

– Tiens ! ? Dit l'un tu bois ton armagnac dans un grand verre à bière ?

– Oui, j'ai vu mon docteur, hier. Il m'a dit que si je continuais, les petits verres allaient me tuer !

....

Au comptoir d'un bar :

– Fais chier... J'ai une vie de merde ! dit un gars qui noie son chagrin dans l'alcool.

– Regarde les choses de manière positive ! lui conseille son voisin.

– Et qu'est-ce qu'il y a de positif, chez moi ?

– Ton taux d'alcoolémie...

....

DRÔLES DE COUPLES

Après trois semaines de mariage, une femme demande à son mari : « Tu veux boire quelque chose ? »
Après trois mois de mariage, le mari dit à sa femme : « Tu me sers à boire ? »
Après trois ans de mariage, le mari dit à sa femme : « Et alors ! Les glaçons, c'est pour aujourd'hui ou pour demain ? »

....

Un couple d'un certain âge monte dans un ascenseur où se trouve déjà une jolie jeune femme. Alors qu'il y a suffisamment de place pour tout le monde, l'homme se positionne tout contre la jeune femme ce qui déplaît fortement à son épouse… Arrivés au cinquième étage, la jeune femme flanque une gifle magistrale au monsieur !
– Voilà ce qui arrive quand on me met la main aux fesses !
La jeune femme, furieuse, profite de l'ouverture des portes pour sortir de cet ascenseur. Le couple se retrouve seul à l'intérieur…

– Je te jure, dit l'homme à sa femme, que je ne lui ai pas mis la main aux fesses!?
– Je sais, je sais… répond sa femme. Mais moi, oui!

....

Après 3 heures de marche, la femme d'un couple de randonneurs s'arrête pour admirer le paysage…
– Que c'est beau! C'est tellement beau que ça me laisse sans voix!
– Alors on campe ici! lui dit son compagnon…

....

Un homme exhibe fièrement son sexe en érection devant sa femme:
– Tu sais comment je le surnomme? lui demande-t-il.
– Non…
– « La vie »! Parce que la vie est dure!
– Ah… fait la femme désabusée. Dommage que la vie soit si courte…

....

Peu de temps après s'être disputé, un mari demande à sa femme:
– Qu'est-ce que tu fais! Tu fais la gueule? Tu penses à ton ex ou bien à me trucider?
– Tu sais bien qu'une femme peut penser à trois choses en même temps, mon chéri…

....

LES COPAINS ET LES COPINES

Un gars à un copain :
– Je ne sais pas ce que j'ai, depuis ce matin, j'ai un chat dans la gorge !
– Ouais ben… Vu ton haleine, t'as aussi la litière !

....

Un type annonce fièrement à un copain :
– Ça y est ! J'ai eu mon permis poids lourd 3,5 tonnes !
– Cool ! Tu vas pouvoir sortir ta femme !

....

Un type demande à son meilleur copain :
– Qu'est-ce que tu fais après l'amour, toi ?
– Je fume une petite cigarette… Et toi ?
– Moi, je me dépêche de partir avant que tu ne rentres !

....

Deux amis boivent un pot à la terrasse du café du village. Soudain, la sirène retentit informant la survenue d'un accident et prévenant les pompiers volontaires. L'un des deux copains se lève d'un bond en disant :

– Bon, désolé, il faut que j'y aille !
– Mais, tu n'es pas pompier volontaire, toi ? s'étonne son ami.
– Moi, non ! Mais les maris de Sandrine et de Sophie, oui !

....

Une blonde en vacances à New York se perd dans la rue. Comme elle ne parle pas anglais et qu'elle a peur de passer pour une idiote, elle n'ose pas demander son chemin… Elle décide d'appeler une copine restée à Paris et qui connaît bien New York…
– Je suis complètement perdue en plein New York ! Tu peux m'aider ?
– Oui, certainement ! Dis-moi d'abord où tu te trouves.
– Ben… J'sais pas, j'suis perdue !
– Bon. Tu as certainement un panneau près de toi qui indique le nom de la rue, non ?
– Ah oui ! fait la blonde. Je suis au croisement de la rue « Walk » et « Don't walk »…

....

Une fille demande à sa copine qui a des problèmes de poids :
– Alors, ton régime ! Ça marche ou pas ?
– Tu veux plutôt dire mes régimes ! Un seul ne me suffisait pas, je n'avais pas assez à manger…

....

LA RONDE DES MÉTIERS

Directeur des ressources humaines

Un DRH fait passer un entretien d'embauche.

– Nous cherchons quelqu'un de très responsable pour ce poste.

– Vous ne pouvez pas mieux tomber, dit le candidat. Dans tous mes anciens jobs, quand il y avait quelque chose qui n'allait pas, c'était moi le responsable !

....

Écrivain

Deux bobos parisiens discutent dans une soirée.

– J'ai lu ton dernier livre. Dis-moi… Qui te l'a écrit ?

– Dis-moi… Qui te l'a lu ?

....

Employé de bureau

Un employé de bureau bouscule la secrétaire du grand patron et entre sans frapper dans le bureau de ce dernier. Il baisse son pantalon, lui montre son derrière, se retourne pour lui tirer la langue, lui fait un bras d'honneur et repart… À ce moment-là, le téléphone de

la secrétaire sonne... Elle décroche et à l'autre bout du fil, un employé lui dit :
– On cherche Roger partout. Si vous le voyez, dites-lui que c'est une blague : il n'a pas gagné au loto !

....

Esthéticienne

– Comment faites-vous pour fidéliser votre clientèle ? demande un commerçant à une esthéticienne.
– Pour moi, c'est très simple ! répond l'esthéticienne. Il suffit que je dise aux clientes « Bonjour madame ! » quand elles arrivent et « Au revoir mademoiselle » quand elles sortent...

....

Fleuriste

Chez un fleuriste, un homme visiblement anxieux ne parvient pas à choisir des fleurs. Le fleuriste cherche à le conseiller :
– Dites-moi ce que vous avez fait et je pourrais peut-être vous aider !

....

Fossoyeurs

Pourquoi les fossoyeurs portent-ils des chaussures noires ?

Parce qu'ils ont les pompes funèbres...

....

MOTS D'ESPRITS

« On étouffe ici ! Permettez que j'ouvre une parenthèse. »
Alphonse Allais

....

« Athlétiquement parlant, les hommes croient que ce que les femmes apprécient le plus dans le sexe, c'est la longueur… Erreur : c'est le triple saut. »
Patrick Sébastien

....

« Mieux vaut penser le changement que changer de pansement. »
Francis Blanche

....

« Il n'y a qu'un remède à l'amour : la fuite. »
Jean Anouilh

....

« La différence essentielle entre un jeune con et un vieux con réside dans le temps qu'il leur reste à être cons. »
Jean Dion

....

« Dans notre société de consommation et d'épargne, un homme qui a de l'argent est un homme considéré. Un homme qui n'en a pas est également un homme considéré, mais lui, comme un pauvre type. »
Pierre Dac

....

« Au téléphone, le mensonge le plus fréquent tient en ces cinq mots : « Le chèque est déjà parti ». »
Jean Rigade

....

« La femme est assez proche de l'homme, comme l'épagneul breton. À ce détail près qu'il ne manque à l'épagneul breton que la parole alors qu'il ne manque à la femme que de se taire. »
Pierre Desproges

....

HOMMES ET FEMMES EN BLANC

Un docteur reçoit une très jolie patiente…
– Déshabillez-vous entièrement, lui demande-t-il, je dois absolument tester ce problème cardiaque !
– Mais quel problème cardiaque ? s'étonne la jeune femme.
– Le mien…

....

Une blonde se rend dans une pharmacie et demande un produit vermifuge…
– C'est pour un enfant ou un adulte ? demande le pharmacien.
– Mais… je ne connais pas l'âge des vers ! ?

....

Un médecin demande à sa patiente de bien vouloir se déshabiller intégralement.
– Mais ? proteste la femme, votre confrère qui m'envoie à vous et a fait cette lettre de recommandation m'a trouvée très en forme ! ?

– Justement, répond le médecin, c'est ce qu'il m'a écrit…

....

Une bourgeoise téléphone à son médecin de famille :
– Je regrette beaucoup que vous n'ayez pas pu venir samedi soir, à notre dîner, et ainsi profiter de cette merveilleuse soirée que nous organisions pour nos amis !
– Soyez rassurée, j'en profite, j'en profite… Déjà huit de vos convives sont venus me consulter pour des problèmes gastriques !

....

Quelle est la devise des infirmières ?
Je panse, donc j'essuie.

....

Un médecin examine un patient puis lui dit :
– Vous êtes tout simplement beaucoup trop stressé. Si vous voulez un bon conseil, le soir, il ne faut jamais vous coucher avec vos soucis !
– Bien, mais… que dira ma femme si je lui demande d'aller dormir sur le canapé ?

....

LES RÉPLIQUES DE CINÉ LES PLUS DRÔLES

– A vingt ans, j'entrais dans une banque avec un flingue. Dix ans plus tard, j'entrais au Crédit Lyonnais avec des références bancaires. Pour en arriver où j'en suis, il en a fallu que j'arrange des coups… Que j'en déménage des mecs !
***Mort d'un pourri* (1977) de Georges Lautner avec Alain Delon, Ornella Muti, Stéphane Audran, Mireille Darc**

....

– Monsieur Berreteau, c'est la troisième fois cette année, et la dernière j'espère, que vous êtes poursuivi pour coups et blessures.
– À qui la faute Monsieur le Commissaire, hein ! Moi je roulais tranquillement, doucement, à ma droite, et c'est ce monsieur qui grille un stop et qui m'emplâtre… Je souligne poliment l'infraction, je souris… quand cet espèce de possédé commence à me dire un tas de gros mots que j'ose même pas vous répéter, Monsieur le Commissaire. Bon, j'ai peut-être eu tort de le tirer par la cravate à l'intérieur de la décapotable, mais c'est tout, Monsieur le commissaire !

– Et c'est ainsi que vous lui avez fendu le cuir chevelu et ouvert l'arcade sourcilière ?
– Bah, j'avais changé de voiture et j'ai oublié qu'elle n'était pas décapotable. Voilà !
***Ne nous fâchons pas* (1966) de Georges Lautner ave Lino Ventura, Mireille Darc, Jean Lefebvre**

....

– Faudra vous mettre au régime !
– Basses calories ou hydrates de carbone ?
– Non, je pensais plutôt au régime pénitentiaire !
***Flic ou voyou* (1979) de Georges Lautner avec Jean-Paul Belmondo, Michel Galabru, Marie Laforêt, Jean-François Balmer**

....

– Qu'est-ce que vous faites là ?
– Je fais pitié…
***Nouvelle Vague* (1990) de Jean-Luc Godard avec Alain Delon, Domiziana Giordano, Roland Amstutz**

....

– Il a une belle tête de vainqueur.
***Le Dîner de cons* (1998) de Francis Veber avec Thierry Lhermitte, Jacques Villeret, Francis Huster, Daniel Prévost**

....

DIEU & CO

Quelle différence y a-t-il entre Dieu et un Parisien ?
Dieu ne se prend pas pour un Parisien !

....

Un curé passe au milieu de ses paroissiens pour faire la quête. Il tend la corbeille à une blonde qui lui dit alors :
– Non, merci !

....

Qu'est-ce que le péché originel ?
Une pomme, deux poires et beaucoup de pépins !

....

Pendant un cours de catéchisme, le prêtre demande aux enfants :
– Savez-vous ce que fait un bon chrétien à son réveil ?
– Oui, mon père, répond un enfant. Il le remonte !

....

Quelle est la formule de l'eau bénite?
H Dieu O.

....

Après la messe, le prêtre distribue les hosties. Une femme outrageusement maquillée s'approche et ouvre grand une bouche cernée d'un rouge à lèvres vulgaire. Le prête prend l'hostie et dit en le déposant dans sa bouche:
– Le corps du Christ... Seigneur, attention à la peinture...

....

Quel saint porte la plus grande auréole?
Celui qui a la plus grosse tête!

....

Une trentaine de personne assiste à l'enterrement d'un milliardaire... Un seul d'entre eux pleure à chaudes larmes. Le prête va à sa rencontre et lui demande:
– Vous êtes de la famille?
Et l'inconsolable lui répond:
– Non, justement!

....

MONSIEUR ET madame

Monsieur et madame **Nimitable** ont une fille.
Comment l'appellent-ils ?
Suzi (Suis inimitable)

....

Monsieur et madame **Oidla** ont un fils.
Comment l'appellent-ils ?
Bart (Barre-toi de là !)

....

Monsieur et madame **O'Pikheur** ont une fille.
Comment l'appellent-ils ?
Marthe (Marteau piqueur)

....

Monsieur et madame **Turik** ont une fille.
Comment l'appellent-ils ?
Barbie (Barbiturique)

....

Monsieur et madame **Umoure** ont une fille.
Comment l'appellent-ils ?
Maude (Mots d'humour)

....

Monsieur et madame **Urcesoir** ont une fille.
Comment l'appellent-ils ?
Hyacinthe (Y'a ceinture ce soir ?)

....

Monsieur et madame **Ossancemaime** ont une fille.
Comment l'appellent-ils ?
Céline (C'est l'innocence même)

....

Monsieur et madame **Pandulaleur** ont une fille.
Comment l'appellent-ils ?
Djamila (J'ai mis la pendule à l'heure)

....

Monsieur et madame **Partidkart** ont une fille.
Comment les appellent-ils ?
Perrine (Perd une partie de cartes)

....

Trop blondes !

Dans sa cuisine, une blonde lance les pommes de terre en l'air…
– Chéri ! Mais enfin, qu'est-ce que tu fais !? lui demande son mari.
– Ben… Sur la recette, ils disent de faire sauter les patates !

....

Suite à un excès de vitesse, une blonde se présente devant le juge…
– Vous n'avez pas d'avocat ? On ne vous a pas conseillé d'en prendre un ? demande le juge à la blonde.
– Si ! Je viens d'en acheter un à l'épicerie, il est dans la poche de mon manteau !

....

Pourquoi les blondes sortent-elles nues des laveries ?
Parce qu'au-dessus des machines il est inscrit « À l'arrêt de la machine, pensez à enlever tous vos vêtements. »

....

Qu'est-ce qu'une banane flambée ?
Une blonde qui a trop réfléchi !

....

Une blonde sort de discothèque. Elle rentre dans sa voiture et constate que des vandales lui ont tout pris à l'intérieur. Elle prend son téléphone portable et appelle la police :
– Venez vite ! Je suis sur le parking du Macumba Club. Des voleurs ont tout pris dans ma voiture : le tableau de bord, le volant, les pédales, le levier de vitesse… tout !
– Ne bougez pas, nous venons constater sur place.
Dix minutes plus tard, une voiture arrive sur le parking du Macumba Club. Les policiers repèrent la blonde qui attend dans sa voiture. L'un d'eux frappe à sa vitre. La blonde la baisse et le policier lui demande :
– C'est bien vous qui nous avez appelés ?
– Oui, monsieur l'agent. Ils ont tout pris !
– Mademoiselle, vous êtes assise sur le siège arrière…

....

Une assistante de direction annonce à une collègue :
– Le patron m'a invité à dîner, ce soir !
– Ah bon ? Méfie-toi, il va t'arracher tes vêtements…
– Merci de me prévenir ! Je mettrais des trucs auxquels je ne tiens plus trop !

....

MOTS D'ESPRITS

« Les druides étaient capables de lire l'avenir d'un homme dans ses propres entrailles. Ils ne se trompaient jamais. »
François Cavanna

« C'est une prouesse que d'écrire sur les cons sans citer de nom. Mais surtout, souvenez-vous bien : on est toujours le con de quelqu'un. »
Frédéric Dard

« Mourra bien qui rira le dernier. »
Jacques Prévert

« On est toujours le con de quelqu'un, et tant pis pour lui. »
Jean Yanne

« L'essence va baisser, c'est-à-dire qu'il faudra nous baisser pour la ramasser. »
Coluche

....

« J'ai fondé la Société protectrice des végétaux. Nous sommes en train de poser des matelas sous les arbres pour amortir la chute des feuilles. »
Alphonse Allais

....

« C'est pas compliqué, en politique, il suffit d'avoir une bonne conscience. Et pour ça, il faut avoir une mauvaise mémoire ! »
Coluche

....

« Il y a des femmes qui n'aiment pas faire souffrir plusieurs hommes à la fois, qui préfèrent s'appliquer à un seul : ce sont les femmes fidèles. »
Alfred Capus

....

« Quand on a la santé, c'est pas grave d'être malade. »
Francis Blanche

....

DEVINETTES

Pourquoi les Belges ont-ils le bout du sexe en forme de frite?
Parce qu'ils baisent comme des patates!

....

Quel point commun y a-t-il entre un écrivain et une personne constipée?
Ils ont l'angoisse de la feuille blanche…

....

Qu'est-ce qui est vert et qui coule des arbres dans la savane africaine?
De la morve de girafe.

....

Quelle différence y a-t-il entre une assistante de direction blonde et une assistante de direction brune?
La blonde trompe son patron avec son mari…

....

Qu'est-ce que le mariage ?
C'est des grands mots avant, des petits mots pendant et des gros mots après !

....

Quel insecte est le plus fort en art martial ?
Steven Cigalle.

....

Que font les Écossais avec leurs vieilles lames de rasoir ?
Ils se rasent…

....

Qu'est-ce qui fait rétrécir les T-shirts ?
La raclette !

....

Quand les poules ont-elles le cul dilaté ?
Lorsqu'elles passent du coq à l'âne…

Quand Barbie a-t-elle eu un enfant ?
Quand elle s'est fait Ken…

....

PERLES DU BAC

Certains problèmes internationaux se règlent sous le bureau…
Est-ce la promotion canapé ?

....

Le Président de la République est élu pour 5 ans au suffrage de tous.
Toi, plus moi, plus lui, plus tous ceux qui le veulent…

....

« La loi est rotée par le parlement. »
Juste après la pause déjeuner…

....

« Avec Angela Merkel, François Hollande se tend… »
Leurs relations sont tendues ou bien est-ce qu'il lui apporte des croissants ?

....

« La France était dirigée depuis l'Allemagne, à Vichy. »
Et l'Allemagne depuis la France, à Berlin.

....

« En signe de contestation contre la croix gammée, de gaulle crée sa propre croix. »
J'y crois pas !

....

« En 1965, De Gaulle bat Mitterrand au deuxième round. »
Victoire par KO ?

....

« En 1981, Mitterrand l'emporte sur IVG. »
Et l'IVG sera légalisé sous la présidence de VGE.

....

« Les juifs sont rapportés… »
Déportés ou dénoncés ?

....

« États-Unis et URSS s'opposent, les deux packs se font faces. »
Un amateur de rugby ?

....

Les femmes, les hommes...

Qu'arrive-t-il à un homme lorsqu'il dit « Calme-toi ! » à une femme énervée ?
On ne sait pas, on n'a jamais trouvé de survivants...

....

Comment faire rire une femme ?
En lui disant que c'est l'homme qui commande !

....

Quel point commun y a-t-il entre les femmes et les truites ?
Elles prennent facilement la mouche !

....

Comment s'appelle le fait d'épouser plusieurs femmes ?
La polygamie.
Comment s'appelle le fait d'épouser deux femmes ?
La bigamie.

Et comment s'appelle le fait d'épouser une seule femme ?
La monotonie.

....

Pourquoi y a-t-il plus d'hommes sur terre que d'hommes dans les arbres parmi les singes ?
Parce que c'est plus facile dans un lit que sur une branche !

....

Comment les femmes font-elles pour trouver un type beau, riche et intelligent ?
Elles en prennent quatre et se donnent un droit à l'erreur…

....

Qu'est-ce qu'une boîte de nuit ?
Le seul endroit encore ouvert lorsque votre femme a enfin fini de s'habiller et de se maquiller !

....

Quelle différence y a-t-il entre un bouchon de champagne et un enfant ?
Le bouchon de champagne porte le nom du fabricant…

....

TOC TOC TOC

– Toc-toc-toc!
– *Qui est là ?*
– Simon…
– Simon qui ?
– Simon fils, ma bataille, fallait pas qu'elle s'en aille, oh oh oh, je vais tout casser, si vous touchez, au fruit de mes entrailles, fallait pas qu'elle s'en aille…
(Mon fils, ma bataille* – Daniel Balavoine*)

…………

– Toc-toc-toc!
– *Qui est là ?*
– Aïcha, Alizée…
– Aïcha, Alizée qui ?
– Aïcha Alizée, aux Champs-Elysées, au soleil, sous la pluie, à midi ou à minuit, il y a tout ce que vous voulez aux Champs-Élysées.
(Aux Champs-Elysées* – Joe Dassin*)

…………

– Toc-toc-toc !
– *Qui est là ?*
– Donna…
– Donna qui ?
– Donna moi le temps, d'apprendre ce qu'il faut apprendre, donne-moi le temps, d'avancer comme je le ressens, y'a pas d'amour au hasard…
(Donne-moi le temps* – Jennifer*)

………..

– Toc-toc-toc !
– *Qui est là ?*
– Jerry…
– Jerry qui ?
– Jerry jusqu'au bout du monde, je me ferais teindre en blonde, si tu me le demandais… J'irais décrocher la lune, j'irais voler la fortune, si tu me le demandais…
(L'hymne à l'amour* – Edith Piaf*)

………..

– Toc-toc-toc !
– *Qui est là ?*
– Dick…
– Dick qui ?
– Dick le vent soufflera je repartira, dès que les vents tourneront, nous nous en allerons…
(Dès que le vent soufflera* – Renaud*)

………..

Blagues coquines

Un couple de randonneur est pris par une tempête de neige et s'abrite dans un refuge. Il se serre l'un contre l'autre pour lutter contre le froid.

– Tu veux que je te fasse une petite pipe pour te réchauffer ? propose la femme.

– Non, merci.

– Tu as peur qu'elle rétrécisse avec le froid ?

– Non, j'ai peur que tu claques des dents !

....

Quel point commun y a-t-il entre la levrette et les crevettes ?

Pas besoin de voir la tête !

....

Quelle différence y a-t-il entre un jeune couple et un vieux couple qui veut faire l'amour ?

Dans le jeune couple, l'homme demande à sa femme « Tu as pris ta pilule ? » et dans le vieux couple la femme demande à son mari « Tu as pris ta pilule ? ».

....

Quand parvient-on à une parfaite harmonie sexuelle?
Quand les deux ont la migraine en même temps !

....

Un garçon ramène une fille à la maison. Il la fait entrer dans sa chambre et se déshabille avec empressement...
– Hé ! Attends un peu ! lui dit la fille. Est-ce que tu as pris tes précautions ?
– Oui, lui répond-t-il, j'ai envoyé mes parents au cinéma !

....

Un perroquet avale le cachet de Viagra de son propriétaire. Rapidement surexcité, le perroquet saute sur un coussin et commence à se frotter dessus... Et le propriétaire ne trouve pas d'autre solution que d'enfermer le perroquet dans le congélateur pour refroidir ses ardeurs ! Cinq minutes plus tard, le maître du perroquet rouvre le congélateur et découvre son perroquet épuisé, essoufflé...
– Ça ne va pas ? lui demande-t-il inquiet.
Et le perroquet lui répond :
– Si tu trouves que s'est facile d'écarter les cuisses d'une poule congelée !

....

LES RÉPLIQUES DE CINÉ LES PLUS DRÔLES

– T'es là pour longtemps, j'espère ?
– En principe, non. Mais tu sais, dans les affaires on sait jamais… Tu t'déplaces pour trois semaines, et pis tu peux rester vingt piges, ça s'est vu.
***Le Cave se rebiffe* (1961) de Gilles Grangier avec Jean Gabin, Bernard Blier, Martine Carol, Maurice Biraud**

....

– Si les honnêtes gens n'ont presque jamais la situation qu'ils méritent, c'est parce qu'ils tuent moins que les autres.
***Carambolages* (1963) de Marcel Buwal avec Jean-Claude Brialy, Louis de Funès, Michel Serrault**

....

– Toute l'Amérique veut l'entendre chanter !
– Il chante fort, mais pas à ce point-là…
***Une Nuit à l'opéra* (1935) de Sam Wood avec Groucho Marx, Chico Marx**

....

– Tenez ! Voilà 500 balles et surtout ne me remerciez pas, ça vous écorcherait la gueule !
– Merci, monsieur ! Ça te va, Ducon ?
***Nuit d'ivresse* (1986) de Bernard Nauer avec Thierry Lhermitte, Josiane Balasko, Gérard Martin**

....

– Le cheval nous voit plus grand que nous sommes avec son œil déformant. Ce n'est que grâce à cela que nous l'avons domestiqué.
– C'est notre œil, notre regard, qui nous dicte notre façon d'agir par rapport aux autres. Mais on peut être myope.
– L'aveugle ne voit pas. Il ressent. Et paradoxalement, il voit.
– Si le chat a la queue verticale, c'est qu'il est en confiance.
– Mais le cul-de-jatte a une jambe qui le démange encore.
***OSS 117 : Le Caire nid d'espions* (2006) de Michel Hazanavicius avec Jean Dujardin, Bérénice Bejo, Aure Atika**

....

Animots

Qu'est-ce qui est marron, qui fait des bonds, qui a une poche et qu'on trouve dans l'Antarctique ?
Un kangourou qui ne sait pas lire une carte routière !

....

Quelle différence y a-t-il entre une limace et un escargot ?
La limace n'a jamais pu obtenir son permis de construire…

....

Un loup rencontre un autre loup.
– Tu as mauvaise mine, ce matin ! Tu es tout pâle…
– Oui, répond l'autre loup. Je fais une indigestion, j'ai mangé un petit chaperon vert…

....

Pourquoi les oiseaux volent-ils vers le sud l'hiver ?
Parce que c'est plus facile que d'y aller à pied !

....

Deux moustiques virevoltent au-dessus d'un camp de naturistes…
– Qu'est-ce que tu fais, tu ne piques pas ? demande le premier.
– Si mais… je ne sais pas par quel bout commencer !

…………

Un petit hérisson rentre chez lui avec son carnet de notes. Il le tend à son père en lui disant :
– J'te préviens, papa, tu vas encore te mettre en boule !

…………

Quel est le comble pour un kangourou ?
C'est d'avoir des poches sous les yeux.

…………

Un petit papillon se pose sur les pages jaunes de l'annuaire. Un autre petit papillon se pose à ses côtés et lui demande :
– Que cherches-tu ?
– Je cherche l'adresse d'une fleur…

…………

Quel intérêt y a-t-il à faire accompagner un pigeon voyageur par un pivert ?
L'un porte le message, l'autre frappe à la porte.

…………

COMMENT EMMERDER SES COLLÈGUES

Votre collègue croule sous les tâches ? Il angoisse car il est très à la bourre sur un travail ? C'est le moment d'être sympa avec lui et d'engager des conversations un peu plus personnelles afin de lui faire perdre son temps !

....

Si vous ne supportez pas que votre crétin de collègue gagne la même chose que vous, vous pouvez augmenter vous-même votre salaire horaire ! Pour cela, arrivez et partez toujours cinq minutes après et avant lui…

....

Un collègue a laissé son smartphone trainer ? Emparez-vous en et changez la langue de son mobile pour du bulgare, du turc ou bien du japonais !

....

Servez-vous de la boîte mail de votre collègue pour envoyer - par erreur au patron - un message qu'il aura ensuite bien du mal à expliquer… « Je vais peut-être rentrer tard ce soir, je pense rester glander un peu pour faire croire à ce connard de *"NOM DU BOSS"* que je travaille ! »

....

Créez une fausse adresse de messagerie (dans hotmail par exemple) dont la première partie est la même que celle qu'utilise habituellement votre supérieur. Adressez ensuite un mail à votre collègue pour lui annoncer qu'il peut ne pas venir travailler le lendemain ou bien qu'il va être augmenté, ou encore qu'il est convoqué à une réunion…

....

Envoyez des fleurs à votre collègue avec un petit mot doux de la part d'un autre collègue…

....

Dites à votre collègue qu'il est attendu d'urgence en réunion dans une salle où se tient effectivement une réunion… mais pas de son équipe !

....

Bâiller d'ennui quand on vous parle !

....

Ces chères têtes blondes

Un père rentre chez lui et découvre trois verres à liqueur dans l'évier de la cuisine. Il demande à son petit garçon.
– Qui a bu ?
– Maman et un monsieur…
– Et le troisième verre ?
– C'est moi, papa…
– Ça ne t'a pas fait du mal ?
– Non, pas du tout ! Par contre, maman et le monsieur, ils ont dû aller se coucher !

....

Un enfant demande à son père :
– Papa, combien y a-t-il de sorte de seins ?
– De sortes de seins ? Quelle drôle de question !
Le père réfléchit un instant et répond finalement :
– Je dirais qu'il en existe trois. À 20 ans, les seins sont comme des melons : ronds et fermes. À 50 ans, ils sont comme des poires : pendants. Et à 80 ans… comme des oignons.
– Comme des oignons ?
– Oui. Tu les vois et ils te font pleurer !

La petite sœur qui écoutait la conversation demande à sa mère qui, elle aussi, a tout entendu :
– Maman, combien de sortes de zizis existe-il ?
– De sortes de pénis ? Quelle drôle de question ! Je dirais qu'il en existe trois. À 20 ans, ils sont comme les chênes : durs et robustes. À 50 ans, comme les bouleaux : flexibles. Et à 80 ans… comme les sapins de Noël.
– Comme les sapins de Noël ?
– Oui. Les racines sont mortes et les boules ne servent qu'à la décoration !

....

Un père fait la morale à son adolescente de fille :
– Tu crois qu'à ton âge, ta mère avait besoin de tous ces vêtements hors de prix et de tous ces produits que tu te passes sur la figure, hein !
– J'sais pas mais… quand je vois le résultat, j'me dis qu'elle aurait dû !
– Quoi ! Quel résultat !
– Ben… le mec qu'elle a trouvé et épousé…

....

Un enfant voit sa mère encore en train de faire la vaisselle et lui demande pour l'aider :
– Maman, elle est où la lavette ?
– Sur le canapé en train de regarder la télévision ! lui répond sa mère.

....

LES PLUS COURTES SONT LES MEILLEURES

Deux golfeurs se rencontrent…
– Salut, ça va ?
– Oui… Sauf que ma femme m'a menacé de me quitter si je ne renonçais pas à jouer au golf !
– Non !
– Si ! Elle va me manquer…

Un client appelle le serveur :
– Garçon, s'il vous plaît ! Il y avait un cheveu dans mon assiette !
– Je vous remercie, monsieur. Nous le mettons de côté au cas où quelqu'un viendrait le réclamer.

Une femme parle de son mari à une amie.
– Je l'ai épousé parce qu'il jouait à la pétanque…
– Ah ? Tu pensais qu'il passerait son temps libre à jouer et toi à rester tranquille à la maison ?
– Non, pas du tout ! Tous ses copains me disaient que c'était le roi des tireurs…

Une femme téléphone à son mari :
– Chéri, je crois qu'il y a un petit souci avec la voiture…
– Qu'est-ce qu'elle a ! Je savais qu'il ne fallait pas que tu la touches !
– Ne t'énerve pas, chéri. Je pense que j'ai simplement noyé le carburateur…
– Ouf ! C'est tout ? Depuis quand tu t'y connais en mécanique ? Où est la voiture ?
– Au fond d'un lac…

....

Une femme tente d'obtenir de son mari qu'il lui achète une paire de chaussures…
– Si tu m'aimais vraiment, tu m'achèterais ces chaussures !
– Non, mon ange.
– Non ? Si je suis ton ange, comme tu dis, pourquoi tu ne m'achètes pas ces chaussures ?
– Parce que, mon ange, les anges ne portent pas de chaussures…

....

Un homme se confie à un copain :
– J'ai raté mes deux mariages ! À mon premier mariage, ma femme est partie !
– Et le second ?
– Elle est restée…

....

DRÔLES DE COUPLES

Un gars à sa copine :
– Tu sais que la règle veut que celui qui casse paye ?
– Oui, je sais, lui répond-elle.
– Alors tu me dois deux couilles !

....

Furieuse que son mari ne soit pas encore rentré à la maison, une femme lui téléphone sur son portable :
– Allô ! Qu'est-ce que tu fous ! Dépêche-toi de rentrer à la maison ! Immédiatement ! Où est-ce que tu es ?
– Calme-toi, chérie… lui dit son mari. Je vais t'expliquer où je suis… Tu te souviens de la bague sertie de diamants que tu avais repérée chez ce bijoutier…
– Euh… Oui.
– À l'époque, poursuit le mari, je n'avais pas assez d'argent pour te l'acheter.
– Oui, mon amour, répond sa femme qui sent l'émotion l'envahir. Je me souviens parfaitement de cette magnifique bague et de la bijouterie.
– Eh bien… Je suis dans la café juste en face !

....

Un couple se dispute… L'homme menace sa femme :
– En un clic, je peux trouver une autre femme !
– Ah oui ? Eh bien en une claque, je peux divorcer ! lui répond-elle.

....

Une femme fait la tronche à son mari :
– Pourquoi tu me fais la tête ? lui demande le mari.
– Cette nuit, pendant que tu dormais, tu as dit que j'étais laide et grosse !
– Mais !? fait le mari, je ne dormais pas !

....

Une femme annonce à son mari :
– Je t'ai recousu le trou que tu avais dans la poche de ta veste !
– Merci, chéri !
Le mari reste pensif un instant puis ajoute :
– Au fait ! Comment as-tu vu qu'il y avait un trou dans la poche de ma veste ?

....

Un homme offre un anneau à sa compagne obèse…
– Oh, mon amour ! Tu t'es enfin décidé ! C'est une demande en mariage ? C'est ma bague de fiançailles ?
– Non, c'est un anneau gastrique…

....

MOTS D'ESPRITS

« Pour que votre voyage de noces soit un succès total sur le plan touristique, sentimental et sexuel, la première chose à faire est de partir seul. »
Pierre Desproges

....

« Ce n'est pas que j'ai peur de mourir ; je veux juste ne pas être là quand ça arrivera. »
Woody Allen

....

« L'homme n'est que poussière. La femme est aspirateur. »
François Cavanna

....

« Bite, c'est un gros mot, même si c'est une petite ! »
Coluche

....

« Quand le Christ ressuscita, il apparut d'abord à des femmes pour que la nouvelle se répande plus vite. »
Jean-Charles

....

« Deux choses sont infinies : l'univers et la bêtise humaine, en ce qui concerne l'univers, je n'en ai pas acquis la certitude absolue. »
Albert Einstein

....

« Appeler un chat un chat, c'est bien mais savoir distinguer un chartreux d'un chat sauvage, c'est encore mieux ! »
Colette

....

« La télé, c'est tellement con que même les pigeons ne se posent plus sur les antennes. »
Jean-Marie Gourio

....

« Un inciméré ne peut pas se retourner dans sa tombe. »
José Arthur

....

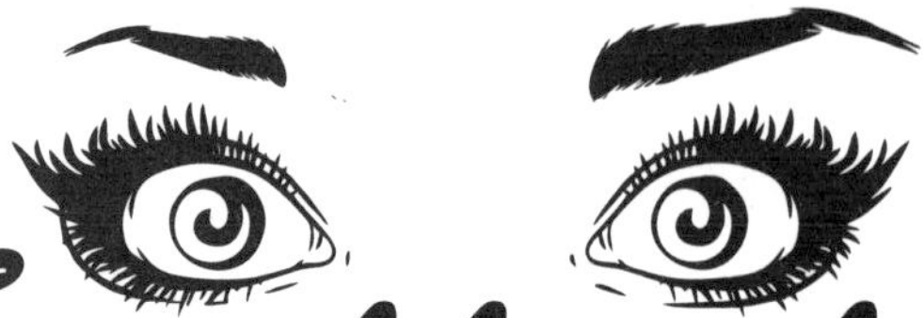

Trop blondes !

Une blonde téléphone à une collègue de bureau :
– Est-ce que tu peux passer me prendre chez moi ? Je ne peux pas prendre ma voiture pour venir travailler, un pneu est dégonflé.
– Oh, mince ! Entièrement ?
– Non, seulement dessous…

....

Une brune fait ses mots croisés et demande de l'aide à son amie blonde :
– Je cherche un mot de 9 lettres qui finit par un « G »… Tu as une idée ?
La blonde réfléchit un instant et propose :
– Branlette !
– Qui finit par un « G » ! lui rappelle sa copine.
– Eh bien quoi ? Ça finit bien par un jet ?

....

Une blonde se rend chez son médecin et lui dit :
– Mon vélo tousse, il doit avoir une bronchite !

– Ah ? fait le médecin. Et vous, comment vous sentez-vous en ce moment ?
– Ben… De temps en temps, j'ai l'impression que je déraille…

....

Une brune dit à une blonde :
– Cette année, je prendrai mes vacances à cheval sur juillet et août.
Et la blonde lui répond :
– Ah… Moi aussi, mais en voiture.

....

Une femme rentre du travail plus tôt que prévu et surprend son mari en tenu d'Adam.
– Que fais-tu tout nu dans la maison ? lui demande-t-elle.
Gêné, le mari balbutie quelques mots :
– Ben… Heu… Rien, une douche… Je…
La femme découvre alors un stick de rouge à lèvres sur la table de chevet !
– Et ça !!! D'où vient ce rouge à lèvres ?
Une blonde entrouvre alors la penderie dans laquelle elle se cachait et dit :
– De chez Christian Dior…

....

INSULTES À LA CON

Va te faire masser la prostate !

....

Quand tu croiseras un écureuil, pense à cacher ta tête de gland !

....

T'as été démoulé trop tôt, non ?

....

Ton cerveau doit ressembler à un cul qui serre les fesses !

....

Gueule de M.S.T. en 3D !

....

Frigo chaud !

....

Gros cul joueur de trompette !

....

Haleine de cul mal essuyé !

....

Le chaînon manquant entre le singe et l'homme…
C'est toi ?

....

Caleçon sans élastique !

....

Con comme un pneu lisse !

....

Dévisse ta tête que je te chie dans le cou !

....

Cousin consanguin de Donald Trump !

....

Tapis de bain humide !

....

LA RONDE DES MÉTIERS

Chef d'entreprise

Lors d'une réunion avec leur patron, deux collègues s'engueulent :

– Vous êtes le pire abruti que j'ai jamais rencontré !

– Et vous la plus grosse tâche que j'ai jamais vue !

– Oh, oh ! fait le patron. Vous avez oublié que je suis là ?

....

Ingénieur

Un curé, un docteur et un ingénieur disputent une partie de golf. Ils sont retardés dans leur progression par un groupe de golfeurs particulièrement lents et maladroits. L'ingénieur leur demande :

– Pourquoi êtes-vous si lents ?

L'un des golfeurs lui répond :

– Nous sommes tous non-voyants, nous sommes d'anciens pompiers ayant perdu la vue lors d'interventions…

Le curé dit alors :

– Je compatis… Je ferai une prière pour vos âmes charitables. Je suis persuadé que vous verrez un jour les lumières du paradis…

Le médecin enchaîne :

– Je vais vous conseiller un collègue ophtalmologiste, il fait des miracles !

Et l'ingénieur leur demande :

– Et pourquoi vous ne jouez pas la nuit ?

....

Impresario

Quelle est la devise d'un impresario ?

Tous pour un et dix pour cent !

....

Marin

Qu'est-ce qu'un marin bigame ?

Celui qui a deux femmes dans chaque port…

....

Juge

– Avez-vous oui ou non traité cet agent de police de « gros con » ?

– Je ne sais pas, monsieur le juge, je ne me souviens pas. Mais en le regardant, je me dis que c'est possible…

....

Meunier

Dans quelle ville les meuniers rêvent-ils de s'installer ?

À Monaco ! C'est là où il y a le plus de blé…

....

LES RÉPLIQUES DE CINÉ LES PLUS DRÔLES

– Les bastos, c'est plus facile à donner qu'à recevoir. Je suis sûr que t'avais jamais pensé à ça.
Le Pacha **(1968) de Georges Lautner avec Jean Gabin, Dany Carrel, André Pousse**

Si vous étiez coincées sur une île déserte avec un type dans mon genre, vous tiendriez combien de temps ?
Les Bronzés font du ski **(1979) de Patrice Leconte avec Michel Blanc, Marie-Anne Chazel, Christian Clavier, Thierry Lhermitte, Gérard Jugnot, Josiane Balasko**

– Mais enfin, maman, ce ne sont pas des déménageurs ! C'est l'armée du Reich ! Ce sont des envahisseurs. Attila n'a jamais remboursé un seul centime, ça se saurait ! Ils ont tous les droits !
– Mais tais-toi ! Tu nous fais honte Guy-Hu, tu parles comme la radio allemande !

– Mais la radio allemande dit parfois des choses très vraies ! Et en plus, ils passent de très bons disques !
***Papy fait de la résistance* (1983) de Jean-Marie Poiré avec Gérard Jugnot, Jacqueline Maillant, Martin Lamotte, Michel Galabru, Roland Giraud, Josiane Balasko**

....

– Tu sais comment il est mort, le capitaine Crochet ? En se grattant les couilles !
***Le Papillon* (2002) de Philippe Muyl avec Michel Serrault, Claire Bouanich**

....

– Comme je dis souvent : je n'ai qu'une seule ride… et je suis assise dessus !
– Vous faites bien de le dire souvent, c'est très élégant !
***Pédale douce* (1996) de Gabriel Aghion avec Patrick Timsit, Fanny Ardant, Richard Berry**

....

– Chérie, tu me dirais quoi si je te disais que Claude François m'a téléphoné ?
– De raccrocher !!!
***Podium* (2004) de Yann Moix avec Benoît Poelvoorde, Jean-Paul Rouve, Julie Depardieu**

....

Humour noir

Pourquoi les États-Unis ne peuvent pas jouer aux échecs?
Parce qu'il leur manque deux tours.

....

Un type rencontre par hasard un vieil ami qui suit un long et lent cortège funèbre.
– Salut ! Tu me reconnais ?
– Oui… Je me souviens bien de toi.
– Tu vas bien ? Et ta femme ?
– Comme tu vois : tout doucement…

....

Deux anciens copains se retrouvent.
– Comment vas-tu ? Tu es marié ?
– Oui et ma femme est un ange !
– T'as du bol ! La mienne est encore vivante…

....

Un homme entre dans une pharmacie et demande une boîte de préservatifs noirs.

– Pourquoi des préservatifs noirs ? lui demande le pharmacien.
Et le client lui répond :
– J'ai promis à ma défunte femme de porter son deuil jusqu'au bout !

....

Un homme est alité. À son chevet, sa femme est en train de rédiger des cartes…
– Que fais-tu ? demande le mari.
– Heu… J'envoie une carte à toute la famille !
– Et qu'écris-tu ?
– J'invite tout le monde à un grand repas pour fêter ta guérison !
– Crois-tu que je vais guérir, mon amour ?
– Mais bien sûr ! Dis-moi… « enterrement » ça prend un « r » ou deux ?

....

– Dis-maman ! demande un petit enfant. Pourquoi papa il est parti et il ne reviendra jamais ?
– Tais-toi !!! hurle la mère. Dépêche-toi de terminer la vaisselle, tu as encore du repassage à faire !

....

Les belles-mères

Une belle-mère est invitée à dîner chez sa fille et son gendre. Au cours du repas, la belle-mère fait un malaise et s'effondre par terre. Sa fille ordonne à son mari de téléphoner au docteur pendant qu'elle porte secours à sa mère. Le gendre téléphone au docteur qui lui demande :

– Commencez par contrôler sa respiration.

Le mari demande à sa femme de contrôler sa respiration…

– Elle respire ?

– Oui ! répond la femme.

– Veuillez vérifier son pouls, demande le médecin.

– Vérifie son pouls ! demande le mari à sa femme.

– Ça va ! Il me semble normal, dit la femme.

Le médecin annonce ensuite :

– Ce doit être un simple malaise. Il faut qu'elle reprenne connaissance… Donnez-lui quelques gifles !

Le mari demande alors à sa femme :

– Viens au téléphone, il faut que je fasse quelque chose à ta mère !

....

– Tu crois à la vie après la mort ? demande un gars à son collègue de bureau.
– Non, pas trop… Pourquoi, tu y crois, toi ?
– Avant, non. Mais depuis que ma belle-mère est morte, je revis !

....

Un homme téléphone au vétérinaire :
– Je vous envoie ma belle-mère qui va venir vous voir avec mon chien. S'il vous plaît, administrez-lui un poison rapide et sans douleur…
– Bien sûr monsieur ! Votre chien saura-t-il retrouver le chemin de la maison tout seul ?

....

Un type annonce fièrement à son collègue de bureau :
– Ça y est, ma belle-mère n'est plus somnambule !
– Elle est guérie ? lui demande son collègue.
– Non, elle est enfin tombée !

....

Un type annonce à un copain :
– J'ai inscrit ma belle-mère en faculté de médecine !
– Elle reprend des études ? À son âge ?
– Non, j'ai donné son corps à la science !

....

Trop blondes !

Une blonde passe un entretien de recrutement.
– Savez-vous travailler en équipe ? lui demande le directeur du personnel.
– Absolument, répond la blonde, j'ai fait plusieurs gang bangs !

....

Une fille demande à sa copine blonde de lui raconter ses vacances :
– Tes vacances se sont bien passées ?
– Oui. J'ai rencontré un américain !
– Génial ! Tu as dû progresser en anglais !
– Oui, il n'arrêtait pas de me dire que j'étais une plage !

....

Une brune à sa copine blonde :
– C'est quoi toutes ces tâches sur ton T-shirt ! ?
– C'est à cause de mon docteur. Il m'a dit qu'il fallait manger et bouger… Je n'arrive pas à faire les deux en même temps !

....

Une blonde demande à sa collègue :
– Tu n'aurais pas du blanco ?
– Si, pourquoi ?
– Je voudrais effacer un contact sur mon Iphone.

....

Dans un restaurant tenu par une blonde, un client passe sa commande :
– J'aimerai un demi-poulet avec des frites, s'il vous plaît.
Trois quarts d'heure plus tard, la blonde arrive avec deux demis-poulet et les frites…
– Mais, j'avais demandé un demi-poulet, pas deux ! ?
– Je sais, monsieur, dit la blonde, mais je vous offre cette autre moitié, elle n'a pas survécu…

....

Une blonde avale des noisettes sans même les casser au préalable. Sa copine lui demande :
– Tu manges les noisettes sans casser la coquille ! ?
– Pfff… C'est pas la peine, je sais ce qu'il y a dedans !

....

Pourquoi une blonde qui se casse le nez se rend-elle à la maternité ?
Parce que c'est là que se trouvent les nouveau-nés…

....

MOTS D'ESPRITS

« Les femmes seront les égales des hommes le jour où elles accepteront d'être chauves et qu'elles trouveront ça distingué. »
Coluche

....

« Les absents ont toujours tort de revenir ».
Jules Renard

....

« Un téléphone portable sur dix est volé dans l'année : les agresseurs sont généralement sans mobile. »
Laurent Ruquier

....

« Quand on fait un discours, le pire, ce n'est pas de voir les gens regarder leur montre, c'est de les voir les secouer pour voir si elles ne sont pas arrêtées. »
Lord Birkett

....

« À son lit de mort, l'homme songe plutôt à élever son âme que des lapins. »
Louis Auguste Commerson

....

« La femme a la passion du calcul : elle divise son âge par deux, double le prix de ses robes, triple les appointements de son mari et ajoute cinq ans à l'âge de sa meilleure amie. »
Marcel Achard

....

« Mettez tous vos œufs dans le même panier. Et surveillez le panier ! »
Mark Twain

....

« Le con ne perd jamais son temps, il perd celui des autres. »
Frédéric Dard

....

« Ce qu'on est arrivé à faire avec le téléphone sans fil, est-ce qu'on va le réussir un jour avec les haricots ? »
Philippe Geluck

....

DEVINETTES

Quelles lettres de l'alphabet bougent tout le temps?
A, J, T.

....

Pourquoi a-t-on inventé le pain carré?
Pour étaler la confiture de coings.

....

Qu'est-ce qui est poilu à l'extérieur, mouillé à l'intérieur et dur à pénétrer?
Une noix de coco!

....

Si l'on vous donne 30 plaques de chocolat et que vous en mangez 24. Quel est le résultat de l'opération?
Une bonne indigestion!

....

Que fait un archipel?
Des archi-troues!

....

Qu'est-ce qu'un chat qui entre dans une boîte de thon?
Un chaton!

....

Comment disperse-t-on une manifestation en Écosse?
En faisant la quête!

....

Quelle différence y-a-t-il entre Strasbourg et Florence?
À Strasbourg, il y a des dizaines de femmes qui s'appellent Florence, alors qu'à Florence... aucune femme ne s'appelle Strasbourg!

....

Qu'obtient-on lorsqu'on croise un portugais avec un djihadiste?
Du béton armé!

....

PERLES DU BAC

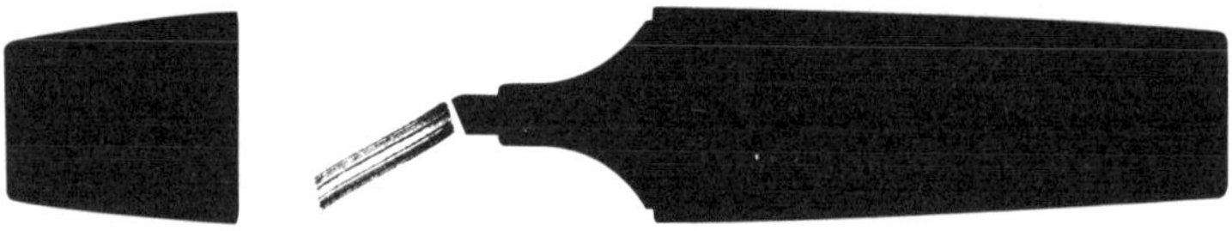

« En 1986 a lieu la première collation entre François Mitterrand et Jacques Chirac. »
Trinquons à la cohabitation !

....

« La première bombe péta sur Hiroshima et la deuxième bombe péta sur Nagasaki. »
Et après, on dit pardon ?

....

« De générations en générations les fils d'agriculteurs sont des enfants d'ouvriers. »
Et inversement.

....

« Les champs de cigares sont la principale ressource de Cuba. »
Belle tentative d'enfumage !

....

« La Bretagne est un gros producteur de cochons, de légumes, de crêpes… »
Froment ou sarrasin ?

....

« C'est un grand auchan d'échange. »
Un Carrefour d'échange… ça va hypermarcher !

....

« Il y a une mondialisation des échanges de flux. »
Une partouze mondiale ! ?

....

« La jolie vallée du rein… »
Ou la belle chute de Rhin.

....

« Les flux migratoires terrestres… »
C'est quand les palombes se mettent à ramper pour échapper aux chasseurs ?

....

« On remarque que les femmes sont beaucoup plus touchées par le chômage que par les hommes. »
Qui se plaint de quoi ?

....

LES ROUSSES ET LES ROUX

Un adolescent s'apprête à sortir en soirée. Avant qu'il ne parte, son père lui fait une dernière recommandation :
– Surtout, tu n'oublies pas d'amener de quoi te couvrir, si tu vois ce que je veux dire…
– Mais oui, papa… Je prendrai un préservatif.
– Mais non, con de rouquin ! Un chapeau ! Donne-toi au moins une chance avant de penser aux capotes !

....

On ne dit pas « Un beau roux ».
Mais on dit… « Il est bien roulé ».

....

Quelle différence y a-t-il entre une bière et une rousse ?
La bière rousse ne sent pas mauvais.

....

On ne dit pas « Des testicules de roux »
Mais on dit… « Des roubignolles »

....

Comment reconnait-on le petit ami d'une rousse?
Avec ses ongles, elle a gravé « il est à moi! » dans son dos.

....

On ne dit pas « Un roux dort... »
Mais on dit... « Il roupille... »

....

Une femme vient d'accoucher d'un enfant roux. Étant brune et son mari aussi, elle s'inquiète et s'enquière auprès du chirurgien accoucheur:
– C'est normal qu'il soit roux?
– Bien entendu! Pourquoi?
– Parce que moi et mon mari... nous sommes tous les deux bruns!
– Avez-vous eu une relation sexuelle avec quelqu'un d'autre que votre mari?
– Non! Absolument pas!
– Alors, il n'y a pas de problème, c'est votre enfant.
– Oui, mais... Pourquoi roux?
Un peu agacé, le chirurgien demande:
– Vous faites l'amour souvent?
– Heu... non.
– Tous les combien?
– Une ou deux fois par an... Avoue la maman.
– Alors ne cherchez plus, c'est la rouille!

....

COMPLÈTEMENT FOOT

J'avais une blague sur Gourcuff, mais je ne veux pas le blesser…

....

Quel point commun y a-t-il entre l'Angleterre et le PSG ?
Ils ont dit non à l'Europe.

....

Pourquoi les histoires de Zizou font rire ses partenaires ?
Parce qu'il ne connaît que des histoires inédites Zidane !

....

Pourquoi l'OM ne marque pas de buts ?
T'as déjà essayé de marquer depuis ta surface de réparation ?

....

Dieu et le diable montent chacun une équipe de football pour organiser un match entre le paradis et l'enfer…
– Tu n'as aucune chance ! dit Dieu au diable. J'ai tous les meilleurs joueurs du monde dans mon équipe !
– C'est vrai, concède le diable. Mais moi, j'ai tous les arbitres !

....

À vendre :
DVD des plus beaux buts de l'OM de ces 5 dernières années. Durée du DVD : 90 secondes.

....

Que signifie OM ?
Oh Merde ! Encore perdu…

....

J'avais une blague sur l'arbitre, mais je n'ai pas fini de la payer…

....

Qu'est-ce qui a 44 pieds et qui court dans l'herbe ?
Deux équipes de football…

....

HOMMES ET FEMMES EN BLANC

Un homme se rend chez un psychiatre et lui dit :
– Ma femme se prend pour une perceuse électrique !
– Pourquoi ne lui demandez-vous pas de venir me voir ?
– Je voudrais bien, mais mon voisin me l'a empruntée il y a deux mois et il ne me l'a toujours pas rendue !?

....

Pourquoi les médecins conseillent-ils à ceux qui souffrent d'insuffisance respiratoire d'aller aux Pays-Bas ?
Pour prendre un bon polder !

....

Un médecin rentre chez lui juste au moment où le téléphone sonne… Il décroche, c'est un de ses collègues qui lui dit :
– Tu peux venir ? Il nous manque un quatrième pour le poker…
– Très bien, j'arrive !
Sa femme sort de la cuisine et lui demande :
– Qu'est-ce qui se passe ? Tu dois repartir ? C'est grave ?

Et il lui répond :
– Oui, il y a déjà trois médecins sur place !

....

L'assistante d'un psychiatre entre dans le bureau de son patron et lui annonce :
– Madame Martin est passée.
– Celle qui se prenait pour une poule ?
– Oui ! Elle vous fait dire qu'elle est guérie…
– Enfin !
– … et pour vous remercier, elle vous a apporté une douzaine d'œufs !

....

Un homme se rend aux urgences de l'hôpital :
– Docteur ! Je me suis cassé le bras à plusieurs endroits !
Et l'interne lui répond :
– Eh bien n'y allez plus ! Suivant !

....

Une femme entre dans le cabinet d'un médecin et se déshabille. Elle se présente nue face au docteur et lui demande :
– Alors, qu'en pensez-vous, docteur ?
Et l'homme lui répond :
– J'en pense que vous avez besoin de lunettes, madame. Le docteur, c'est l'étage au-dessus !

....

LES RÉPLIQUES DE CINÉ LES PLUS DRÔLES

– Il y a un vieux proverbe italien qui dit : « Celui qui vole de la soupe se brûle la langue. »
– Ouais, eh bien il y a un vieux proverbe irlandais qui dit : « Y'en a rien à foutre des vieux proverbes italiens ! »
***Piège en eaux troubles* (1993) de Rowdy Herrington avec Bruce Willis, Dennis Farina, Sarah Jessica Parker**

– Moi j'ai presque fini mes gants pour les p'tits lépreux de Jakarta… Je trouve ça complètement inutile. C'est tout la Croix Rouge, ça ! Ils me demandent de faire des gants à trois doigts ! Bah, dites ! Vous croyez pas que j'aurai plus vite fait de faire des moufles ?
– Mais bien sûr ! Bien sûr ! Mais Thérèse… si je peux me permettre… une bonne paire de chaussettes, et hop ! Oh… On dit de ces bêtises quelques fois !
***Le Père Noël est une ordure* (1982) de Jean-Marie Poiré avec Anémone, Marie-Anne Chazel, Thierry Lhermitte, Gérard Jugnot, Josiane Balasko, Christian Clavier**

– La justice, c'est comme la Sainte Vierge, si on la voit pas de temps en temps, le doute s'installe !
***Pile ou face* (1980) de Robert Enrico avec Philippe Noiret, Michel Serrault**

....

– Pas de balles en réserve, pas de poudre, un compas qui n'indique pas le nord et… je m'attendais presque à une épée en bois. Vous êtes sans nul doute le pirate le plus pitoyable dont on m'ait parlé !
– Au moins, on vous a parlé de moi.
***Pirates des Caraïbes* : *La Malédiction du Black Pearl* (2003) de Gore Verbinski avec Johnny Depp, Geoffrey Rush, Orlando Bloom**

....

– Les ogres sont… comme les oignons !
– Snif ! Ils schlinguent !
– Oui… Non !
– Oh ! Ils piquent les yeux ?
– Non…
– Ah !… Ils se font sauter, on les couche sur une pâte brisée, on enfourne la pissaladière…
– Nooonnn ! Ils ont des couches. Oignons avoir couches. Ogres avoir couches comme oignons avoir couches. Tous les deux ont des couches et toi, t'en tiens une !
***Shrek 2* (2004) d'Andrew Adamson et Kelly Asbury**

....

ATROCES ET BIEN DÉGUEU

Un vieux monsieur souhaite se payer une prostituée et lui demande ses tarifs. Cette dernière refuse :
– Désolé, je ne fais pas le troisième âge !
Le vieux monsieur est triste et insiste.
– S'il vous plaît, il ne doit pas me rester bien longtemps à vivre… Je n'ai plus de femme, je suis veuf, seul, tout seul… Vous êtes ma seule chance de connaître une dernière fois l'amour avant de quitter ce monde !
La prostituée prend pitié de lui et lui donne ses tarifs :
– C'est 20 euros dans la bouche, 100 dans le minou et 200 dans le derrière !
– D'accord ! Voici 200 euros ! dit le vieux monsieur en tendant ses billets.
La prostituée l'amène alors avec elle jusqu'à sa chambre puis se met en position, à quatre pattes. Le vieux monsieur lui dit alors :
– Excusez-moi, vous n'avez pas compris : c'est dix fois dans la bouche !

....

Dans une soirée, un gars rencontre une fille handicapée qui ne se déplace qu'en fauteuil roulant. Ils sym-

pathisent et le gars se propose de raccompagner à son domicile la fille qui habite encore chez ses parents. Lorsqu'ils arrivent, le gars tente de profiter de la situation et de faire l'amour à la fille qui ne peut malheureusement pas s'enfuir… Comme la position n'est pas confortable, il soulève la fille de son fauteuil et la pose, les fesses en l'air, sur la balançoire du jardin familial. Lorsqu'il a terminé son affaire, l'homme se sent envahi par un sentiment de culpabilité… Il délivre alors la fille qu'il rassoit sur son fauteuil avant de sonner à la porte de chez elle. Le père de la fille ouvre et le gars lui avoue ce qu'il vient de faire… Le père lui répond :
– T'es un brave type ! D'habitude, les autres la laissent sur la balançoire !

....

Quel point commun y a-t-il entre un livreur de pizza et un gynécologue ?
Ils peuvent tous les deux la sentir, mais ils ne peuvent pas la bouffer.

....

La maman soulève le couvercle de la marmite posée sur la table et demande à ses enfants :
– Est-ce que vous aimez bien votre papa ?
– Oh oui ! font les enfants en chœur.
– Alors, vous allez en reprendre un petit peu…

....

COMMENT EMMERDER SES VOISINS

Quand vous prenez l'ascenseur, n'oubliez pas de coller votre chewing-gum sur le numéro de l'étage de votre méchant voisin.

....

Encore une insomnie ? Inutile de chercher le sommeil, levez-vous, sortez prendre un grand bol d'air frais et profitez-en pour déclencher l'alarme de la voiture de votre voisin.

....

Photographiez la voiture de votre voisin et mettez-la en vente, à un prix dérisoire, sur le site leboncoin.fr. Laissez son numéro de téléphone pour qu'il soit submergé d'appels.

....

Une sardinade, ça vous tente ? Sortez votre barbecue et faites-en griller sur votre balcon !

....

Quel bonheur d'avoir des fleurs sur son balcon et de les arroser pour inonder celui du voisin du dessous ! Si vous n'avez pas la main verte, pas de problème, vous pouvez tout aussi bien arroser des pots sans fleurs uniquement remplis de terre.

....

L'hiver approche et vous craignez que votre voisin ne prenne froid. Commandez en son nom une livraison d'une dizaine de stères de bois !

....

N'oubliez pas que votre plancher est le plafond de votre voisin. Donnez-y des cours de salsa !

....

L'arbre de votre voisin vous gêne ? Profitez de son départ en vacances pour installer un panneau bien visible depuis la rue : « Offre le bois de cet arbre à la personne qui le coupera. Entrée libre. Coupez et servez-vous ! »

....

Plantez des bambous en limite de propriété et votre voisin sera rapidement et définitivement envahi !

....

LES COPAINS ET LES COPINES

Une fille à une copine :
– Tu n'as toujours pas trouvé de boulot ?
– Non. Mais t'inquiète pas, je n'ai pas l'intention de baisser les bras !
– Pense à mettre du déo quand même…

....

Une fille se confie à une amie :
– Je crois que je vais écrire un bouquin sur mes relations sexuelles !
– Ah bon ! ?
– Oui. J'ai déjà le début : « Il était une fois par an… »

....

Une blonde engueule sa meilleure copine :
– Pourquoi tu as dit à tout le monde que j'étais une idiote ?
– Pardonne-moi, j'aurais dû me douter que tu pensais que c'était un secret…

....

Une fille s'inquiète du régime que suit sa copine blonde…
– J'ai l'impression que tu n'as pas perdu un seul gramme ! T'es sûre qu'il marche, ton nouveau régime ?
– Je sais pas… J'ai toujours pas compris s'il fallait que je le fasse avant ou après les repas !?

………..

Un type raconte son drôle de rêve à un ami :
– J'étais sur une plage, sur l'île de la Martinique…
– Et moi j'ai rêvé que j'étais dans mon lit… avec quatre superbes filles !
– Merde… Pourquoi tu ne m'as pas appelé ?
– Ben… Tu bronzais en Martinique !

………..

Un type interroge un copain :
– Si tu apprenais que ta femme te trompait avec un mec… Qu'est-ce que tu ferais ?
– Je le tue ! Je le tue lui et son putain de chien !
– Le chien ! Quel chien ?
– Parce que pour coucher avec ma femme, faut être aveugle !

………..

MONSIEUR ET madame

Monsieur et madame **Padeteuvoir** ont un fils.
Comment l'appellent-ils ?
Stanislas (Stan, y se lasse pas de te voir ?)

....

Monsieur et madame **Passa** ont une fille.
Comment l'appellent-ils ?
Médie (Mais dis pas ça !)

....

Monsieur et madame **Passersonlinge** ont un fils.
Comment l'appellent-ils ?
Edouard (Elle doit repasser son linge)

....

Monsieur et madame **Peursconla** ont un fils.
Comment l'appellent-ils ?
Humphrey (Il me ferait peur, ce con là !)

....

Monsieur et madame **Propre** ont une fille.
Comment l'appellent-ils ?
Amour (Amour propre)

....

Monsieur et madame **Safame** ont une fille.
Comment l'appellent-ils ?
Phillipine (Phil, il pine sa femme)

....

Monsieur et madame **Safametouléssoir** ont un fils.
Comment l'appellent-ils ?
Honoré (Honorer sa femme tous les soirs)

....

Monsieur et madame **Saipavré** ont un fils.
Comment l'appellent-ils ?
Dick (Dis que c'est pas vrai !)

....

Monsieur et madame **Skelpeuve** ont un fils.
Comment l'appellent-ils ?
Alphonse (Elles font ce qu'elle peuvent)

....

DRÔLES DE COUPLES

Une vielle dame s'essaye à l'ordinateur…
– Oh flute ! s'écrit-elle. Chéri, je me suis trompée… Comment fait-on pour revenir en arrière ?
Et son mari lui répond :
– Si je savais… Ça fait 40 ans que je me pose la question !

…………

Une femme mariée parle de son mari à une amie qui est la maîtresse d'un homme marié :
– J'ai peur que mon mari parte voir ailleurs… Comment fais-tu pour exciter ton amant ?
– Moi, dit la maîtresse, par exemple, je m'habille sexy, tout en cuir noir… La dernière fois qu'il m'a vue comme ça, il m'a sauté dessus et nous avons fait l'amour comme des bêtes !
Quelques jours plus tard, la femme mariée et la maîtresse se retrouvent. La maîtresse demande à son amie :
– Alors ! Tu as essayé ce que je t'ai conseillé, l'autre jour ?

– Oui, répond la femme. Je me suis habillée super sexy, tout en cuir noir pour l'exciter…
– Et alors ?
– Alors, quand il est rentré du travail et qu'il m'a découverte ainsi, il m'a dit « Salut Batman ! Qu'est-ce qu'on mange ? »

....

Une fille demande à sa mère :
– Tu peux me donner de l'argent de poche, s'il te plaît ? C'est pour aller au cinéma.
– Demande à ton père !
– Mais il ne voudra jamais !
– Écoute-moi, un jour, tu vas devoir te marier… Alors commence à t'entraîner dès maintenant !

....

Un type se rend au commissariat signaler la disparition de sa femme :
– Elle a disparu depuis deux jours…
– Quel est son signalement ?
– Elle a une jambe de bois, elle est très grosse, elle n'a plus de dents, elle est borgne…
– Ah… Vous souhaitez qu'on la retrouve ?

....

MOTS D'ESPRITS

« C'est l'amour explosif qui fait sauter les boutons de braguette. »
Pierre Dac

....

« Le cul se situe à l'endroit où le dos change de nom. »
Jean Yanne

....

« Ponce Pilate n'avait pas le sens de l'économie. On aurait pu très bien en effet crucifier les gens à cinquante centimètres du sol. Ce qui aurait été aussi efficace qu'à quatre mètres et aurait permis de ne pas gaspiller du bois. »
Jean Yanne

....

« Lorsque ma femme me fait un cadeau, j'ai deux surprises : d'abord le cadeau, ensuite de le payer. »
Maurice Donnay

....

« Le jambon fait boire. Or, le boire désaltère. Donc, le jambon désaltère. »
Montaigne

....

« Voler, c'est quand on a trouvé un objet avant qu'il ne soit perdu. »
Coluche

....

« Si l'on te frappe sur la joue droite, ignore ce que tu fais de ta main gauche. »
Francis Blanche

....

« Je n'ai pas assisté à beaucoup de courses de spermatozoïdes mais j'ai donné beaucoup de départs. »
Olivier de Kersauson

....

« Mon médecin m'a recommandé d'arrêter les petits dîners pour quatre. À moins qu'il y ait trois autres personnes… »
Orson Welles

....

LA RONDE DES MÉTIERS

Menuisier

Quelle différence y a-t-il entre un menuisier et l'université ?

Le menuisier fait des lits en sciant et l'université fait des licenciés…

....

Chercheur

Un chercheur annonce à la presse son invention :

– J'ai élaboré un ordinateur qui a une intelligence quasi-humaine !

– Cet ordinateur peut-il se tromper ? demande un journaliste.

– Oui, mais il mettra son erreur sur le dos d'un autre ordinateur !

....

Contrôleur des impôts

Un contrôleur des impôts s'étonne de recevoir la première déclaration de revenu d'une personne âgée de 59 ans. Il la contacte :

– Je m'étonne, il semble qu'il s'agit de la première fois que vous faites une déclaration de revenus ? Je n'ai trouvé aucun antécédent de déclarations dans nos fichiers ! Comment cela se fait-il ?
Et le contribuable lui répond :
– C'est parce que cette année, je n'ai pas gagné assez pour être imposable !

....

Militaire

Un adjudant rassemble sa compagnie et annonce :
– Le défilé de la Victoire aura lieu dimanche prochain. S'il pleut le matin, il se déroulera l'après-midi. Et s'il pleut l'après-midi, il se fera le matin…

....

Postier

Une dame demande à une amie qu'elle n'a pas revue depuis longtemps :
– Alors ! Votre fils qui passait son concours d'entrée à La Poste, qu'est-ce qu'il fait maintenant ?
– Rien…
– Il n'a pas eu son concours ?
– Si ! Il ne fait plus rien, il travaille à la Poste !

....

Les femmes, les hommes…

Pourquoi « ordinateur » est du genre masculin ?
Parce qu'il faut lui dire ce qu'il faut faire !

....

Une mère de famille gronde son fils :
– Combien de fois devrais-je te répéter que tu ne dois pas interrompre ton père lorsqu'il m'écoute !

....

Pourquoi les femmes sont-elles plus dépressives que les hommes ?
Parce qu'elles font du sur-ménage !

....

Un type rencontre un copain.
– Au fait ! Comment va ton perroquet ? Toujours aussi drôle et bavard ?
– Il est mort juste après que je me sois marié…
– Mince ! Il était jaloux de ta femme ?
– Non. Il a déprimé, il ne pouvait plus en placer une…

....

Un prisonnier demande à son compagnon de cellule :
– Tu sais à quoi ça ressemble un détecteur de mensonges ?
– Oui, j'en ai épousé un…

....

Une femme s'étonne de constater que son amie ne porte pas son alliance à l'annulaire :
– Mais ! ? Pourquoi tu ne portes plus ton alliance au bon doigt ? lui demande-t-elle.
– Parce que finalement, ce n'est pas le bon mari…

....

Pour un homme, qu'y a-t-il de plus horrible que l'amour d'une vieille femme laide ?
L'amitié d'une jolie jeune femme !

....

Quelle différence y a-t-il entre un avocat et une femme ?
Pour défendre une cause l'avocat met sa robe alors que la femme l'enlève !

....

Qu'est-ce qu'une femme fidèle ?
Celle qui s'acharne sur un seul homme !

....

Blagues coquines

En France, pourquoi est-il impossible de nettoyer sa maison et de recevoir une fellation en même temps ?
Parce que la polygamie est interdite.

....

Quel point commun y a-t-il entre l'enfer et le Viagra ?
Satan l'habite.

....

Quelle différence y a-t-il entre une fille moche et une boîte de vitesses ?
La boîte de vitesses a plus de rapports !

....

Qu'est-ce qu'une bonne maman qui a le sens du sacrifice le jour de Noël ?
C'est celle qui donne les piles de son sex-toy pour le jouet de son enfant…

....

Un gendarme arrête une automobiliste d'un certain âge parce qu'elle n'a pas respecté la limitation de vitesse à 30 km/h :
– Madame, vous étiez à 60 ! lui dit-il.
– Oui, c'est vrai, quand j'étais jeune… Avoue la conductrice. Mais maintenant, je le fais pour seulement 20 euros !

....

Une femme à son mari :
– Chéri, viens vite ! Je suis toute mouillée…
– J'arrive ! Excuse-moi, j'avais oublié que c'est moi qui tenais le parapluie !

....

Pourquoi le Viagra existe-t-il en spray nasal ?
C'est pour les tête de glands !

....

Deux copines discutent de leurs mecs…
– Comment ça se passe avec le tien ?
– Bien. On a une relation très ouverte !
– C'est-à-dire ?
– Il ouvre son portefeuille et moi j'ouvre mes cuisses…

....

LES RÉPLIQUES DE CINÉ LES PLUS DRÔLES

– Je suis avare. C'est le seul vice qui ne coûte rien.
***Que la fête commence* (1974) de Bertrand Tavernier avec Philippe Noiret, Jean Rochefort, Jean-Pierre Marielle**

....

– Enfin ! Tu ne vas pas jeter ta fille dans le lit de cet avorton !
– Je ne lui donne pas un mari, je lui donne un magasin très bien placé.
***Pot-Bouille* (1957) de Julien Duvivier avec Gérard Philipe, Dany Carrel, Danielle Darrieux**

....

– Vous attaquez bien le sol avec votre talon, vous déroulez le pied, et vous poussez avec la pointe !
– On marche, quoi !
***Les Randonneurs* (1997) de Philippe Harel avec Benoît Poelvoorde, Karin Viard, Vincent Elbaz, Philippe Harel, Géraldine Pailhas**

....

– Le dessert c'est comme le musical : quand c'est bon, on fait des rappels.
***Que les gros salaires lèvent le doigt* (1982) de Denys Granier-Deferre avec Jean Poiret, Daniel Auteuil, Michel Piccoli**

....

– Mais ce sont mes parents, et ils m'aiment. Ne t'inquiète pas, je suis sûr qu'ils t'aimeront aussi !
– Tiens, c'est marrant, quelque chose me dit que je ne serais pas dans le ton des rideaux de la salle de billard...
***Shrek 2* (2004) d'Andrew Adamson et Kelly Asbury**

....

– Faut pas faire attention, c'est une brute née de la guerre.
– En langage clinique on appelle ça « un paranoïaque », en langage militaire « un brigadier ».
***Un Taxi pour Tobrouk* (1960) de Denys de La Patellière avec Lino Ventura, Charles Aznavour, Maurice Biraud, German Cobos, Hardy Krüger**

....

Animots

Sur la banquise, une maman pingouin apprend à nager à un bébé kangourou frigorifié. Au même moment, en Australie, une maman kangourou tient dans sa poche un bébé pingouin qui crève de chaud. La maman pingouin et la maman kangourou se disent alors :
– Mais quelle idiotie ces échanges scolaires !

....

Une sardine rencontre une autre sardine…
– Alors ! Comment ça va ta femme ?
– Partie avec un maquereau…
– Mince ! Et ta belle-mère ?
– Pour elle c'est super : depuis qu'elle a rencontré un pêcheur, tout baigne dans l'huile !

....

Quel risque y a-t-il pour une poule à se disputer avec le coq ?
D'obtenir des œufs brouillés !

....

Deux poissons se croisent dans un bocal :
– L'eau est froide aujourd'hui, non ? Il fait un froid de calmar !
– Tu as raison, j'ai la chaire de moule !

....

Que font les vaches courageuses ?
Elles prennent le taureau par les cornes !

....

Qu'est-ce qu'une chenille ?
Un ver de terre qui ne s'est pas rasé depuis une semaine...

....

Un zèbre s'échappe du zoo et se réfugie dans un pré, au milieu d'un troupeau de vaches. Soudain, il se trouve nez à nez avec le taureau.
– Tiens ? fait le zèbre. À quoi sers-tu, ici ?
Et le taureau lui répond :
– Enlève ton pyjama, je vais te montrer...

....

Que se demande un éléphant après avoir vu un homme nu ?
« Mais comment fait-il pour boire ? »

....

Les questions cons

Je suis gros, est-ce pour cela que j'en ai lourd sur la patate ?

....

Est-ce que saucer, c'est tremper ?

....

Est-ce parce qu'il y a 24 heures dans la journée qu'il y a 24 bières dans un pack ?

....

Quand la police dit rechercher un tueur en série, faut-il leur envoyer son CV ?

....

Celui qui souhaite avoir des papillons dans le ventre, doit-il s'introduire des chenilles dans le cul ?

....

Avec tous les fils de putes qu'il y a partout, leurs mères ne devraient-elles pas encombrer les trottoirs ?

....

Si dans l'adresse de mon GPS, j'écris « Putain, fais chier ! », est-ce qu'il m'amène directement sur mon lieu de travail ?

....

Pourquoi, lorsqu'elles sont encore trop vertes, les prunes noires sont-elles rouges ?

....

Si on me demande « signez votre nom », dois-je signer « votre nom » ?

....

Pourquoi les manches des tournevis pour petites vis sont-ils aussi fins ? Nos mains ne sont pas plus petites et ça fonctionnerait aussi bien avec un gros manche ?

....

Si l'on diffusait la musique de *Les dents de la mer* pendant une compétition de natation, les athlètes nageraient-ils plus vite ?

....

Trop blondes !

Une petite fille blonde revient de l'école avec un zéro. Elle annonce à sa maman qui, elle aussi, est blonde :
– Maman ! J'ai eu un point en moins parce que je n'ai pas su situer le col du fémur !
– Ce n'est pas bien grave, répond sa mère, moi aussi je suis nulle en géographie !

....

Une blonde annonce à une copine brune :
– C'est dingue ! Moi, je n'ai jamais eu de rhume de cerveau !
– Oui, tout comme les manchots n'ont jamais mal aux doigts...

....

Une blonde sort de sa chambre puis en referme la porte à double tour. Elle va ensuite chercher un long couteau dans la cuisine et une chaise pour s'installer devant sa chambre. Après avoir monté la garde devant sa chambre toute la journée, son mari rentre du travail et s'étonne de découvrir ainsi sa femme...

– Mais que fais-tu là ? lui demande-t-il.
– J'ai vu le docteur, lui répond la blonde, et il m'a dit de garder la chambre !

....

Dans un pays musulman, une blonde se rend à la plage. Un autochtone lui dit :
– Mademoiselle, les maillots deux pièces sont interdits ici !
– Ah… fait la blonde. Mais… laquelle des deux pièces dois-je enlever ?

....

Un type couche avec une blonde. Le lendemain matin pendant qu'elle se rhabille le type lui demande :
– Avant que tu ne partes, c'est quoi ton téléphone ?
– C'est un Samsung !

....

Un homme reçoit chez lui une blonde à dîner. Il organise un repas romantique et avant de passer à table, il se dirige vers sa chaîne Hifi et demande à la blonde.
– Que souhaitez-vous… Verdi ? Rossini ? Salieri ? Vivaldi ? Paganini ?
– Heu… Disons… Paganini, mais sans sauce tomate !

....

MOTS D'ESPRITS

« Être con est tout à fait supportable tant qu'on l'est suffisamment pour ne pas savoir qu'on l'est. »
François Cavanna

....

« Si seulement Dieu pouvait me faire un signe ! Comme faire un gros dépôt à mon nom dans une banque suisse. »
Woody Allen

....

« Les hommes jeunes voudraient être fidèles et ne le sont pas. Les vieux voudraient être infidèles et ne le peuvent pas. »
Oscar Wilde

....

« Tout le monde est capable de créer un système incapable de fonctionner. »
Coluche

....

« Félicitations : Politesse de la jalousie. »
Ambrose Bierce

....

« Les femmes sont tellement menteuses, qu'on ne peut même pas croire le contraire de ce qu'elles disent. »
Georges Courteline

....

« C'est rarement dans les endroits où on finit ses nuits qu'on trouve celle avec qui on va finir ses jours. »
Patrick Sébastien

....

« Il vaut mieux avoir eu une Rolls que d'en posséder une ; les souvenirs, eux, ne paient pas d'assurance. »
Philippe Bouvard

....

« Un pays neutre, c'est un pays qui ne vend pas d'armes à un pays en guerre. Sauf s'il paie comptant. »
Coluche

....

DEVINETTES

Comment faire entrer deux père Noël dans un réfrigérateur?
C'est impossible! Car il n'y a qu'un père Noël...
... et comment faire entrer un père Noël dans le réfrigérateur?
C'est impossible! Car le père Noël n'existe pas...

....

Comment appelle-t-on un Italien sans mains?
Un muet.

....

Quel point commun y a-t-il entre les enfants, ceux qui sont bourrés et les leggings?
Ils ne mentent jamais!

....

Quelle différence y a-t-il entre une sorcière, une femme de ménage et une femme coincée?
C'est l'emplacement du balai!

....

Que dit-on d'une femme de sumo qui refuse d'accomplir son devoir conjugal ?
Qu'elle fait la grève sur le tas !

....

Qu'y a-t-il de plus trompeur que les apparences ?
La photo d'un profil Facebook !

....

Pourquoi les Schtroumpfs sont-ils bleus ?
Parce que leurs culottes sont trop serrées…

....

Qu'est-ce qu'une personne qui remet toujours les choses au lendemain ?
Une personne qui a le sens des « à faire » !

....

Qu'est-ce qu'un optimiste ?
Quelqu'un qui plante deux glands dans un jardin et part en courant s'acheter un hamac !

....

Pourquoi la calvitie n'est-elle pas une maladie grave ?
Parce qu'il n'y a jamais de rechute !

....

Perles de coiffeurs

Finalement, cette cliente n'avait pas tort…

– Pffff… Sous le casque, elle me laissera tranquille un moment. Elle commence à me taper sur le système celle-là, à vouloir m'expliquer mon travail !

– J'entends tout, vous n'avez pas mis le casque en marche !

....

Les mystères du corps humain…

– Plus j'ai les cheveux courts, plus j'ai le nez qui s'allonge.

....

Cheveux électriques…

– Mes cheveux font des statistiques.

....

Un coiffeur se doit de ne jamais aborder les sujets qui fâchent.

– Vous avez des racines noires.

– Non, nous sommes tous blancs dans la famille.

....

En voilà une idée qu'elle est bonne!
– Les cheveux que vous m'avez coupés, ils ne pourraient pas me servir à me faire des implants?
– Non!
– Vous êtes sûr?

....

Ce client ne devait pas avoir de bonnes notes en géographie...
– Vous avez un début de calvitie... Vous avez vu?
– Je connais pas. C'est où?
« Calvitie »! Ce n'est tout de même pas compliqué à retenir?
– Vous pouvez me cacher le rond que j'ai sur la tête?

....

Ce n'est qu'une légende! Quand un coiffeur s'adresse au client, ce n'est pas toujours pour lui parler de ses vacances!
– Vous blanchissez un peu...
– Je ne m'expose pas au soleil.

....

Ce client doit avoir le moral dans les chaussettes!
– Je ne sais pas ce que j'ai ce matin, j'ai la tête à l'envers.
– Houla! ça ne va être facile pour vous coiffer!

....

Blagues à TOTO

Au moment de demander à Toto de passer à table, sa maman constate qu'il a encore les mains sales…
– Toto ! Qu'est-ce qu'on fait avant de manger ?
– On prend l'apéro !

....

Toto rentre chez lui en pleurant :
– Maman ! J'suis tombé de vélo !
– Encore ! Et avec ton pantalon tout neuf !
– Mais maman… J'ai pas eu le temps de l'enlever !?

....

Toto ramène son devoir de mathématiques à la maison. Sa mère constate qu'il a encore eu de très mauvais résultats :
– Comment expliques-tu ce devoir catastrophique ? Tu étais encore loin de la mauvaise réponse ? lui demande-t-elle.
– Oui, à quatre rangées devant moi…

....

Toto, à qui son père avait expliqué que les garçons naissaient dans les choux et les filles dans les roses, entre inopinément dans la chambre de ses parents pendant qu'ils font l'amour. Toto lance alors à son père :
– Alors, on jardine ?

....

Un représentant sonne à la porte de Toto. Ce dernier lui ouvre avec une clope au bec et une canette de bière à la main…
– Heu… Bonjour petit. Ta maman est là ?
– Devinez…

....

Toto rentre de l'école et dit à ses parents :
– J'ai une bonne et une mauvaise nouvelle à vous annoncer !
– Commence par la bonne… lui demande son père.
– Je ne me souviens plus de la mauvaise !

....

Toto est heureux d'annoncer à ses parents :
– Papa ! Maman ! Nous sommes invités à une réunion à l'école !
– Ah ? Et nous serons nombreux ? demande la mère
– Non. Toi, papa, moi et le directeur !

....

LES PLUS COURTES SONT LES MEILLEURES

Une femme fait de la conduite accompagnée avec son mari. Ce dernier lui explique les principales règles de sécurité à observer :
– Quand le feu passe au rouge, tu t'arrêtes. Quand le feu est au vert, tu passes. Et quand je deviens blanc, tu ralentis…

....

– Ma femme m'énerve, dit un type à son collègue, elle n'arrête pas de me parler de son ex-mari !
– Ne te plains pas, lui répond le collègue, la mienne ne parle que de son prochain mari…

....

Un Corse se roule une cigarette… Son copain lui demande :
– Tu fumes toujours ? Je croyais que ton médecin t'avais dit qu'il fallait arrêter ? En plus, tu les roules toi-même maintenant ?
– Mmmoui… En fait, il m'a dit que je pouvais continuer à fumer un peu, à condition que je fasse de l'exercice !

....

Un marin réveille son capitaine :
– Capitaine ! Capitaine ! Le bateau va couler !
– À combien sommes-nous de la terre ? demande la capitaine.
– À environ deux miles, mon capitaine !
– Très bien. Et dans quelle direction ?
– Vers le bas, mon capitaine…

....

Un Écossais dit à un copain :
– Il faut absolument que je trouve de l'argent avant demain !
– Je suis désolé mais…
– … et je ne sais pas à qui demander.
– Ouf ! Tu me soulages, j'ai cru que tu allais me demander !

....

Un homme propose à sa femme un petit jeu :
– Est-ce que tu serais capable, en une seule affirmation, de me dire une vérité qui me rende heureux et triste à la fois ?
Sa femme réfléchit un instant et lui dit alors :
– Tu en as une plus grosse que tous tes copains !

....

DIEU & CO

Pourquoi les prêtres orthodoxes n'ont-ils jamais d'accident de voiture ?
Parce que les popes cornent !

....

Saint Pierre est tout affolé, il court porter une terrible nouvelle à Dieu :
– Dieu ! Oh, Dieu ! Ça y est, ils ont trouvé le code du génome humain !
– Ah !!! hurle Dieu. Satanés hackers ! Je vais devoir changer le mot de passe !

....

Deux anges se percutent en plein vol. Qu'obtient-on ?
Quelques ailes froissées...

....

Un curé célèbre le mariage d'un jeune couple :
– Monsieur Tourmalet, acceptez-vous de prendre pour épouse mademoiselle Bontemps ici présente ?

– Non !
Le marié tourne alors les talons et s'enfuit en courant de l'église. L'assistance est stupéfaite. La mariée fond en larmes. Sa mère se lève, gifle le curé et crie :
– Pourquoi lui avez-vous posé cette question !!! Vous êtes le seul à lui avoir demandé son avis !

....

Qui était Ève ?
La première pomme-pomme girl !

....

Un juif cherche à se garer dans le Sentier. Voilà trois fois qu'il fait le tour du quartier et qu'il ne trouve pas de place pour stationner. Il se met alors à prier :
– Mon Dieu ! Je t'en supplie ! J'ai un rendez-vous très important, je vais être en retard. Si tu me trouves une place dans les cinq minutes, je te promets d'offrir 10 % de mon chiffre d'affaire à la synagogue !
Trente secondes après avoir terminé sa prière, une voiture sort de son stationnement et libère une place !
Le juif dit alors :
– Mon Dieu, ne cherche plus, j'ai trouvé !

....

LES RÉPLIQUES DE CINÉ LES PLUS DRÔLES

– Je ne sais pas si vous êtes au courant mais ici, la maison n'accepte pas les chèques.
– Mais nous ne sommes pas cheiks, nous sommes rois !
***Les Rois mages* (2001) de Didier Bourdon et Bernard Campan avec Didier Bourdon, Bernard Campan, Pascal Légitimus**

....

– Une paella sans coquillages, c'est un gigot sans ail, un escroc sans rosette.
***Un Singe en hiver* (1962) d'Henri Verneuil avec Jean-Paul Belmondo, Jean Gabin, Noël Roquevert, Suzanne Flon**

....

– Ça va, toi ?
– Ça va très bien ! J'ai bouffé d'la purée avec une paille pendant trois jours, mais à part ça, ça va très bien !
***Tendre Poulet* (1977) de Philippe de Broca avec Annie Girardot, Philippe Noiret, Georges Wilson**

....

– C’est qui, celle-là ?
– Cendrillon.
– Ben… Ta Cendrillon, elle a un pétard comme ça dans son sac !
– C’est sa baguette magique !
***Subway* (1985) de Luc Besson avec Christophe Lambert, Isabelle Adjani, Richard Bohringer**

………..

– Touche pas au grisbi… salope !!!
***Les Tontons Flingueurs* (1963) de Georges Lautner avec Lino Ventura, Bernard Blier, Francis Blanche, Claude Rich, Jean Lefebvre, Jacques Dumesnil**

………..

– Quel âge elle a ta langoustine ? Eh alors, elle est plus de la première fraîcheur ta langoustine ?
– C’est drôle quand tu veux être sympa, tu trouves le moyen d’être fumier !
***La Traversée de Paris* (1956) de Claude Autant-Lara avec Jean Gabin, Bourvil, Louis de Funès**

………..

Humour noir

Un homme entre dans une pharmacie et demande :
– Je voudrais quelque chose pour mon bébé qui pleure la nuit. Ses dents le font souffrir et il ne cesse pas de hurler.
– Le pauvre ! dit la pharmacienne. Tenez ! Vous lui donnerez ceci, c'est homéopathique. Ça vous fera 50 euros, s'il vous plaît.
– 50 euros ! Laissez tomber… Donnez-moi plutôt une boîte de boules Quies.

....

Un chirurgien demande à un jeune chirurgien :
– Alors, cette opération que je t'ai confiée ! Tu t'en es bien sorti ?
– Quoi ! Ce n'était pas une autopsie ! ?

....

Un jockey vient de décéder. Sa femme et son meilleur ami se rendent à la morgue pour identifier le défunt. L'employé ouvre un premier tiroir et la femme dit :
– C'est pas lui !

L'employé ouvre un second tiroir et la femme dit :
– Mais ! ? C'est toujours pas lui !
L'employé ouvre un troisième tiroir et la femme dit :
– M'enfin ! Ce n'est pas lui !
Le meilleur ami du défunt crie alors :
– Yeeeeeeees !!!!
– Mais qu'est-ce qu'il te prend ? lui demande la femme.
– Pardon… J'avais parié qu'encore une fois il ne serait pas dans les trois premiers…

....

Dans un grand magasin, une femme affolée demande à un magasinier :
– S'il vous plait, j'ai perdu ma petite fille ! Où dois-je me rendre ?
– Au troisième étage, au rayon « fleurs artificielles et plaques funéraires », Madame.

....

Une femme se rend chez une voyante…
– Je vois… Je vois… un terrible danger menace votre mari… Je vois… Je vois… votre mari mourir !
– Bon d'accord, mais est-ce que vous pouvez me dire si je vais être acquittée ?

....

COMMENT EMMERDER LE MONDE

Sortez le doigt de votre nez juste avant de serrer la main à quelqu'un !

....

Ratez volontairement votre créneau une dizaine de fois afin de créer un bel embouteillage.

....

Calez à un feu et faites semblant de ne pas parvenir à redémarrer tout le temps qu'il reste au vert.

....

Marchez de plus en plus doucement devant quelqu'un jusqu'à ce qu'il veuille vous dépasser puis… accélérez ! Ralentissez ensuite de nouveau…

....

Inversez les contenus de la salière et de la sucrière chez des amis ou à la cantine.

....

Enduisez les interrupteurs des toilettes publiques avec le contenu d'un yaourt au chocolat...

....

Casque vissé sur la tête avec musique à fond dans les oreilles, chantez très fort dans le métro aux heures de pointe !

....

Après s'être baigné, secouez-vous tel un chien à côté d'une personne qui bronze sur sa serviette.

....

Faites croire à un inconnu que vous vous connaissez.

....

Fumez dans les lieux publics, soufflez votre fumée de cigarette sur quelqu'un...

....

Allongez-vous sur le passage du tire-fesses pour faire tomber les skieurs qui montent !

....

L'abus d'alcool est dangereux pour la santé

Un docteur examine son patient et lui annonce :
– Je ne peux pas affirmer à quoi sont dues vos douleurs au foie… Peut-être est-ce l'alcool ?
– Bien, docteur. Dans ce cas, je repasserai vous voir quand vous aurez dessaoulé.

………..

Dans une maternité, un bébé naît en riant… Tout le monde s'empresse de venir voir ce bébé qui est mort de rire, personne n'a jamais vu ça ! Le chirurgien accoucheur remarque que le nourrisson tient une main fermée. Délicatement, il écarte les petits doigts du nouveau-né qui ne cesse pas de rire, et découvre, étonné, dans le creux de la main… une pilule du lendemain !

………..

Les brasseurs du monde entier se sont réunis pour le grand salon de la bière. Plusieurs Présidents Directeurs Généraux se retrouvent dans un bar autour d'une table. Le serveur arrive et le PDG de Kanterbraü passe commande :

– Une Kanterbraü, s'il vous plaît !
– Et pour vous ? demande le serveur au PDG de Kronenbourg.
– Une Kronenbourg !
Le serveur se tourne vers le PDG de Chimay et lui demande :
– Que désirez-vous ?
– Un lait-menthe, s'il vous plaît.
Le PDG de Kanterbraü et celui de Kronenbourg se tournent alors vers lui et s'inquiètent :
– Tu ne prends pas une Chimay ?
– C'est-à-dire, les gars, si vous ne prenez pas de bière, alors moi non plus !

....

Un type rentre chez lui complètement bourré. Il fait nuit et sa femme est couché depuis longtemps lorsqu'un grand bruit la réveille en sursaut.
– Qu'est-ce que c'est ! crie-t-elle. C'est toi ? Qu'est-ce qui a fait ce bruit ?
Le mari lui répond :
– C'est rien… C'est ma veste qu'est tombée…
– Ah ? C'est ça qui a fait autant de bruit ?
– Heu… Oui, peut-être parce que j'étais encore dedans ?

....

Ces chères têtes blondes

– La maîtresse explique que les vaches mâchent toute la journée. Un élève lui demande alors :
– Mais… À part le chewing-gum, qu'est-ce qu'elles mangent ?

....

Un petit enfant demande à sa maman :
– Est-ce que ça vole, un ange ?
– Oui, pourquoi ?
– Parce que papa il a appelé la nounou qui est venue me garder « Mon ange » !
– Ah bon ! Attends qu'elle revienne, tu vas voir comment elle va voler !

....

Une petite fille interroge sa maman :
– Dis, maman ! Si je suis sage, est-ce que j'aurai un mari pour quand je serai grande ?
– Mais oui, ma chérie…
– Et si je ne suis pas sage ?
– Eh bien, tu en auras plusieurs !

....

Un enfant assiste à un mariage. Il voit la mariée entrer dans l'église au bras de son père puis en ressortir un peu plus tard en tenant la main de son mari.
– T'as vu ! dit-il à sa mère. Elle a changé d'avis !
– Comment ça ?
– Ben… Elle est entrée avec un vieux et elle ressort avec un jeune !

....

Un père divorcé cuisine un lapin en sauce à ses deux jeunes enfants qu'il reçoit pour le week-end. À table, le petit garçon s'inquiète de savoir ce qu'il mange…
– Dis papa, qu'est-ce que c'est qu'on mange ?
– Ah, ça… C'est un secret dit le papa. La seule chose que je peux te dire, c'est qu'avant, ta maman elle m'appelait comme ça…
La petite sœur recrache alors tout dans son assiette et lance à son frère :
– Crache vite, c'est du trou du cul !!!

....

Une maîtresse demande à sa classe :
– « J'aime »… Quel est ce temps ?
Un élève lève le doigt et répond :
– C'est du temps perdu, m'dame !

....

DRÔLES DE COUPLES

Une femme est en pleurs et son mari la questionne :
– Qu'as-tu, ma chérie ? Tu as de la peine ?
– Oui… Snif !
– Qu'y a-t-il… Dis-moi !
– La voisine… Eh bien, son mari, lui, il lui a acheté une nouvelle robe ! Et puis une belle bague ! Et aussi, il lui a acheté les chaussures que je regardais en vitrine ! Et puis…
– Arrête ! Ne dis pas de sottises ! Regarde plutôt ce que tu as ! Toi, tu as trois beaux enfants ! dit le mari pour la consoler.
– Oui, ben… Si j'avais dû compter sur toi !

....

Un homme rentre chez lui et annonce fièrement à se femme :
– Ça y est ! J'ai enfin trouvé ton point G !
– Comment ça ? fait-elle surprise.
– J'ai trouvé ton point G, c'est ta sœur qui l'avait !

....

Un couple regarde la télévision…
– Pfff… soupire la femme. Je m'emmerde, et toi ? demande-t-elle à son mari.
– Pfff… Moi aussi je t'emmerde.

....

Un homme annonce à sa femme :
– Chérie ! Je n'ai pas de caleçon…
– Mmmh ! Intéressant… Et qu'est-ce que cela sous-entend ?
– Bah… Qu'il faudrait que tu fasses une lessive !

....

Un homme annonce à sa femme :
– Chérie… Il faut que je te dise une chose importante : j'ai un gros, très gros problème…
– Ne dis pas « Je » mais « Nous ». On partage tout ; les joies comme les peines. Alors, dis-moi ?
– Ok. Alors nous avons mis la voisine enceinte.

....

Un homme dit à sa femme :
– Après m'être rasé le matin, j'ai la sensation de rajeunir de 20 ans ! J'ai la pêche toute la journée !
Et sa femme lui répond :
– Pourquoi ne te rases-tu pas le soir ?

....

Les belles-mères

Un type raconte à son collègue de bureau :
– Cet été, j'ai amené ma belle-mère à la plage avec nous, et elle a failli se noyer !
– Non ! ?
– Si ! Pas foutu de réussir quelque chose, celle-là…

....

Un type annonce fièrement à un ami :
– Ça y est, je me suis enfin décidé à offrir des fleurs à ma belle-mère !
– Sans blague ! C'était son anniversaire ?
– Non, son enterrement !

....

Un homme rentre très excité dans une armurerie :
– Il me faut un flingue ! Je vais la buter, cette vieille peau !
– Calmez-vous, monsieur. Que souhaitez-vous ? lui demande l'armurier.

– Un flingue, un fusil, une grenade, un bazooka, n'importe quoi pourvu que je puisse éclater cette grosse vache !
– Mais voyons ! Restez-calme… De qui parlez-vous ?
– De ma belle-mère ! Je ne la supporte plus, il faut que je m'en débarrasse !
– Dans ce cas, monsieur, je ne peux pas vous vendre une arme. Je vous conseille de revenir quand vous serez calmé…
– Et pourquoi !
– Vous êtes beaucoup trop énervé, vous pourriez la louper…

....

Sur une route de campagne, un conducteur fait une embardée pour éviter une vieille femme qui traversait sans regarder. Malheureusement, l'automobiliste écrase une poule qui suivait la mamie… Le type s'arrête, descend de sa voiture et va sonner à la porte de la ferme voisine. Un paysan lui ouvre et l'automobiliste lui raconte son histoire en expliquant qu'il est navré pour la poule, qu'il veut bien la rembourser… Le paysan devient rouge de colère :
– Quoi ! Non seulement vous écrasez ma meilleure pondeuse mais en plus, vous évitez ma belle-mère !

....

LA RONDE DES MÉTIERS

Plongeur

Un plongeur explore la faune sous-marine… Soudain, un apnéiste arrive à son niveau et lui fait de grands signes. Vexé d'être rejoint par un type sans bouteille, le plongeur descend 10 mètres plus bas. Quelques instants plus tard, l'apnéiste le rejoint et lui fait un signe de la main. Énervé, le plongeur descend encore 10 mètres plus bas mais quelques secondes plus tard, l'apnéiste l'a de nouveau rattrapé … Surpris, le plongeur s'empare alors de sa petite ardoise et écrit dessus « Qu'est-ce que vous faites à 30 mètres sans équipement ! ? ». L'apnéiste saisit la craie et répond sur l'ardoise « Je me noie, ducon !!! »

………..

Promoteur immobilier

Qu'est-ce qu'un promoteur immobilier ?

Quelqu'un qui encourage les gens qui n'en ont pas besoin à acheter des logements qui ne sont pas encore construits avec de l'argent qu'ils n'ont pas !

………..

Serviteur

Un serviteur ouvre sans frapper la porte de la salle de bain de la maîtresse de maison.

– Madame, souhaite-t-elle prendre un thé ?

– Oui, volontiers... Dites-moi, Hector !

– Oui, madame ?

– Je dois vous féliciter ! Cela doit faire maintenant dix ans que vous êtes à mon service, que vous entrez dans ma salle de bain sans frapper, et pas une seule fois vous ne m'avez surprise nue, ni même dérangée ! Quel est votre secret, Hector ?

– Je regarde par le trou de la serrure, madame...

....

Technicien de surface

Un étudiant est engagé pendant les vacances universitaires dans un supermarché. Le chef de rayon lui explique son travail :

– C'est simple ! Tu prends ce balai et tu seras chargé de nettoyer le magasin tous les soirs après la fermeture.

– Mais enfin ! Je fais des études, moi !

– Ah, pardon ! Je vais vous montrer comment il faut faire...

....

TOC TOC TOC

– Toc-toc-toc!

– *Qui est là ?*

– Ambre ou Gérard…

– Ambre ou Gérard qui ?

– Ambre ou Gérard, j'exilerai ma peur, j'irai plus haut que ces montagnes de douleur. En rouge et noir…

(En rouge et noir* - Jeanne Mas*)

....

– Toc-toc-toc!

– *Qui est là ?*

– Albane…

– Albane qui ?

– Albane myself, don't wanna be, all by myself, anymore…

(All by myself* – Céline Dion*)

....

– Toc-toc-toc!

– *Qui est là ?*

– Dan…

– Dan qui ?

– Dan port d'Amsterdam, y'a des marins qui chantent, les rêves qui les hantent, au large d'Amsterdam, dans le port d'Amsterdam, y'a des marins qui dorment…

***(Amsterdam* – Jacques Brel)**

………..

– Toc-toc-toc!

– *Qui est là ?*

– Noah. C'est Noah…

– Noah. C'est Noah qui ?

– Noah, c'est Noah, il n'y a plus d'espoir, oui gris c'est gris, et c'est fini, oh, oh, oh, oh…

***(Noir c'est noir* – Johnny Halliday)**

………..

– Toc-toc-toc!

– *Qui est là ?*

– Jenna…

– Jenna qui ?

– Jenna suis pas un héros, mes faux pas me collent à la peau, je ne suis pas un héros, faut pas croire ce que disent les journaux…

***(Je ne suis pas un héros* – Daniel Balavoine)**

………..

HOMMES ET FEMMES EN BLANC

Que font deux gynécologues qui trinquent ensemble ?
Ils boivent l'ovaire de l'amitié !

....

Quels sont les seuls hommes à ne pas pouvoir vivre sans l'appendice ?
Les chirurgiens…

....

Une femme se rend chez un psychiatre :
– Mon mari se prend pour un parcmètre !
– Il faudrait qu'il vienne m'en parler lui-même.
– Il ne peut pas, il a la bouche pleine de pièces !

....

Un médecin de campagne reçoit dans son cabinet un féru de la chasse.
– Alors ? interroge le médecin, vous avez tué du gibier ces temps-ci ?

– Le gibier, ce n'est pas comme vos malades… Il bouge, lui !

....

Un portugais se rend chez son médecin qui lui annonce :
– Le bilan n'est pas terrible… Vous avez des cailloux dans les reins, des dépôts dans les artères, de l'eau dans les tissus…
Le patient l'interrompt :
– Ne me dites pas que j'ai aussi du sable dans les oreilles autrement, je construis une maison !

....

Le directeur d'un asile fait le tour de ses pensionnaires. Dans une chambre, un fou saute sur place et un autre se tient immobile, recroquevillé dans un coin…
– Pourquoi saute-t-il ? demande-t-il à l'infirmer.
– Il se prend pour un pop-corn !
– Et l'autre, pourquoi est-il recroquevillé dans un coin ?
– Lui, il est tombé de la casserole…

....

À l'hôpital, un patient s'inquiète de l'opération. Il demande au chirurgien :
– Combien cette intervention va-t-elle me coûter ?
– Ne vous en faites pas, lui répond le chirurgien, ce sont vos héritiers qui paieront !

....

LES RÉPLIQUES DE CINÉ LES PLUS DRÔLES

– Tu sais quoi mon petit, si j'avais été un Sardou, il y a longtemps que tu te serais pris un coup de latte dans la gueule.
***Podium* (2004) de Yann Moix avec Benoît Poelvoorde, Jean-Paul Rouve, Julie Depardieu**

....

– Et la chinetoque, vieux, la p'tite hôtesse… Elle est maquée ?
– Ouais, elle est avec moi.
– Et sa copine, la frisée ?
– Elle est maquée aussi avec moi.
– Ah bon ? Bon ben… J'attaque l'infirmière.
– Ah non, dit ! Elle est avec moi !
– Ah bon, excuse-moi, vieux ! Autant pour moi.
– Ecoute, « vieux », y'a 500 G.M. ici, alors t'as le choix.
– Ouais.
– Alors tu lâches le coup des G.O. !
– Y'a quel pourcentage de filles pour un mec ?
– Ça dépend du mec ça.
***Les Bronzés* (1978) de Patrice Leconte avec Michel Blanc, Marie-Anne Chazel, Christian**

Clavier, Thierry Lhermitte, Gérard Jugnot, Josiane Balasko

....

« Chassez le naturiste, il revient au bungalow. »
***Camping* (2006) de Fabien Onteniente avec Franck Dubosc, Gérard Lanvin, Mathilde Seigner, Claude Brasseur**

....

– Je connais ton honnêteté, mais je connais aussi mes classiques. Depuis Adam se laissant enlever une côte, jusqu'à Napoléon attendant Grouchy, toutes les grandes affaires qui ont raté étaient basées sur la confiance… Faire confiance aux honnêtes gens est le seul vrai risque des professions aventureuses.
***Le Cave se rebiffe* (1961) de Gilles Grangier avec Jean Gabin, Bernard Blier**

....

– Michel, si tu continues je t'arrache les yeux !
– Tant mieux, comme ça je verrai plus ta gueule !
***Une Époque formidable* (1991) de Gérard Jugnot avec Gérard Jugnot, Richard Bohringer, Ticky Holgado, Victoria Abril**

....

Les dragueurs

Un gars super dragueur entre dans une pharmacie :
– Je voudrais une boîte de préservatifs, s'il vous plaît. Je sors avec une nana qui ne pense qu'à baiser !
Le pharmacien lui donne une boîte et le mec ajoute :
– Donnez-moi donc une autre boîte, sa sœur est super bandante, je suis sûr de me la faire ! Elle n'attend que ça…
Le pharmacien lui donne donc une deuxième boîte de préservatifs. Le mec dit alors :
– En fait, donnez-moi une troisième boîte. Ce soir, je dîne chez sa mère et elle est encore super bonne. C'est une vraie cochonne, ça se voit quand elle me regarde… Je vais me faire les deux sœurs et après, je me tape la mère !
Le pharmacien lui donne une troisième boîte… Le soir venu, le mec dîne donc avec sa petite amie, sa sœur et ses futurs beaux-parents. Mais lui qui est habituellement beau parleur, passe tout le repas sans dire un seul mot et la tête plongée dans son assiette. Après avoir mangé, sa copine l'amène à l'écart et lui demande :
– Mais qu'est-ce qui ne va pas ? Tu n'as rien dit ! ?
Et il lui répond :
– Tu m'avais pas dit que ton père était pharmacien…

....

Lors d'une soirée, un type demande à un autre :
– Vous aimez les femmes qui ne savent pas cuisiner ?
– Non, pas trop...
– Et celles qui sont connes ?
– Non, pas vraiment...
– Et celles qui dépensent tout votre argent ?
– Non, pas du tout !
– Je suppose que vous n'aimez pas non plus celles qui sont des mauvais coups au lit ?
– Ah oui ! J'essaye de les éviter !
– Alors arrêtez de draguer ma femme !!!

....

Un mec hyper balaise entre dans un ascenseur où se trouve un nain. Le mec regarde le nain droit dans les yeux et lui lance :
– Salut ! Jean-Luc Debois ! Je pèse 130 kilos, je mesure 1 m 95 et j'ai une queue de 25 cm.
Le nain tourne alors de l'œil et s'évanouit. Le mec lui flanque quelques claques et le nain commence à recouvrer ses esprits :
– Tu... Tu peux répéter ? demande alors timidement le nain au type balaise.
– Ouais ! Je pèse 130 kilos, je mesure 1 m 95, j'ai une queue de 25 cm et je m'appelle Jean-Luc Debois.
– Ouf ! fait le nain soulagé, j'avais compris « j'encule debout »...

....

Blagues coquines

Que dit un nain à sa femme avant de se mettre au lit ?
On se fait un 34.5, ce soir ?

....

Un mari rentre à l'improviste chez lui alors que sa femme est au lit avec son amant. Ce dernier se dépêche de se rhabiller avant d'être surpris mais il ne parvient plus à mettre ses chaussures ! Trop tard… le mari entre dans la chambre. Tout penaud, l'amant qui tient une chaussure à la main lui dit alors :
– Désolé, je suis gonflé, je ne parviens pas à l'enfiler…

....

Un homme se couche à côté de sa femme et lui dit :
– Ferme les yeux et ouvre la bouche ! J'ai une surprise pour toi…
Sa femme ferme les yeux, ouvre la bouche et son mari en profite pour lui mettre un cachet d'aspirine dedans.
– Qu'est-ce que c'est ? dit la femme.
– Un cachet d'aspirine !

La femme recrache aussitôt le cachet.
– Ça va pas ou quoi ! ? Je n'ai pas mal à la tête !
– Ah ? Alors on va pouvoir faire un gros câlin…

....

Pourquoi Jules César a-t-il eu beaucoup d'enfants ?
Parce qu'il avait la Gaule !

....

Quel point commun y a-t-il entre l'amour et le jardinage ?
Ça commence par une pelle, ça finit par un râteau…

....

Un couple de jeunes mariés s'apprête à franchir le perron de leur nouveau domicile conjugal. Le mari trafique la clef dans la serrure…
– Mais que fais-tu ? demande la jeune mariée. Tu l'ouvres ou pas ?
– Pfff ! Je n'arrive pas à la mettre dans le trou !
– Eh bien, ça promet !

....

Une prostituée et une vierge sont sur un bateau. La vierge tombe à l'eau… Pourquoi ?
Parce qu'elle a paniqué…

....

Trop blondes !

Une blonde demande à une autre blonde :
– Tu connais la différence entre un bus et un taxi ?
– Oh-la-la, toi et tes blagues ! Non, je sais pas…
– Bon ben… Qu'est-ce qu'on fait alors, on y va à pied ?

....

Pourquoi les blondes ont-elles toujours une main sur la hanche ?
Vous avez déjà vue une cruche sans hanse ?

....

Une maîtresse d'école convoque les parents d'un enfant… Sa mère, une grande blonde, se rend au rendez-vous.
– Que se passe-t-il avec mon fils ? demande la maman blonde.
– Il n'apprend pas ses leçons, il a de très mauvaises notes ! répond la maîtresse.
– Ah…
– Oui ! L'autre jour, je lui ai demandé « Qui a cassé le vase de Soissons ? »

– Et ?
– Savez-vous ce qu'il m'a répondu ?
– Non…
– Il a répondu « C'est pas moi ! »
– Oh ! Vous savez, dit la blonde, on ne va pas faire toute une histoire pour un vase cassé… Que monsieur et madame Soissons m'envoient la facture, je la règlerai.

………..

Deux anciennes amies blondes se retrouvent au bar d'une discothèque.
– Tu vois le type qui danse, là-bas ? Eh bien, c'est mon mari. Et tu vois le mec de l'autre côté de la piste, avec la chemise bleue ? Eh bien, c'est mon amant !
– C'est dingue ! fait l'autre blonde. Moi, c'est exactement le contraire !

………..

Dans un grand restaurant, une blonde demande à son mari :
– Dis-moi… Est-ce tu aimerais faire l'amour à trois ? Oh oui !
– Alors attention… Un… Deux… Et trois !!!

………..

MONSIEUR ET madame

Monsieur et madame **Tairik** ont une fille.
Comment l’appellent-ils ?
Alice (Ah, l’hystérique !)

....

Monsieur et madame **Tankaoutchou** ont une fille.
Comment l’appellent-ils ?
Debbie (Des bites en caoutchouc)

....

Monsieur et madame **Tanlamaire** ont un fils.
Comment l’appellent-ils ?
Jean (J’entends la mer)

....

Monsieur et madame **Toverso** ont un fils.
Comment l’appellent-ils ?
Derek (Des recto-verso)

....

Monsieur et madame **Abékilébau** ont un fils.
Comment l'appellent-ils ?
Oscar (Oh, ce scarabé qu'il est beau !)

....

Monsieur et madame **Antréto** ont un fils.
Comment l'appellent-ils ?
Edouard (Elle doit rentrer tôt)

....

Monsieur et madame **Corhun-Otrejoin** ont un fils.
Comment l'appellent-ils ?
Roland (Roule encore un autre joint)

....

Monsieur et madame **Dikultusé** ont un fils.
Comment l'appellent-ils ?
Terry (T'es ridicule, tu sais ?)

....

Monsieur et madame **Draissamaire** ont un fils.
Comment l'appellent-ils ?
Yvan (Il vendrait sa mère)

....

DRÔLES DE COUPLES

Un homme surprend sa femme au lit avec un clochard.
– Tu es tombée bien bas ! Ma pauvre femme... Je me doutais bien que tu couchais avec n'importe qui, mais là, ça dépasse l'entendement !
– Écoute, mon chéri... Ce n'est pas ma faute. Ce pauvre homme a frappé à la porte et il m'a demandé « Auriez-vous quelque chose dont votre mari ne se sert plus ? »

....

Un type se confie à un collègue :
– Je vais bientôt fêter mes 20 ans de mariage...
– C'est bien les couples qui durent...
– Et ça fait 20 ans que j'aime la même femme !
– C'est formidable, ça.
– Oui, mais c'est surtout très dangereux, si ma femme l'apprenait...

....

Un homme s'écroule au sol et appelle sa femme :
– Chérie ! Chérie ! Viens vite, s'il te plaît, je crois que j'ai fait un malaise !

Sa femme accourt et lui demande inquiète :
– Tu veux que j'appelle les pompiers ?
– Peut-être, oui…
– Ok. Je n'ai plus de batterie… Donne-moi le code de ton téléphone !
– Laisse tomber… Ça va déjà mieux…

....

Une femme à son mari :
– J'ai lu un article très instructif ! Il n'y a pas longtemps, un cerf s'est pris la foudre à cause de ses cornes !
– En quoi cela est-il instructif ?
– Quand il y aura de l'orage, faudra que je pense à m'éloigner de toi…

....

– Mon mari m'épuise ! confie une femme à sa collègue de bureau. Il m'use les nerfs, je ne le supporte plus ! Il me fatigue tellement que je maigris tous les jours !
– Pourquoi ne le quittes-tu pas ? lui demande alors sa collègue.
– J'attends de faire 50 kg et une taille 36.

....

MOTS D'ESPRITS

« Et si tout n'était qu'une illusion et que rien n'existait ? Dans ce cas, j'ai vraiment payé trop cher pour ce tapis. »
Woody Allen

....

« Mieux vaut être dévoré par les remords dans la forêt de Forbach qu'être dévoré par les morbacs dans la forêt de Francfort. »
Pierre Desproges

....

« Christophe Colomb fut le premier socialiste : il ne savait pas où il allait, il ignorait où il se trouvait… et il faisait tout ça aux frais du contribuable. »
Winston Churchill

....

« Quand vous citez un texte con, n'oubliez pas le contexte. »
Jacques Prévert

....

« Le monde est ainsi fait, il y a des hommes et des femmes, et on les distingue au fait que les femmes ont des salaires plus faibles que les hommes, et des seins plus gros. »
Jean Yanne

....

« J'essaye de noyer mon chagrin dans l'alcool mais depuis le temps, il a appris à nager. »
Philippe Geluck

....

« La bible ne fait pas le moine. »
Alexandre Breffort

....

« Je n'ai rien contre les étrangers. Le problème, c'est que d'une part, ils parlent pas français pour la plupart… Et selon le pays où on va, ils parlent pas le même étranger. »
Coluche

....

« Une fois que ma décision est prise, j'hésite longuement. »
Jules Renard

....

Les femmes, les hommes...

À quelle période de l'année les femmes sont-elles le moins bavardes ?
Au mois de février !

Quelle est la devise des femmes mariées ?
Prends ton mâle en patience !

Qu'est-ce qu'un couple extraordinaire ?
C'est un homme extra avec une femme ordinaire...

Pourquoi les femmes sont-elles des fées ?
Parce que les hommes ont la baguette !

Pourquoi les hommes emmènent-ils leur femme en vacances avec eux ?
Pour que les vacances paraissent plus longues !

Pourquoi Dieu a-t-il créé l'homme avant la femme ?
Pour qu'il ait le temps d'avoir un aperçu de ce que pouvait être le paradis !

....

Pourquoi Dieu a-t-il créé la femme en dernier ?
Parce qu'il ne tenait pas à recevoir des conseils pendant qu'il créait l'homme !

....

Qu'est-ce que les femmes ont tous les mois et qui ne dure que quatre ou cinq jours ?
Le salaire de leur mari !

....

Pourquoi les femmes aiment-elles passer tout leur temps au téléphone ?
Pour garder la ligne !

....

Pourquoi n'y a-t-il jamais eu de version féminine de la série TV « L'homme invisible » ?
Parce qu'une femme a horreur de passer inaperçue.

....

INSULTES À LA CON

Tu es un remède contre l'amour, tu ferais débander un âne !

....

Toi, tu as la tête de quelqu'un qui a inventé le beurre à couper le fil !

....

Ce n'est pas un cerveau que tu as, c'est du cervelas !

....

Va étancher ta soif avec l'eau que tu as dans le bocal !

....

À chaque fois que tu parles, c'est comme si je découvrais que les bovidés avaient la parole !

....

Trop con pour travailler, trop laid pour mendier !

....

Bouse reconstituée !

....

Cerveau binaire !

....

Aéré du cortex !

....

Plus lourd qu'une enclume, aussi con qu'un fer à repasser !

....

Embryon de rat d'égout !

....

Ouvrier manchot !

....

Saignement hémorroïdal !

....

ATROCES ET BIEN DÉGUEU

Une veille femme consulte un gynécologue et lui déclare :
– Docteur, je n'ai aucun rapport sexuel et pourtant, j'ai des orgasmes à répétition. Je n'en peux plus, cela m'épuise !
Le gynécologue examine la vieille femme puis lui annonce :
– Vous avez un abcès à côté du clitoris…
– C'est ce qui me fais jouir ?
– Non, madame. C'est l'asticot qui tourne autour…

....

Une femme est débordée de travail à la maison. Le repas à préparer, le ménage à faire, le repassage à terminer… Elle demande un peu d'aide à son mari une nouvelle fois vautré dans le canapé.
– Chérie ! Tu peux m'aider, s'il te plaît ?
– Hein ?
– Tu peux m'aider !
– Mouais… Pfff…
– Prends le petit et donne-lui le bain, s'il te plaît !

Un moment plus tard, elle entend le bébé hurler dans la salle de bain ! La femme accourt et voit son mari qui, tenant le bébé par un pied, le trempe dans la baignoire tout en le déplaçant de long en large !
– Mon dieu ! Qu'est-ce que tu fais !!! Tu vas le noyer ! Il faut le tenir dans tes bras !
– T'es pas folle ? répond le mari. Je vais me brûler !

....

Quelle différence y a-t-il entre un champignon et un phallus ?
Le champignon n'a pas de sexe mais le phallus peut avoir des champignons…

....

Une femme vient d'accoucher. Le chirurgien s'empare alors du bébé, le fait tournoyer au-dessus de sa tête puis le jette contre le mur avant de lui sauter dessus à pieds joints. La jeune mère hurle :
– Mon bébé ! Mon bébé ! Qu'est-ce que vous avez fait à mon bébé !!!
– Poisson d'avril ! dit le chirurgien accoucheur. Il était déjà mort !

....

LES RÉPLIQUES DE CINÉ LES PLUS DRÔLES

– Que personne ne bouge ! Tout le monde à plat ventre !
– On fait quoi ? On ne bouge plus ou on se met à plat ventre ? Parce que pour se mettre à plat ventre, ben… on est obligé de bouger, mais vous voulez pas qu'on bouge, alors…
Arizona Junior **(1987) de Joel Coen avec Nicolas Cage, Holly Hunter, Trey Wilson**

....

– Qu'est-ce qu'on fait de l'amour ?
– Très surfait. Sur un plan biochimique, tu arrives au même résultat en mangeant deux ou trois tablettes de chocolat.
L'Associé du diable **(1997) de Taylor Hackford avec Al Pacino, Keenu Reeves, Charlize Theron**

....

– Bonjour, c'est par où le village des gaulois ?
– Alors, le mieux d'ici : vous suivez les baffes, et normalement, ils sont au bout. Je vous accompagne pas,

vous m'en voulez pas ? Moi je vais rester ici et... réfléchir un peu.
***Astérix et Obélix, Mission Cléopâtre* (2002) d'Alain Chabat avec Gérard Depardieu, Christian Clavier, Djamel Debouze, Alain Chabat, Gérard Darmon**

....

– Tu veux que je prenne le volant ?
– Non. Tu as la réputation d'être suicidaire, rappelle-toi !
– Le simple fait de conduire à Los Angeles est suicidaire !
***L'Arme fatale* (1987) de Richard Donner avec Mel Gibson, Danny Glover**

....

– Peut-être qu'il y a une vie après la mort...
– La vie après la mort est aussi peu plausible que le sexe après le mariage !
***Cluedo* (1985) de Jonathan Lynn avec Eileen Brennan, Tim Curry, Madeline Kahn**

....

– C'est ça que t'appelles me couvrir ?
– C'est ça que t'appelles courir vite ?
***Butch Cassidy & Le Kid* (1969) de George Roy Hill avec Paul Newman, Robert Redford**

....

LES ROUSSES ET LES ROUX

On ne dit pas « Un roux qui fait une galipette ».
Mais on dit… « Une roulade ».

....

Qu'est-ce qu'un roux qui mange une carotte ?
Un cannibale !

....

Un pigeon gris, un pigeon blanc et un pigeon roux sont dans un bateau. Les trois tombent à l'eau. Le pigeon gris et le pigeon blanc parviennent à rejoindre la terre ferme mais pas le pigeon roux. Pourquoi ?
Parce que le pigeon roux coule ! *(le pigeon roucoule)*

....

On ne dit pas « Un roux moche qui me colle ».
Mais on dit… « Un roulé-boulé ».

....

Quelle différence y-a-t-il entre une rousse et un terroriste ?
On peut négocier avec un terroriste.

....

On ne dit pas « Une rousse qui a des gaz ».
Mais on dit… « Elle rouspète ».

....

Quel ouvrage Albert Camus a-t-il dédié à une rousse ?
La peste.

....

On ne dit pas « Un gitan roux ».
Mais on dit… « Une roulotte ».

....

Comment sait-on si une rousse a utilisé un ordinateur ?
Il y a un marteau encastré dans l'écran.

....

On ne dit pas « Un roux qui ne sait pas nager ».
Mais on dit… « Il roucoule »

....

Ces chères têtes blondes

Un enfant annonce à sa maîtresse :
– M'dame, papa et maman vont acheter un bébé !
– Mais non... On n'achète pas les bébés, on les fait soi-même !
– Si ! Nous, on est très riches, et papa n'est pas du tout bricoleur !

....

La maîtresse distribue une feuille blanche à chacun de ses élèves en leur demandant de dessiner ce qu'ils aimeraient faire plus tard. Un peu plus tard, la maîtresse ramasse les dessins et les regarde. Elle remarque que beaucoup de garçons ont dessiné un camion de pompier ou une voiture de police, que beaucoup de filles ont représenté une maîtresse d'école ou quelqu'un qui soigne les animaux... Pourtant, la petite Julie a rendu sa feuille blanche...
– Pourquoi n'as-tu rien dessiné, Julie ? lui demande la maîtresse. Tu ne veux rien faire plus tard ?
– Si...
– Alors, dis-moi... Qu'est-ce que tu veux faire quand tu seras grande ?
– Je veux me marier et avoir beaucoup d'enfants !

– Et ?
– Et quoi ? Vous voulez peut-être que je vous fasse un dessin ?

....

Qu'est-ce qu'un adolescent ?
Quelqu'un qui se conduit comme un bébé lorsqu'on ne le traite pas comme un adulte…

....

Un professeur interroge un élève dissipé et planqué au fond de la classe :
– Par le plus grand des hasards… Connaîtrais-tu la personne qui a mis cette punaise sur ma chaise ?
– Hein ? Désolé mais on n'entend rien depuis le fond de la classe !
– Ah bon ? fait le professeur. Dans ce cas, prend ma place et pendant que je m'assois à la tienne, tu me poseras une question. Comment ça, je pourrai vérifier si on entend ou pas…
Le professeur et l'élève échangent donc leur place et ce dernier demande à son professeur :
– Par le plus grand des hasards… Connaissez-vous la personne qui vient voir ma mère pendant que mon père n'est pas là ?
Et le professeur dit alors :
– Hein ? Quoi ? Tu as raison, on n'entend rien depuis le fond de la classe !

....

LES COPAINS ET LES COPINES

Une fille qui désespère de maigrir demande à sa copine :
– Mais que faut-il donc que je fasse pour me débarrasser de ces poignées d'amour ?
– Commence par te débarrasser des poignées de ton frigo !

....

Deux copines parlent de leur amoureux...
– Il me dit que je suis belle, que je suis spirituelle, intelligente, que j'ai des yeux magnifiques... Tu crois que je devrais l'épouser ?
– Certainement pas ! Un menteur pareil !

....

Deux copines parlent de leur mari...
– Le mien a le cœur sur la main ! Il donnerait sa chemise ! Et le tien ?
– Le mien aussi, il donne sa chemise ! Pour que je la lave et la repasse...

....

Trois copains un peu bourrés parlent de leur femme :
– Ma femme est grosse... C'est pour ça que je bois ! Elle est tellement grosse que j'ai dû élargir toutes les portes de la maison !
– La mienne aussi est grosse. Elle est tellement lourde que j'ai dû renforcer le châssis de la voiture !
– Et la mienne ! fait le troisième, elle est énorme ! L'autre jour, j'ai amené son linge à la laverie : un mouchoir et une culotte. Le type de la laverie m'a dit « d'accord pour le drap, mais pas pour le parachute ! »

....

Une jeune fille très complexée est en larmes. Sa copine tente de la réconforter :
– Qu'est-ce que tu as ?
– C'est Kévin ! Il m'a dit que j'étais grosse, conne, pucelle, que j'étais un boudin dont personne ne voudra jamais !
– Mais non... dit la copine pour la rassurer. Tu sais bien que Kévin est un idiot ! Il ne pense pas ce qu'il a dit, il n'a pas de cerveau ! Il ne fait seulement que répéter ce que tout le monde dit...

....

MONSIEUR ET madame

Monsieur et madame **Encolunoukoi** ont une fille.
Comment l'appellent-ils ?
Julie (Je lui en colle une ou quoi !)

....

Monsieur et madame **Ergébel** ont un fils.
Comment l'appellent-ils ?
Octave (Oh que ta verge est belle !

....

Monsieur et madame **Esprit** ont une fille.
Comment l'appellent-ils ?
Maude (Mot d'esprit)

....

Monsieur et madame **Faichié** ont un fils.
Comment l'appellent-ils ?
Akim (Ah, qu'il me fait chier !)

....

Monsieur et madame **Fairandézotre** ont un fils.
Comment l'appellent-ils ?
Teddy (T'es différent des autres)

....

Monsieur et madame **Fémal** ont une fille.
Comment l'appellent-ils ?
Asma (Ah, ça m'a fait mal !)

....

Monsieur et madame **Ginalaimieu** ont une fille.
Comment l'appellent-ils ?
Lorie (L'original est mieux)

....

Monsieur et madame **Gnorance de Maparre** ont une fille.
Comment l'appellent-ils ?
Sophie (Sauf ignorance de ma part...)

....

Monsieur et madame **Haitrusse** ont un fils.
Comment l'appellent-ils ?
Raoul (Roulette russe)

....

LA RONDE DES MÉTIERS

Taxi

Une femme monte dans un taxi parisien avec son chien. Le taxi se retourne et demande :
– Alors ! Où est-ce que j'amène cette chienne ?
La femme répond :
– Ce n'est pas une chienne, c'est un chien !
– Je sais, lui répond le taxi. C'est à lui que je parle !

....

Vendeuse

Une femme essaye un maillot de bain dans une boutique. Elle se tourne et se retourne devant la glace sans parvenir à se décider. La vendeuse intervient alors et lui dit :
– Ne réfléchissez pas trop, le prix aussi est ridicule !

....

Topographe

En Corse, un topographe est en train d'étudier sur le terrain le passage d'une route… Un paysan, qui l'observait jusqu'à présent à distance, vient à sa rencontre…
– Qu'est-ce que vous faites ici ?

– J'étudie le terrain, je calcule…
– Et vous étudiez quoi !
– Je suis topographe, je calcule le passage d'une nouvelle route.
– Ah ! Ah ! Ah ! En Corse, ce n'est pas comme ça que l'on trace les routes !
– Ah bon ? Et comment vous faites alors ?
– Eh bien, on prend un âne et on le laisse aller. Là où l'âne passe, c'est la route.
– Oui, mais si vous n'avez pas d'âne ?
– Eh bien, on fait appel à vous…

…………

Professeur

Une enseignante fait la morale à ses élèves de Terminale qui doivent bientôt passer le bac :
– Lundi, nous organisons un bac blanc. C'est très important ! Alors, je vous préviens : il est hors de question qu'il y ait des absents ce lundi ! Je répète : aucune absence ne sera tolérée. Excepté, bien entendu, si vous avez un motif sérieux tel la mort d'un proche, un accident, une maladie grave…
Un garçon lève la main et demande :
– Et en cas de très grande fatigue due à une activité sexuelle débordante ?
L'enseignante lui répond :
– Dans ce cas, vous venez quand même ! Vous écrirez de l'autre main…

…………

MOTS D'ESPRITS

« Mieux vaut s'enfoncer dans la nuit qu'un clou dans la fesse droite. »
Pierre Dac

....

« Si l'Administration travaillait dans le bâtiment, elle aurait les doigts pris dans le béton. »
Coluche

....

« L'échec, c'est la réussite du con. »
Frédéric Dard

....

« Le type qui a le cœur sur la main et le cul entre deux chaises ne peut que finir à l'hôpital. »
Pierre Perret

....

« Ils sont pas mauvais les Français dès que les autres sont pires. »
Coluche

....

« L'argent est plus utile que la pauvreté, ne serait-ce que pour des questions financières. »
Woody Allen

....

« Pour avoir de l'argent devant soi les gens mettent de l'argent de côté. C'est idiot. »
Philippe Geluck

....

« Quand Rockfeller a demandé à sa bonne de devenir sa femme elle a accepté immédiatement ; alors que moi quand j'ai demandé à ma femme de devenir ma bonne, elle m'a ri au nez ! »
Raymond Devos

....

« A 45 ans, elle est encore belle comme le jour… Le problème, c'est la nuit. »
Patrick Sébastien

....

DEVINETTES

Pourquoi Marianne a-t-elle un sein nu ?
Pour maintenir la Gaule.

....

Qu'est-ce qu'un optimiste ?
Quelqu'un qui commence à faire ses mots croisés au stylo-bille.

....

Pourquoi les habitants de Monaco ne portent-ils pas de chapeaux ?
Parce qu'à Monaco, les chapeaux sont en principes ôtés...

....

Qu'est-ce qu'un nouveau-né ?
Un petit têtu ! À peine arrivé, il est déjà en tétée...

....

Pourquoi ne faut-il emprunter de l'argent qu'aux pessimistes?
Parce qu'ils sont persuadés qu'ils ne seront jamais remboursés...

....

Un homme qui tue son frère commet un fratricide. Celui qui tue son père, un parricide. Et celui qui tue l'époux de sa sœur ?
Un insecticide !

....

Comment fait-on les petits-suisses?
Comme les petits Français!

....

Qu'y a-t-il de plus dangereux pour un borgne qui traverse une rue à grande circulation?
Faire un clin d'œil à une fille qu'il croise...

....

Pourquoi les peintres d'art moderne signent-ils leurs tableaux en bas à droite?
Pour que l'on sache dans quel sens il faut l'accrocher!

....

PERLES DU BAC

« Plancton est considéré comme l'inventeur de la philosophie. »
Et Platon du bâtonnet de crabe.

....

« Le christ n'est pas le seul Dieu, chaque peuple a le sien. Mais tous ces Christaux sont peut-être le même Dieu. »
Qui sait… Faudrait regarder dans une boule de Christal.

....

« La vraie vérité n'existe pas, il n'y a que des fausses vérités. »
C'est pas faux.

....

L'homo sapiens a la grosse tête.
Peut-être parce qu'il a une plus grande capacité crânienne ?

....

La reproduction est meilleure si l'ensemencement se fait sous des plus de 60 ans.
À propos des semis naturels des hêtres sous les arbres de plus de 60 ans… pas des vieux chênes encore verts !

....

La capacité crânienne de l'homme est passée de 500 litres à 1 500 litres*.
De 500 à 1 500 cm3 ! Et c'est à ce moment qu'il s'est mis à boire…

....

L'homme était un singe, aujourd'hui il le fait.
C'est pas faux…

....

L'eau portable…
Lorsque l'eau potable est en bouteille ? Non mais allô, quoi !

....

La mélanine est en cellule.
Libérez la mélanine de nos cellules !

....

LE TROISIÈME ÂGE

Un millionnaire de soixante-cinq ans vient d'épouser une jeune fille de vingt ans. Un ami lui demande :
– Comment as-tu fait pour la séduire ?
Et le millionnaire lui répond :
– Je lui ai dit que j'avais quatre-vingt-cinq ans…

....

Un couple de personnes âgées qui s'aiment à la folie depuis une cinquantaine d'année et qui ont toujours une activité sexuelle intense, consulte leur médecin. Celui-ci constate que leur cœur est en très mauvaise santé. Il leur conseille de manger équilibré et surtout d'éviter tout ce qui est susceptible d'augmenter leurs pulsations cardiaques. Aussi, il leur interdit toute relation sexuelle !
Le soir même, le couple a très envie de faire l'amour mais ils ne doivent pas… Alors, la mamie se lève seule du canapé et emprunte les escaliers pour monter jusqu'à sa chambre. Mais le papi lui emboîte le pas…
La femme s'arrête alors au milieu des escaliers, se retourne et lui dit :

– Excuse-moi… Je dois t'avouer quelque chose, je montais me suicider…
Et le papi lui répond :
– Je dois aussi t'avouer quelque chose… Je montais te tuer.

………..

Un vieux monsieur de 90 ans vient de décéder. Son arrière-petit fils interroge son arrière-grand-mère…
– Mamie, comment il est mort, papi ?
– Houuuu ! fait l'arrière-grand-mère. Papi, il est mort en faisant l'amour…
– Ah bon ? fait le petit très étonné. Les vieux aussi, ils font l'amour ?
– Papi et moi, lui explique la mamie, depuis plus de vingt ans, on faisait l'amour seulement quand il y avait un enterrement, au son des cloches de l'église, tout doucement... Parce qu'à notre âge, tu sais, il faut faire très lentement ! Alors, lorsque la cloche faisait « Ding… » il entrait. Et quand la cloche faisait « Dong… », il sortait…
– Oui, mais si vous faisiez lentement, pourquoi papi est mort ?
– Parce que ce jour-là, il y a le marchand de glace qui est passé avec sa clochette !

………..

DRÔLES DE COUPLES

Une femme demande à son mari :
– S'il ne nous restait qu'une heure à vivre, tu ferais quoi ?
– Je te ferais l'amour ! affirme son mari.
– D'accord mais… Tu ferais quoi les 58 autres minutes ?

....

Une femme annonce à son mari :
– Chéri, je me suis épilée !
– Cool ! On va pouvoir faire plein de choses…
– Huuum… Et à quoi penses-tu ?
– Tricoter un pull-over, fabriquer un paillasson, un balai-brosse…

....

Après s'être quitté, un couple tente de se réconcilier. La femme avoue :
– Depuis que nous ne sommes plus ensembles, j'ai le cœur lourd…
Et son ex lui répond :
– Ah ben moi, ça me fait pareil pour les couilles !

....

Index